GALERIE MORALE

ET

POLITIQUE.

GALERIE MORALE

ET

POLITIQUE;

Par M. le Comte de Ségur,

DE L'ACADÉMIE FRANÇAISE, PAIR DE FRANCE, ETC.

> Insani sapiens nomen ferat, æquus iniqui,
> Ultrà quàm satis est virtutem si petat ipsam.
> (HORACE, *Épître* 6, *liv. I.* à Numicius.)

Quatrième Édition, revue et corrigée.

TOME PREMIER.

BRUXELLES,

ARNOLD LACROSSE, IMPRIMEUR-LIBRAIRE,
RUE DE LA MONTAGNE, N° 1015.
1823.

AVANT-PROPOS.

C'est pour les hommes heureux, riches et puissans, que j'ai composé cette *Galerie morale*, bien que je sache qu'ils sont ordinairement, de tous les lecteurs, les moins disposés à recevoir des conseils et à entendre des vérités.

Plutarque disait fort à propos que *c'est principalement à ceux qui ont la fortune à leur commandement, que les amis, parlant librement, sont nécessaires; il en est peu qui en félicité retiennent le bon sens: la plupart ont besoin de sagesse empruntée et de raison venant d'ailleurs, pour les abaisser et affermir, quand ils sont enflés ou ébranlés par les faveurs de la fortune: car, lorsque cette fortune vient à ôter la grandeur et l'autorité, alors les affaires mêmes apportent avec elles un châtiment accompagné de repentance, et pourtant n'est-il lors point besoin d'amis qui remontrent librement: il faut des secours aux malheureux et des conseils aux heureux; tandis qu'ordinairement on s'empresse de porter des secours aux puissans, et des reproches aux infortunés.* Mais comment se faire entendre par ceux qui nous écoutent de si haut et de si loin? Quand la fortune ne les entoure que de visages rians, lorsque la flatterie caresse leurs vices et leurs faiblesses, la pauvre vérité ne sera-t-elle pas repoussée par eux, si elle veut leur adresser des paroles sévères, et leur montrer au moins un miroir trop fidèle.

On a toujours cru, avec raison, qu'il lui fallait un peu d'adresse pour s'introduire; elle a même usé parfois, avec succès, de déguisement pour se faire accueillir, et c'est sous le voile de la fable qu'elle a le mieux réussi.

Ésope était plus écouté à la cour de Crésus que Solon: un sénateur apaisa par une fable la sédition du peuple romain que n'avait pu réprimer la sagesse et l'autorité des consuls; et les courtisans de Louis XIV se laissaient plus corriger par les apologues de La Fontaine, par les fictions comiques de Molière, et par les tableaux piquans de La Bruyère, que par les pensées sublimes et profondes de Pascal.

Tout écrivain moral doit donc se résoudre, s'il veut être lu, à déguiser ou au moins à parer la vérité: quand on se borne à la faire respecter, on lui rend un faible service; l'essentiel est de la faire aimer, c'est le vrai moyen d'étendre son empire. On demandait à un Lacédémonien comment il faisait pour élever ses enfans: *Je fais en sorte*, répondit-il, *que les choses bonnes et honnêtes leur plaisent.*

Le mot de philosophie, même lorsqu'il est traduit, semble de sa nature un peu effrayant; l'amour de la sagesse a je ne sais quoi d'austère qui effarouche la faiblesse humaine ; j'aurais voulu qu'on l'appelât *l'étude du vrai bonheur*, et ce nom aurait été juste, car il n'est pas si difficile qu'on le croirait de prouver, que, hors de la vertu et de la modération, il ne peut exister ni liberté ni bonheur.

L'ame malade est malheureuse comme le corps lorsqu'il est malsain ; les passions sont les maladies de l'ame ; sa santé, c'est la raison.

Il est fâcheux qu'en général la plupart des écrivains, et sur-tout les poëtes, aient rendu les passions si séduisantes et la raison si ennuyeuse ; le sage Montaigne s'en affligeait : *Les plus illustres moralistes, disait-il, sans en excepter Cicéron, nous ennuient par leurs définitions, par leurs dissertations ; ce qu'il y a dans la sagesse de vif et de moelleux, est étouffé par leurs longueries d'apprêts : j'aime mieux les livres qui usent des sciences que ceux qui les dressent. Sénèque me paraît plus propre qu'un autre écrivain à notre état trouble et malade ; vous diriez souvent qu'il nous peint et qu'il nous pince.*

Sur ce dernier point, je ne pense pas comme Montaigne : Sénèque est précisément au nombre de ces moralistes qui font plus admirer qu'aimer la raison ; il parle plus de l'esprit que du cœur ; et place la vertu si haut qu'on désespère de l'atteindre ; il instruit, mais n'entraîne pas. J'aime bien mieux suivre Montaigne lui-même.

Loin de me prêcher avec morgue, Montaigne descend à mon niveau : bon, naïf, joyeux, varié, il se promène et cause familièrement avec moi; il m'éclaire sur toutes les erreurs, sur toutes les faiblesses de mon ame, en me confiant les défauts et les secrets de la sienne : il se vante sans orgueil, se confesse sans humilité; ses préceptes sont des saillies, ses leçons des portraits.

Il parcourt tout le monde ancien pour s'instruire, tout le monde moderne pour s'amuser : abeille diligente, il recueille et s'approprie le miel des écrivains de tous les temps et de tous les pays.

Ses nombreuses citations sont instructives sans être pédantes; elles appuient les leçons qu'il donne, et nous disposent à les mieux recevoir par la force des exemples et par l'autorité des grands noms dont il s'étaie.

Les lecteurs de notre temps ressemblent à ceux du sien; ils trouvent qu'il est trop familier à leurs contemporains de les vouloir morigéner, et n'écoutent avec respect une semonce que lorsqu'elle leur est faite par la bouche de quelque fameux personnage d'un autre siècle. On n'a de reconnaissance que pour les leçons des morts; ils corrigent sans humilier : tel se fâcherait d'une vérité dite par un ami, qui en profite s'il la trouve dans Horace ou dans La Bruyère.

Nos amours-propres sont tout aussi chatouilleux que celui de Louis XIV, qui, après avoir entendu un prédicateur lui adresser, du haut de la chaire, des vérités trop directes, lui dit: *Monsieur, je veux bien prendre ma part d'un sermon; mais je n'aime pas qu'on me la fasse.*

Usons donc de grands ménagemens pour ne point froisser des fiertés si délicates, pour ne point blesser des oreilles si sensibles; sur-tout efforçons-nous de parer la raison, et de la rendre piquante, agréable et varié. Nos disciples nous écouteront s'ils nous aiment, et nos juges ne seront point sévères si nous les faisons sourire.

Mais, me dira-t-on, après Érasme, Montaigne et La Bruyère, est-il nécessaire, est-il possible d'écrire pour corriger les mœurs? est-il raisonnable d'espérer quelque récolte profitable en glanant dans un champ où ils ont si richement moissonné.

Ce doute m'a long-temps arrêté; mais j'ai pensé que la gloire de ces grands écrivains devait plutôt exciter l'émulation que porter au découragement; que d'ailleurs il s'agit moins ici d'un but glorieux que d'une intention louable, et que si le sort ne nous donne pas le talent qui rend célèbre, il dépend presque toujours de nous de faire un travail qui nous rende utiles.

Étudier les hommes pour se connaître soi-même, et les peindre avec fidélité, porter quelque attaque aux vices, quelque secours aux vertus, c'est toujours, à mon sens, rendre service à l'humanité.

La vraie philosophie ne tend qu'à nous rendre meilleurs, plus justes, plus indulgens, plus modérés ; à dévoiler la turpitude des vices, le ridicule des erreurs, le péril des faiblesses, le malheur de l'égoïsme. Quand j'entends la frivolité déclamer dans le monde contre cette philosophie, je m'en étonne, et dis comme Cicéron : *Je voudrais bien savoir ce que peuvent estimer ceux qui la méprisent.*

Je sais qu'au fond l'esprit de l'homme se ressemble dans tous les temps, et qu'un philosophe du dix-neuvième siècle qui voudra le peindre, lui trouvera le même orgueil, la même inconstance, la même cupidité que les sages de tous les siècles lui ont reprochés ; mais si les vices des hommes restent à peu près toujours les mêmes, leurs formes varient sans cesse ; ils sont, suivant les âges des peuples, plus grossiers ou plus délicats, plus hypocrites ou plus effrontés, plus dominans ou plus comprimés ; ils ont, pour ainsi dire, selon les circonstances, différens costumes, différentes couleurs et différens langages.

Il est même des temps où l'exemple, la mode, l'esprit de parti en transforment quelques-uns en apparentes vertus : il en est d'autres qui, frappés par le ridicule, semblent disparaître momentanément. Par exemple, quoique la vanité et le libertinage règnent toujours dans le monde, on n'y rencontre presque plus de ces personnages qui servaient de modèles aux auteurs du *Glorieux* et de *l'Homme à bonnes fortunes*.

Les caractères restent; leur apparence seule est changée. Les lois et sur-tout les coutumes forcent l'intérêt personnel à porter différens voiles, à prendre différens masques, à changer de ruses, de marche et de but; par conséquent le moraliste est un peintre auquel le monde donne toujours des sujets de tableaux variés à l'infini.

Il serait presque nécessaire d'en composer une Galerie nouvelle pour chaque siècle; sans cela, comment attaquer avec fruit nos erreurs, nos vices, nos ridicules? ils ne se reconnaîtraient plus dans des peintures anciennes, sous des costumes et des vêtemens étrangers.

Quoiqu'on n'aime pas les leçons, on en sent le besoin, et tellement que les plus brillans écrivains n'obtiennent que des succès éphémères, si quelques grains de morale ne donnent pas un poids nécessaire, un lest utile à leurs feuilles légères : on écoute, avec un plaisir fugitif, ce qui ne s'adresse qu'aux sens; on ne grave dans sa mémoire que ce qui parle à l'ame. Horace n'aurait peut-être pas traversé tant de siècles s'il n'avait chanté que le plaisir.

Je dis plus : on ne peut exceller en rien, même en poésie, si l'on n'a bien étudié l'homme et la nature. Quelques étincelles d'imagination font briller le talent; mais le flambeau du génie ne s'allume jamais qu'aux rayons de la vérité, et dans ses productions les plus légères on peut reconnaître cette flamme qui vient du ciel.

Parmi nos poëtes modernes, celui qui passe pour avoir consacré sa lyre exclusivement à l'amour, le tendre Pétrarque, n'avait point séparé le culte des muses de celui de la sagesse; quel philosophe aurait mieux parlé que lui aux ambitieux, lorsqu'il leur dit : *Viser à la puissance pour vivre en assurance et en repos, c'est se porter sur une haute montagne pour éviter les vents et la foudre.*

Il exigeait une morale pure, non-seulement dans les écrits, mais dans le caractère de l'écrivain. *Quelles que soient les belles paroles,* disait-il, *d'un homme faux et vicieux, je ne les estime pas plus qu'un poison emmiellé, que le fard d'une courtisane, que la richesse d'un avare, et que la force d'un frénétique.*

Au milieu du siècle de la féodalité, il osait déclarer *que nul homme ne peut naître gentilhomme, mais qu'il doit le devenir par ses talens et par ses bonnes qualités. Le seul avantage de la noblesse,* ajoutait-il, *c'est de ne pas manquer d'exemples dans sa maison, et d'être dans la nécessité de les imiter, dans la crainte de ne pas être reconnu pour légitime héritier. En regardant la noblesse sous tout autre rapport, je l'appelle un mal éclatant.*

Le poëte Pétrarque s'exprimait avec cette franchise, et les nobles preux de ce temps aimaient Pétrarque.

Il fut aussi le favori de plusieurs princes, de plusieurs souverains, et voici cependant une des vérités qu'il leur disait : *Si tu es vrai roi, rien ne t'est moins propre que la sévérité, ni rien plus propre que la clémence. Plût à Dieu que la nature eût ôté l'aiguillon aux rois des hommes, comme à ceux des abeilles! mais elle a voulu donner un exemple à un animal libre, sans lui ôter la liberté : c'est à moi à t'exhorter à ce à quoi elle ne te force pas. Regarde ce petit, mais divin animal, et au lieu de mettre l'aiguillon dans la plaie, mets bas l'aiguillon avant la blessure : le premier tient du peuple, le second n'appartient qu'aux rois; autrement, comme tu ne saurais être roi sans justice, tu ne peux l'être sans clémence.*

Ne ferait-on pas encore bien aujourd'hui de répéter aux hommes qui fondent plus leur amour pour la liberté sur des principes politiques que sur des principes moraux et sur les institutions que sur les mœurs, ces paroles du même poëte : *Ce n'est pas la fortune, ce n'est pas même la loi qui nous fait libres, c'est la vertu. Si tu as de la justice, du courage et de l'innocence, tu jouis de la liberté. Si tu as beaucoup de vices, tu as beaucoup de maîtres.*

Et ne croyez pas que, parlant si hardiment aux

autres, il se parlât plus mollement à lui-même ; enflammé par l'amour, il n'était point aveuglé par lui, et c'était de la bouche du plus passionné des amans que sortaient ces paroles philosophiques : *Ne me dis pas que tu ne peux pas cesser d'aimer, parce que tu ne peux t'en empêcher. Crois-moi, tu le pourrais si tu le voulais efficacement; et tu le voudras peut-être lorsque tu y penseras le moins. Le mal qui te tourmente est d'une telle nature, qu'il prend son remède du temps, ayant refusé de le prendre de la vertu.*

Réjouis-toi tant que tu le voudras maintenant; je sais que tu t'en affligeras un jour : tu ris dans ton songe, mais tu pleureras à ton réveil.

Je n'ai cité ces pensées peu connues de Pétrarque, que pour prouver l'alliance nécessaire du talent et de la morale. Employons donc tous nos moyens, à quelque degré que la nature nous les ait départis, pour étudier l'homme et pour le peindre. C'est par le tableau de nos mœurs, c'est à la vue de nos portraits que nous pouvons nous rapprocher du bien, nous éloigner du mal, nous enflammer pour la vertu, nous effrayer de nos vices, nous corriger de nos folies, en nous en moquant, et suivre le conseil du sage Marc-Aurèle, qui nous dit : *Sois droit ou redressé.*

Malheureusement, au commencement d'un siècle qui a déjà vu tant de passions déchaînées, tant d'intérêts froissés, tant de catastrophes et de bouleversemens, le désordre des mœurs, le choc et l'égarement des opinions, les plaies de l'esprit public que blesse continuellement l'esprit de parti et que l'égoïsme cherche sans cesse à étouffer, offrent des sujets de tableaux trop sombres, trop tristes et trop décourageans; l'auteur, en prenant sa plume; le peintre, en saisissant son pinceau, est tenté de dire comme le bon La Fontaine : Je suis au milieu des hommes enfiévrés de l'esprit de parti, ainsi que la perdrix au milieu des coqs furieux.

> « D'abord elle en fut affligé;
> » Mais sitôt qu'elle eut vu cette troupe enragée,
> » S'entrebattre elle-même et se percer les flancs,
> » Elle se consola : Ce sont leurs mœurs, dit-elle,
> » Ne les accusons point, plaignons plutôt ces gens.
> » Jupiter, sur un seul modèle,
> » N'a pas formé tous les esprits;
> » Il est des naturels de coqs et de perdrix :
> » S'il dépendait de moi, je passerais ma vie
> » En plus honnête compagnie. »

Résignons-nous donc comme elle, et même rassurons-nous; si les passions s'agitent, la raison veille; l'esprit de parti lutte contre l'esprit national; c'est la vague qui se brise impuissamment contre le roc. L'exagération n'a qu'un succès passager; la modération devient un sentiment général, parce que le besoin du repos est universel; mais l'égoïsme est le premier et le plus opiniâtre de nos maux ; c'est la maladie des vieux peuples. Il ne peut comprendre cet excellent mot d'un ancien : *Ce qui n'est pas utile à l'essaim ne peut être utile à l'abeille.*

Attaquons ce Protée sous toutes ses formes, poursuivons-le sous tous ses déguisemens, et frappons-le sur-tout par le ridicule; car c'est toujours, en France, l'arme la plus sûre et la plus redoutée.

Éloignons de notre palette les couleurs sombres de la haine, de la crainte et de la tristesse; l'espérance, la vérité, l'amour de la paix et de la liberté nous en offrent de plus douces et de plus riantes.

En présentant à nos contemporains des tableaux de mœurs, nous voulons les réunir et non les diviser, les calmer et non les aigrir. La sagesse qui fait rougir, éloigne; celle qui fait sourire, rapproche : d'ailleurs, qui oserait se croire, dans un pareil temps, assez privilégié par la raison pour censurer les autres sans se comprendre lui-même dans la censure? Personne ne doit dire aujourd'hui : *je vous pardonne*, mais *pardonnons-nous; je vous corrige*, mais *corrigeons-nous*. Aussi, je ne dis point, *riez de vos erreurs*, mais *rions des nôtres.*

C'est dans cet esprit que j'ai formé cette *Galerie*; mes vœux seront satisfaits si le lecteur la parcourt sans fatigue, s'y arrête sans ennui, et n'en sort qu'avec le dessein d'y revenir.

GALERIE MORALE

ET

POLITIQUE.

DE LA VANITÉ.

Montaigne dit *que la mère nourrice de toutes les fausses opinions publiques ou particulières, c'est la trop bonne opinion que l'homme a de soi;* ainsi la vanité, selon lui, est la cause de toutes les erreurs du genre humain. Je serais de son avis, s'il avait moins généralisé sa pensée.

C'est l'amour de soi-même mal entendu qui pourrait, à plus juste titre, être nommé *le père nourricier de toutes nos sottises*. La vanité n'en produit qu'une partie. L'amour déréglé de la gloire, de la puissance, de la fortune, de la vengeance, de la volupté, nous conduit à l'erreur, à l'injustice, au vice, et même au crime, en nous offrant de fausses images de bonheur : la vanité peut n'y entrer pour rien, et beaucoup d'hommes peuvent être injustes, ambitieux, avares et cruels, sans être *vains*; d'ailleurs, en admettant qu'une grande partie de nos erreurs soit produite par la trop bonne opinion que nous avons de nous-mêmes; cette opinion, trop flatteuse, peut prendre diverses formes; elle s'appelle tantôt fierté, tantôt orgueil, tantôt vanité, et leurs effets sont si différens qu'on ne peut les confondre.

La fierté vient de l'ame; elle est plus souvent un mérite qu'un défaut : c'est une compagne assez ordinaire des grandes vertus. Elle sied au malheur et relève le courage; elle est ennemie de toute bassesse; et, si on l'aime rarement, au moins on l'admire presque toujours lorsqu'elle ne se montre ni trop roide ni trop âpre.

On dit à un Spartiate qu'une armée supérieure en nombre va l'attaquer, il répond : « Je ne demande pas » combien il y a d'ennemis, mais où ils sont. » Une vraie et louable fierté dicte cette réponse.

Un tyran menace un philosophe de la mort s'il continue à lui résister : « T'ai-je dit, répondit celui-ci, que » j'étais immortel? » La réplique est fière et noble.

Le fier *sinon, non,* des Aragonais, vaut à lui seul toute une constitution.

L'orgueil est loin de ressembler à la fierté, bien que ceux qui en sont entachés, ou leurs flatteurs, veuillent souvent les confondre : la fierté se prise, mais elle se prise ce qu'elle vaut; l'orgueil aveugle enivre, et se suppose une grandeur et un mérite démesurés.

L'homme fier estime ses semblables, l'orgueilleux les méprise; l'un ne peut s'abaisser jusqu'à l'envie, l'autre en est dévoré. Un honnête homme peut être fier dans un état médiocre; il honore son rang quel qu'il soit, et refuse à son ambition tout moyen qui lui ferait perdre sa propre estime.

L'orgueil ne met pas de bornes à ses désirs ; rien n'est trop élevé pour lui, tout obstacle l'indigne : la supériorité même de Dieu le blesse ; il le juge, il le nie, et le détrônerait s'il le pouvait : aussi, c'est une idée belle et profonde que d'avoir attribué à l'orgueil la chute de Satan et la perte de l'homme.

Cependant, il faut en convenir, l'orgueil n'exclut pas la science, le talent et le génie ; il accompagne souvent de grandes et belles qualités, mais il les gâte et les déforme. Lorsque le *philosophe* Diogène disait avec complaisance : *Je foule aux pieds les tapis et l'orgueil de Platon*, un sage lui répondit justement : *Oui, avec plus d'orgueil encore.*

La vanité est l'opposé de la fierté : celle-ci grandit, l'autre rapetisse l'homme ; l'une attire l'admiration, et l'autre le ridicule. C'est l'apanage de la médiocrité, le cachet de la sottise ; on pourrait presque dire qu'elle est *le travestissement de la fierté et la parodie de l'orgueil*.

L'orgueil est fondé sur une fausse mesure d'un mérite quelconque, d'une grandeur réelle.

La vanité est une fausse opinion que l'homme prend de qualités dont il est dépourvu, ou de choses qui lui sont absolument étrangères.

L'orgueilleux jouit de l'éclat de son rang, de l'illustration de ses aïeux, de l'étendue de son crédit, de la solidité de sa fortune. L'homme vain jouit d'un titre acheté, de la révérence d'un subalterne, des complimens d'un parasite, de la louange d'une fille qu'il paie et qui le trompe ; il se croit de l'esprit, parce qu'il connaît deux hommes de lettres ; du crédit, parce qu'il est reçu avec la foule chez un grand ; s'il donne un bon dîner; il se croit un Lucullus; s'il obtient un ruban, il se donne pour un favori; et, en redisant ce qu'il a lu dans la gazette, il se croit un homme d'état.

L'œil de la vanité est une loupe qui grossit les plus petits objets. L'horizon étroit de l'homme vain est l'univers pour lui; et comme il remplit ce petit cercle, il croit occuper une grande place dans le monde; tandis que l'homme de mérite sent combien il est peu de chose au milieu du cercle immense que parcourent ses idées, et que mesure son génie.

Le vaniteux est plaisamment égoïste, et pense qu'il n'y a d'important au monde que lui ou ce qui le touche;

> Et la vieille badaude au fond de son quartier,
> Dans ses voisins badauds voit l'univers entier.

« Un prédicateur de village, qui déclame lourdement
» pendant trois heures contre les erreurs de Jansénius,
» se persuade, dit Voltaire, qu'il ressuscite les combats
» d'Athanase, et que la renommée ne va s'occuper que
» de lui. »

De tous les flatteurs, notre vanité est celui qui nous trompe le plus constamment; nous sommes de moitié dans ses efforts, et nous écoutons avec complaisance ses louanges les plus mensongères. Je dis nous, car personne n'est tout-à-fait exempt de vanité; et, comme le dit un ancien, *celui qui n'en est pas teint en est pour le moins arrosé.*

La vanité pourrait presque dire des plus sages d'entre nous ce que la courtisane Laïs disait des philosophes de son temps : « Je connais leurs beaux livres, leur grande
» sapience; mais ce que je sais, c'est que, quelle que

» soit leur philosophie, ces gens-là frappent aussi sou-
» vent à ma porte qu'aucuns autres. »

Voulez-vous une preuve de ce que j'avance, interrogez les personnes qu'il vous plaira de choisir; bons ou méchans, beaux ou laids, seigneurs ou manans, riches ou pauvres, spirituels ou bornés, vous n'en trouverez aucun qui consente à se changer en totalité et sans réserve contre un autre.

On voudrait bien la figure de celle-là, l'or de celui-ci, les talens de l'un, la santé de l'autre, mais sans les inconvéniens ou les défauts qu'on leur trouve : chacun voit dans le repli de son amour-propre un petit point de mérite ou de bonheur qu'il préfère à tout.

Si cet amour-propre vous répondait tout haut, il vous dirait : Si je n'ai pas la beauté de Damon, j'ai plus de physionomie : je suis moins blanche que Lise, mais j'ai des dents comme des perles : je suis bossu, il est vrai, j'aimerais mieux la taille de Valère; en revanche, j'ai bien plus d'esprit que lui : Clitandre brille et m'éclipse par ses saillies, il est très-spirituel, d'accord; cependant il est méchant, et ma bonhomie vaut mieux que son esprit : Arsinoé est plus sage que moi, qu'importe? on m'entoure, et elle est délaissée : Julie reçoit une foule d'hommages, elle plaît généralement ; moi, j'aime mieux un petit cercle d'amis qui estiment mon naturel : Dorval est cité pour son crédit et son éclatante bravoure; convenez qu'il est un peu intrigant et présomptueux; j'ai plus de prudence et de jugement.

Enfin il n'y a sorte de balivernes que la vanité n'imagine, pour atténuer les qualités du prochain, pour grandir celles dont nous nous vantons, pour grossir les défauts d'autrui, et pour colorer les nôtres, de façon à nous les faire oublier, ou à nous en consoler par quelque autre petit mérite réel ou supposé que nous ne voudrions pas troquer contre tous les trésors du monde.

Notre vanité est une vanité si ingénieuse, si complaisante, que nous y sommes inséparablement attachés; en revanche, celle des autres nous déplaît excessivement; et M. de la Rochefoucauld en a trouvé la raison; *c'est que la vanité d'autrui blesse la nôtre.* Aussi la modestie est la qualité que nous aimons le mieux dans notre prochain; nous la lui abandonnons avec plaisir, et nous la louons franchement. Nous l'admirons sans l'imiter; et, bien que nous l'aimions généralement, peu de gens se soucient de prendre ce moyen pour se faire aimer.

Madame *Geoffrin* avait beau donner ce conseil aux jeunes femmes : « Il faut, lorsque vous entrez dans un
» salon, que votre vanité fasse la révérence à celle des
» autres, si vous voulez avoir dans le monde quelque
» succès; » l'évidence de ce conseil n'en empêchait pas l'inutilité.

Il n'est pas un officier qui ne remarque avec plaisir le ton modeste et délicat du grand Condé, qui écrivait, *je fuyais*, lorsque son armée avait été en fuite, et qui disait, *nous battions l'ennemi*, lorsqu'il venait de remporter une grande victoire.

Chacun de nos capitaines admire la modestie de M. de Turenne, quand, au milieu de ses triomphes, il avouait « qu'à la guerre, lorsqu'un habile général avait
» fait les meilleures combinaisons possibles, les trois
» quarts de l'événement et du succès dépendaient du
» hasard. »

Et cependant vous les entendez tous se targuer du

plus mince exploit, trancher sur les questions les plus épineuses, et dénigrer présomptueusement les calculs et les opérations des guerriers les plus célèbres.

On se dit bien quelquefois qu'il faut être modeste; mais on affecte alors si gauchement la modestie, qu'on voit bien que c'est une qualité d'emprunt, ou bien une tournure qu'on croit adroite pour faire passer l'éloge qu'on va faire de soi; et si vous entendez quelqu'un commencer sa phrase par ces mots : *Sans vanité, je vous dirai*, etc., etc., vous pouvez être sûr qu'il ne la finira pas sans vous donner une preuve de la sienne.

La fausse modestie ajoute toujours aux éloges qu'elle donne aux autres, et aux aveux qu'elle fait de ses défauts un certain *mais* qui la caractérise.

Voltaire, dirait-on, avait un grand talent; *mais* il était superficiel, et voulait embrasser trop de genres différens; l'abbé Delille est un poëte charmant, *mais* trop descriptif; Ducis a du mérite, *mais* il prend tous ses sujets dans le théâtre anglais qui ne convient pas à nos mœurs.

Je sais que je suis trop inférieur pour juger la conduite du général un tel; *mais* cependant, quand on a fait quinze ans la guerre avec quelque succès, on peut avoir son opinion. Je sais que je n'ai pas le talent et l'expérience du ministre des finances; *mais* j'ai assez lu d'écrits sur cette matière pour vous assurer que son opération ne réussira pas. Je suis loin de comparer mon faible talent à celui de Reynouard; *mais*, s'il m'en avait cru, il n'y aurait pas tel défaut dans son plan, et sa pièce aurait eu un bien plus grand succès. Madame de *** a de la beauté; je n'ai pas la vanité de m'y comparer; *mais*, si elle m'écoutait, elle se coifferait plus simplement, serait vêtue de meilleur goût, et aurait moins d'affectation dans ses manières.

La vraie modestie a, au contraire, un naturel et une bonhomie inimitables. M. de Malesherbes était aussi célèbre par cette vertu que par son savoir et son esprit; mais la beauté de son ame était loin de se peindre sur sa figure, il avait la vue basse et une tournure très-commune. Il arrive un jour à Guingamp, chez son gendre, M. le baron de Montboissier, colonel du régiment d'Orléans, dragons. Celui-ci, après l'avoir embrassé, s'étonne de le voir, contre son usage, sans canne : « C'est le soldat que vous avez à votre porte qui » me l'a ôtée, répond M. de Malesherbes. — Pourquoi vous l'êtes-vous laissé prendre? — Il m'a dit » que c'était sa consigne. — Comment! sa consigne? » — Oui, elle lui défend, m'a-t-il dit, de laisser entrer » avec un bâton les gens de mauvaise mine, et vous » voyez bien que je n'ai rien eu à lui répliquer. » Philopœmen fit à peu près une réponse semblable. Étant entré dans un village avant sa troupe, quelques femmes, qui étaient près d'un puits, le prirent, à sa tournure, pour un homme du commun, et lui donnèrent leur cruche à remplir. Quelques officiers, arrivant alors, s'étonnèrent de voir leur général employé à une besogne si peu digne de lui. *Que voulez-vous*, leur dit Philopœmen, *je paie ici la peine de ma laideur.*

Il faut convenir que nous sommes quelquefois un peu complices de la sottise que nous reprochons à certaines personnes, et, lorsque la fortune donne à quelqu'un un grand pouvoir ou un grand éclat, nous lui rendons de tels hommages, qu'ils peuvent bien enfler sa vanité : aussi La Bruyère nous conseille « de par-

» donner à celui qui, avec un grand cortège, un habit
» riche et un magnifique équipage, s'en croit plus de
» naissance, plus de mérite et plus d'esprit. Il lit cela
» dans la contenance et dans les yeux de ceux qui lui
» parlent. »

Il y a des vanités bien moins excusables, parce qu'elles n'ont pas le plus léger fondement, et qu'elles aveuglent totalement l'homme sur son propre compte. Qui n'a pas vu des femmes d'une laideur amère se croyant faites pour charmer ; de vieilles femmes faisant les mignardes, et se chamarant de fleurs et de rubans couleur de rose ; des vieillards tout courbés, croyant inspirer des passions ; des Pradons s'érigeant en Corneilles ; de lourds financiers en petits-maîtres, et des sots en hommes de mérite et d'esprit ?

Je crois qu'*Héraclite pleurait* sur les hommes, parce qu'il pensait à leur orgueil ; et que *Démocrite en riait,* parce qu'il ne songeait qu'à leur vanité.

Quand cette vanité est de bonne foi, elle est véritablement plaisante ; car on est moins ridicule par les défauts qu'on a que par les qualités qu'on veut avoir ; et le propre de la vanité est de prétendre à celles qui nous manquent le plus.

Et n'est-ce pas un spectacle comique de voir tant de médecins qui se croient de grands politiques, de jeunes militaires qui tranchent sur la législation, de commis qui parlent comme des généraux, et tant d'hommes incapables de tout, et qui prétendent à tout ?

Cette vanité est comme la folie : lorsqu'elle est complète et continue, on peut la nommer, ainsi que le dit Érasme, *la vraie donneuse de biens ;* car elle tient l'homme dans une illusion perpétuelle, le flatte, le caresse, le grandit, lui fait un grand mérite du plus petit avantage, une grande jouissance du moindre succès, et lui donne en espérance tout ce qui lui manque en réalité.

Il n'y a pas jusqu'aux défauts mêmes que cette habile enchanteresse ne métamorphose à notre profit ; et elle change la faiblesse en prudence, l'entêtement en fermeté, la rudesse en franchise.

L'homme totalement pétri de vanité a la béatitude de la sottise : tout est jouissance pour lui : son cuisinier est le meilleur de Paris ; son vin le plus exquis de tous les vins ; son cheval est le plus léger ; sa maîtresse est la plus belle. Dès qu'une chose est sienne, elle est parfaite ; il se fait honneur même de l'ami de sa femme, *qui est bien tourné*, dit-il, *et qui a les plus belles dents du monde.*

Tout lui vient à point, rien ne l'inquiète, la fortune n'oserait le maltraiter. *M. de M..*, *ancien évêque, homme de grande naissance*, était fort colère : un de ses grands-vicaires lui représentait que ce défaut pouvait le mener en enfer : « Vous vous moquez, répond » le prélat, Dieu y regarderait à deux fois avant de » damner un homme tel que moi. »

Il n'y a pas de louanges si grosses dont la vanité ne nous fasse avaler au moins la moitié. *Montaigne* disait avec raison « qu'on ne peut jamais fermer la porte à la » flatterie, et qu'on ne fait que l'entre-bâiller. » Dites au plus mince faiseur de madrigaux qu'il sera de l'académie ; à l'auteur de quelques pamphlets qu'on le fera ministre ; au plus ennuyeux prédicateur qu'il ne peut manquer d'être évêque, et vous verrez si son amour-propre vous démentira.

DE LA VANITÉ.

Poinsinet ne manquait pas d'esprit ; il avait été applaudi le même jour sur nos trois grands théâtres ; eh bien, un plaisant parvint à lui persuader que « la cour » était à tel point charmée de son mérite, qu'on lui » allait donner une grande charge, celle de grand écran » du roi ; » et le pauvre petit homme se grillait les jambes près du feu, pour s'exercer à remplir de bonne grace sa charge.

La mystification est forte : peu de vaniteux seraient aussi fous et aussi crédules ; Mais avec une dose un peu plus petite, un appât un peu plus fin, que de gens en tâteraient, même certains qui font les modestes par vanité, *semblables*, dit le panégyriste de la folie, *à ces hommes d'une taille médiocre qui se baissent aux portes de peur de se heurter.*

Mais, tandis que je m'exerce ainsi sur la vanité des autres, n'en serais-je pas un peu coupable moi-même, si je me flattais d'intéresser le lecteur par un plus long discours ? Finissons donc, quand ce ne serait que pour tirer ensuite vanité d'avoir su nous arrêter à temps.

QUESTIONS.

Pourquoi les hommes suivent-ils, pour arriver au bonheur, tant de fausses routes qui les égarent, puisqu'ils savent presque tous qu'il n'existe qu'un seul chemin qui y conduise ?

La philosophie, comme la religion, leur apprend qu'on ne peut être heureux que par la vertu, ils la repoussent ; par la modération, ils la dédaignent ; par la justice, ils la craignent ; par l'amour du prochain, et ils ne songent qu'à se détruire.

Aucun ne nie la vérité des principes, personne ne les suit. Cette inconséquence ne vient-elle pas du peu d'accord qui existe entre les paroles et les pensées ? et d'Alembert n'avait-il pas trouvé le mot de cette énigme, lorsqu'il disait que « si le genre humain était livré à des » discordes éternelles, c'était faute de bonnes définitions?»

En effet, si les hommes convenaient tous d'une juste définition des mots, ame, liberté, justice, honneur, devoirs, droits et bonheur, ils auraient détruit la plupart des causes qui les divisent et qui les égarent. Mais ce grammairien pacificateur n'a pas encore existé, et, en l'attendant, on disputera, on pillera et on s'égorgera long-temps.

Pourquoi l'honneur varie-t-il selon les temps, les pays et les formes du gouvernement ? ne serait-ce pas plutôt un sentiment qu'un principe ? et ne pourrait-on pas dire qu'il est à la vertu ce que l'équité est à la justice ? mais on ne s'accorde jamais, et nulle part, sur le vrai sens des mots vertu et justice : comment s'accorderait-on davantage sur l'honneur ?

La vertu du chrétien abhorre la vengeance ; la vertu du guerrier ne peut supporter l'outrage. L'honneur de l'un est de rendre le bien pour le mal ; l'honneur de l'autre consiste à tuer son ami pour un mot.

Dans certains pays, on manque à l'honneur si l'on ne paie pas en vingt-quatre heures, à un escroc, une dette contractée au jeu ; et, sans manquer à l'honneur, on peut faire languir pendant vingt ans d'honnêtes créanciers.

Comment entendre dans ce même pays l'honneur des femmes qui consiste à ne pas violer leur foi, et celui des hommes qui mettent leur gloire à enlever l'honneur des femmes ?

Pourquoi un homme est-il perdu d'honneur en manquant au rendez-vous sur le pré, tandis qu'il peut, sans ternir cet honneur, manquer au serment qu'il a fait à l'autel ?

Comment l'esprit de parti permettrait-il de s'accorder sur le véritable honneur ?

Tout est juste pour servir la bonne cause, dit chaque parti.

L'ami de la liberté pense que l'honneur lui ordonne de tout sacrifier, biens, repos et vie, pour assurer l'indépendance de son pays et le défendre de l'influence et des armes de l'étranger ; son adversaire trouve que l'honneur lui permet de combattre même avec l'étranger pour la cause sacrée qu'il défend, et qu'il croit inséparable de celle de son pays.

Comment terminer ces contradictions déplorables ?

En plaignant les hommes, en les éclairant, et en les amenant à la tolérance par la connaissance de leurs erreurs mutuelles.

Tout le monde convient qu'il faut renoncer au bonheur, si on ne sait pas mettre de la modération dans ses désirs; mais comment entendre cette modération?

Le nécessaire et le superflu sont des mots relatifs, et que chacun traduit suivant ses goûts et sa position.

Le superflu d'un grand, d'un prince, au quinzième siècle, n'est que le nécessaire pour un bourgeois de nos jours.

Pourquoi les voleurs de grands chemins sont-ils si peu nombreux dans tous les pays civilisés? C'est qu'on les punit et qu'on les méprise.

Pourquoi, dans l'histoire des hommes chargés de gouverner les peuples, trouve-t-on tant de conquérans? C'est qu'ils sont encensés et presque adorés par leurs victimes, et couronnés de fleurs immortelles par les historiens. Comment résister au double attrait de la puissance pendant sa vie, et de la célébrité après sa mort?

Les peuples sont presque toujours coupables des maux qu'ils souffrent, et, comme les sauvages, ils divinisent ce qu'ils craignent; ils dédaignent la vertu pacifique qui ferait leur bonheur, et ils encensent le luxe qui les ruine, la puissance qui les écrase, et le génie guerrier qui les détruit.

Pourquoi les courtisans et les gens de lettres disent-ils sans cesse du mal les uns des autres? Ne serait-ce pas par vanité?

Les uns ne peuvent supporter la supériorité du rang, et les autres celle de l'esprit. La plupart devraient se rendre plus de justice, car ils usent des mêmes moyens, et pour s'avancer, les uns sur le Parnasse, et les autres à la cour, ils ne cessent de flatter leurs protecteurs et de déchirer leurs rivaux.

Pourquoi les femmes sont-elles si passionnées dans les querelles de parti ? C'est parce qu'elles n'entendent rien aux systèmes, aux institutions, et qu'elles n'y voient que des hommes.

Pourquoi, depuis vingt-cinq ans, les Français n'ont-ils jamais été libres ? Ne serait-ce pas parce qu'ils ont plus de vanité que de fierté, et qu'ils ont mieux défendu l'égalité que la liberté.

Le vicomte de S... disait : « Voulez-vous savoir ce que » c'est qu'une révolution ? l'explication se trouve dans » ce peu de mots : *Otez-vous de là, que je m'y mette.* » Il avait raison.

Pourquoi dispute-t-on ? est-ce pour savoir comment on sera gouverné ? Non, mais pour décider qui gouvernera.

Comment empêcher la décadence de nos théâtres ? L'illusion cause seule le plaisir qu'on y cherche, et les journalistes travaillent chaque jour à détruire cette illusion par leurs éternelles dissertations sur toutes les pièces anciennes et modernes.

Le jeune homme qui a lu leurs feuilles va le soir à la comédie; il ne voit pas le lieu de la scène, mais l'ouvrage du décorateur; il ne regarde plus le personnage, mais l'acteur qu'on a le matin flatté ou critiqué; ce n'est pas le langage de la passion qu'il écoute, c'est la déclamation qu'il juge.

Quels ressorts voulez-vous qu'un auteur emploie pour faire verser des larmes, ou pour surprendre un sourire à des spectateurs si froids et si dépouillés d'illusion ?

Un marchand d'esclaves inspirerait-il à un pacha de vives émotions, s'il lui faisait présenter, par un chirurgien, la description anatomique des beautés qu'il doit offrir à ses regards?

Pourquoi vous étonnez-vous du succès des mélodrames? vos feuilletons les dédaignent, ils échappent à votre scalpel, et le peuple qui y accourt ne lit pas de journaux, et sait encore pleurer et rire, parce qu'on lui laisse ses illusions.

Pourquoi partagerait-on les craintes des alarmistes?

En France on ne doit désespérer de rien, le passé nous répond de l'avenir.

Nous avons vu ce beau royaume envahi par les Sarrazins, conquis par les Anglais, déchiré par les discordes civiles, presque détruit par les guerres de religion.

La France s'est relevée de toutes ses chutes, et a réparé en peu de temps toutes les pertes causées ou par ses propres fureurs ou par celles de ses ennemis.

« Le peuple français, disait Voltaire, ressemble aux » abeilles; on leur prend leur miel et leur cire, et le » moment d'après elles travaillent à en faire d'au- » tres. »

Pourquoi la France se tirera-t-elle de la détresse où elle se trouve? Parce que la nation est active, industrieuse, souvent réduite aux extrémités depuis qu'elle existe : elle s'est pourtant soutenue, quelques efforts qu'on ait fait pour l'écraser.

Elle se relevera tant qu'elle conservera ses lumières et son activité. La flamme et le fer la blessent, mais ne peuvent la détruire. Tant qu'elle verra clair, elle marchera.

Pourquoi la sottise ne serait-elle pas intolérante?

Elle ne voit les choses que de profil; ce qui surprend, c'est de rencontrer des gens d'esprit intolérans, eux qui voient toutes les faces d'un objet.

Pourquoi juge-t-on si mal les actions d'autrui? C'est qu'on regarde de sa place, au lieu de se mettre à la place de la personne qu'on juge.

Que de gens ne blâmeraient pas ce qu'ils voient faire, s'ils voulaient se rappeler quelquefois ce qu'ils ont fait!

Pourquoi l'homme méfiant est-il rarement bon et honnête? C'est qu'on ne prête aux autres que ce qu'on possède; on imagine trouver dans leur cœur ce qui se passe dans le sien.

Celui qui prévoit si facilement les crimes ne serait peut-être pas fort loin d'en commettre.

Peu de chicaneurs croient à la franchise; peu de femmes galantes à la sagesse; peu de tyrans à la vertu.

Voulez-vous savoir les qualités qui manquent à un homme? Examinez celles dont il se vante.

Si on suivait la sage maxime du duc de Penthièvre, on ne disputerait pas tant sur les questions qui ont le plus divisé les esprits dans ce siècle. Ce bon prince disait « qu'il faudrait sans cesse parler aux rois des droits » des peuples, et aux peuples des droits des rois; ce » serait le seul moyen de rendre les sujets soumis et » les rois populaires. »

DE LA MODE
ET
DES COUTUMES.

Il existe une souveraine dont les ordres les plus gênans n'éprouvent jamais d'opposition ; nul ne réclame contre ses décrets ; ses fantaisies sont des lois révérées, ses caprices sont des oracles : elle change à son gré les mœurs ; elle se moque des convenances, et fait ployer la sévère raison sous la marotte de la folie. Elle règle le bien et le mal, fait et défait les réputations, donne de la beauté aux laides, de l'esprit aux sots, de la science aux charlatans, et résiste impunément aux remontrances de la justice, aux conseils de la sagesse et aux préceptes mêmes de la religion.

Cette royne et grande empérière du monde, comme dit *Montaigne*, c'est la Mode (on l'appelait autrefois Coutume) ; son séjour de prédilection est la France, la capitale de son empire est Paris. Son unique but est de plaire, son essence est le changement ; elle récompense par des applaudissemens et punit par le ridicule : voilà son unique force et ses seules armes ; mais rien n'y résiste. C'est ce que Voltaire peignit si bien dans ces quatre vers :

>Il est une déesse inconstante, incommode,
>Bizarre dans ses goûts, folle en ses ornemens,

DE LA MODE ET DES COUTUMES.

> Qui paraît, fuit, revient, et naît dans tous les temps;
> Protée était son père, et son nom c'est la Mode.

Cette déesse est une ennemie constante et presque toujours victorieuse de la raison. Celle-ci dit aux hommes : *Faites ce que vous devez faire*; la Mode, au contraire, leur donne cet ordre formel : *Faites ce que les autres font*. Il n'est pas besoin de prouver que c'est le précepte de la Mode qu'on suit toujours.

Ce qui doit étonner dans cette soumission universelle, c'est qu'elle paraît évidemment aller contre son but. En effet, le désir des favoris de la Mode, c'est de briller et de plaire : or, on n'obtient de brillans succès qu'en se distinguant. Ainsi, n'est-ce pas le plus mauvais moyen à prendre pour se distinguer et pour briller, que de faire ce que font les autres, de se vêtir comme la foule, de parler comme tous les gens qu'on rencontre, de ne soutenir que l'opinion reçue, et de se conduire comme tout le monde ?

Ce raisonnement semble fort, et peu susceptible d'objection. Eh bien, essayez de l'employer, il ne produira pas le moindre effet; on ne peut raisonner dès qu'il est question de modes ou de passions; si on raisonnait un instant, leur charme cesserait, et leur empire serait détruit.

Nous devons moins désirer qu'un autre peuple de secouer le joug de cette divinité capricieuse; nous changeons si souvent de coutumes, de goûts et d'opinions, que cette chaîne est peu pesante pour nous; et si une mode nous paraît trop ridicule, trop incommode ou trop assujettissante, nous avons au moins une consolation, c'est de penser que bientôt nous en serons débarrassés par une mode nouvelle.

Nos dames françaises furent d'abord vêtues en religieuses ; elles prirent ensuite un costume assez semblable à celui des dames romaines ; bientôt la coiffure en forme de cœur fut d'usage : les cornes les plus ridicules vinrent après, les pyramides et les cônes leur succédèrent ; ils furent bientôt remplacés par des bonnets assez bas, et peu après par des chapeaux ornés de plumes, et faits comme ceux des hommes. La nudité des épaules et du sein fut en faveur à la cour d'Isabeau de Bavière. Anne de Bretagne changea en noir le deuil qui jusque-là avait été porté en blanc. Sous François 1er on vit naître les vertugadins, ces cerceaux monstrueux qui transformaient les femmes en tours pyramidales. François II mit en faveur les ventres postiches. Les femmes de cour inventèrent une autre sorte d'attraits factices, tout opposés, qu'il est peu convenable de nommer.

Catherine de Médicis porta jusqu'à l'excès la magnificence des vêtemens ; elle fit connaître le fard aux Françaises, comme l'artifice aux Français. L'étrange usage qu'on fit alors des tresses accuse assez les mœurs de la cour.

Henri IV ramena le bon goût et la simplicité ; il ne permit les riches vêtemens qu'aux filous et aux filles de joie ; et si on trouve quelque chose de trop guindé dans les collets montés et les fraises de son temps, tant de doux souvenirs s'y attachent, qu'ils sont à l'abri de la censure ; et on ne peut se décider à trouver quelque ridicule à des parures qu'aimait Henri IV et que portait Gabrielle.

Bientôt les modes du bon Henri disparurent, ainsi que sa politique franche et sa joyeuseté chevaleresque ;

on quitta la barbe, le manteau ; on vit paraître ces canons ornés de rubans, ces longs et larges habits boutonnés d'un bout à l'autre, ces bas rouges et roulés, ces souliers carrés qui formaient un ensemble si lourd et ces énormes perruques qui auraient défiguré les têtes des courtisans de Louis XIV, si elles n'avaient pas été noblement ornées de tant de palmes, de myrtes et de lauriers.

Les dames, rivalisant d'excès dans leurs parures avec les hommes, reprirent les immenses vertugadins sous le nom de paniers, et surchargèrent leur front d'un édifice colossal nommé *fontange*, dont les divers étages étaient remplis d'ornemens aussi bizarres que variés.

Deux Anglaises, dont on rit d'abord, firent à Paris, dans ce temps, une prompte et grande révolution. Les coiffures gigantesques disparurent, les dames revinrent à la nature ; mais les petites femmes, effrayées d'une chute qui les raccourcissait tant, élevèrent en revanche d'un demi-pied leurs talons.

Sous Louis XV, les modes varièrent encore ; mais elles furent à la fois dépourvues de grandeur et de grace : les cheveux crêpés et poudrés, les grosses boucles, le rouge le plus foncé sur les joues, les mouches éparses sur la figure, les talons hauts, les tailles longues et pointues, les paniers boursoufflés, désolaient les peintres, choquaient le goût, et auraient dû effrayer et bannir l'amour, s'il n'avait été rappelé par la réalité des charmes, la grace des mouvemens, et le piquant de l'esprit qui n'abandonne jamais les femmes françaises.

Les hommes n'étaient pas alors plus convenablement vêtus ; leurs grands toupets en gouttière, leurs petits chapeaux plats sous le bras, leurs vêtemens étriqués, trop longs pour des vestes, trop courts pour des habits; leurs longues poches et leurs talons rouges étaient également dénués de noblesse, d'élégance et de commodité.

Sous Louis XVI, on ne fit en ce genre que des progrès ridicules; la mode des voitures basses et des coiffures hautes s'établit en même temps, de sorte que nos dames étaient à genoux dans leurs voitures.

Le bon roi Louis XVI avait des goûts simples, il aimait l'économie et haïssait le luxe : la cour cessa d'être vêtue richement. La mode, ne pouvant rester oisive, exerça son influence sur les couleurs; et, ne pouvant en inventer de nouvelles, elle en varia les nuances et en changea les noms. On vit bientôt des vêtemens de couleur puce, couleur soupirs étouffés, de larmes indiscrètes, couleur de nymphe émue, couleur boue de Paris, etc., etc.

La fureur d'imiter les Anglais s'empara ensuite de nous; leurs épées d'acier, leurs chapeaux ronds, leurs selles rases, leurs wiskys fragiles, leurs fracs écourtés, leurs jokeys légers vinrent remplacer et corrompre le goût français; aucune distinction d'état, de fortune, de rang, ne fut plus observée parmi nous, et l'égalité des costumes précéda, annonça et introduisit cette égalité de condition qui depuis a tant changé la face du monde, et tant fait de prosélytes, de martyrs et de victimes.

Enfin la révolution qui bouleversa la France créa de nouveaux moyens de plaire et de se distinguer : les hommes se coiffèrent à la romaine, les femmes s'habillèrent à la grecque; les cothurnes, les ceintures, les draperies légères, les coiffures à la Titus firent les délices des uns; le bonnet phrygien devint la parure des autres; la nudité fut même au moment de devenir la mode favorite des dames, et la transparence de leurs vêtemens rappela cette robe antique qu'on nommait *toga vitrea*, *la tunique de verre*, parce qu'elle ne cachait aucun des charmes qu'à peine on doit laisser deviner.

Cette mobilité perpétuelle dans les usages nous a fait trop souvent taxer de légèreté; mais les étrangers, qui nous accusent de frivolité, oublient qu'ils ne sont guère plus à l'abri que nous de la censure; si nous avons souvent changé de routes pour plaire, ils nous ont constamment suivis; si nous avons créé des modes un peu folles, ils les ont servilement et gauchement imitées, et ce n'est pas à l'ours qu'il convient de se moquer de celui qui le fait danser.

Lorsque de notre côté nous les raillons sur leurs usages, nous ne sommes pas plus raisonnables; car nous nous sommes trop souvent montrés leurs singes, pour les condamner. Dans un temps, les modes et la langue espagnoles furent en vogue chez nous; Médicis nous rendit trop imitateurs des Italiens; on nous vit, pendant plusieurs années, copier avec fureur la discipline, la tactique, l'habillement et les punitions des soldats allemands. La *philosophie de Kant*, les *illuminations de Schwedemburg*, la *cranomanie du docteur Gall*, le *somnambulisme de Mesmer*, se sont assez facilement naturalisés en France. Notre intérêt pour nos manufactures de soie ne nous a pas préservés des modes de l'Angleterre qui nous a inondés de ses mousselines. Nos belles Françaises se sont vêtues en *Polonaises*, coiffées en *Chinoises*, et elles semblent avoir abandonné définitivement leurs jolis, élégans et économiques *mantelets*, pour emprunter aux sultanes ces riches et moelleux *cachemires* qui ruinent tant de maris, et qui leur coûtent encore plus cher lorsque ce ne sont pas eux qui les paient.

Malgré ces observations, un peu séditieuses, sur le despotisme capricieux de la mode, je me soumettrais comme un autre, en riant et sans murmure, à son culte, si elle voulait mettre des bornes à son empire, et n'exercer son influence que sur nos goûts et sur nos habits. Mais ce que je ne puis souffrir, c'est qu'elle fasse souvent dépendre de ses fantaisies nos mœurs, nos réputations, nos lois, et je dirai presque notre conscience.

C'est sous le nom de *coutumes* que la mode étend ainsi sa puissance; aussi que de contradictions, que d'absurdités, que de folies cette étrange législatrice a fait adopter et consacrer sur la terre ! Tous les peuples successivement peuvent l'attester : l'un égorge des tribus entières pour avoir admis dans leur sein des femmes étrangères ; les autres forcent leurs prisonniers à se tuer entre eux, ou à se laisser dévorer par des lions, pour le divertissement des dames romaines. Près du Gange, une jeune femme est obligée de se brûler, parce que la goutte a terminé les jours de son vieux mari; et, tandis que de pauvres Indiens n'osent tuer une vache, de peur de blesser l'ame de leur mère, d'ignorans Américains se croient obligés de tuer leurs pères par piété filiale lorsqu'ils sont devenus trop âgés. Ici, l'usage exige qu'on offre sa femme et sa fille aux étrangers; là, on les enferme toute leur vie, et on les fait garder par des hommes auxquels une atroce barbarie n'en laisse que le nom; ailleurs, au mépris des plus saintes lois, on exerce sur des enfans la même cruauté;

pour enrichir l'opéra de belles voix. En France, sous notre première race, les princes n'assuraient leur puissance qu'en crevant les yeux à leurs parens, et rien ne les guérissait de la coutume de détruire leur monarchie en la partageant.

Vit-on rien de plus déraisonnable que cet usage, auquel on tenait tant alors, de faire juger le bien et le mal par l'épée, de croire qu'elle parlait au nom de Dieu, et d'adjuger ainsi l'innocence au plus fort, au plus adroit, et la culpabilité au plus faible? De sorte qu'un escrimeur comme *Saint-Georges*, dans ce temps, eût été certain, non-seulement de l'impunité, mais même de l'estime générale.

On conçoit davantage la mode de racheter ses fautes par des dons aux moines, il y avait tant de gens intéressés à la soutenir: mais ce qu'on a peine à croire, c'est cette mode barbare et insensée de tous les seigneurs, de se battre entre eux et contre le roi, sans vouloir d'autres juges de leurs droits que la fortune des armes, coutume funeste qui fit de la France le théâtre de guerres civiles perpétuelles. L'autorité royale lutta pendant huit siècles contre cette mode extravagante, et pendant long-temps la religion n'y put porter d'autre remède que d'ordonner des trèves pendant *certains jours spécialement consacrés au ciel*; c'est ce qu'on appelait *la paix de Dieu.*

La fureur des croisades, qui dépeupla l'Occident pour ravager l'Orient, dura près de trois cents ans, malgré les conseils de la raison et les remontrances de la politique la plus éclairée.

La mode des guerres de sectes vint ensuite couvrir l'Europe de malheurs et de crimes; et la mode, prenant alors le cothurne et le poignard, se plut à faire un affreux mélange de dévotion, de galanterie et de cruauté.

Enfin le grand siècle parut ; Louis XIV régna : la mode quitta son tragique empire ; elle laissa la gloire, la raison, la justice et la politique régir les peuples, et, rentrant dans son domaine naturel, elle ne s'occupa plus que de nos goûts et de nos habits.

Cependant, pour montrer encore quelques vestiges de son ancienne puissance, elle nous conserva la mode des duels, et nous obligea constamment à faire, au nom de l'honneur, ce que défendaient la religion et la loi.

Le nom même de la *mode* peut servir à expliquer ses caprices ; il veut exprimer *le mode, la manière d'exister, d'agir ou de parler pour être bien*. Ainsi un brillant succès, dû tantôt à la beauté, tantôt à l'esprit, quelquefois à la fortune ou à la puissance, et souvent même au hasard, décide la manière dont on doit être pour réussir. On cherche à imiter celui ou celle qu'on admire, et l'espoir d'obtenir le même succès par cette imitation aveugle tellement, qu'on copie indistinctement les défauts et les qualités de la personne dont on envie l'éclat : les défauts mêmes, étant plus faciles à saisir, sont quelquefois ce qu'on copie avec le plus d'empressement.

Les courtisans d'Alexandre avaient le cou penché comme lui ; il leur était plus facile d'imiter son attitude que son génie. Peu de femmes pouvaient se flatter d'avoir l'esprit et la grace de *Ninon* ; aussi la plupart de ses rivales ne prirent d'elle que sa coiffure et son inconstance.

J'entre dans un salon : je vois plusieurs dames, remarquables par leur beauté, leur décence, leur modestie, tristement assises loin des hommes, et presque oubliées par eux. Dans un coin de l'appartement j'entends du bruit : j'aperçois une femme vêtue avec plus de luxe que de goût ; sa taille est commune, son teint n'a qu'un éclat emprunté ; ses traits chiffonnés n'ont ni grace ni noblesse ; sa voix est aigre, son regard hardi ; elle est entourée d'adorateurs ; ils n'ont d'yeux et d'oreilles que pour elle. Je demande à mon voisin quelle est cette femme : « C'est madame Dorlis, me dit-il ; une femme charmante. — Mais elle n'est pas belle. — Oh ! non. — Pas même très-jolie. — Il est vrai. — A-t-elle de l'esprit ? — Pas précisément ; mais beaucoup d'usage du monde et de vivacité. — Elle a sans doute des talens ? — Non. — Quel mérite lui trouvez-vous donc ? — C'est une femme à la mode, une femme charmante. » Quelques jours après je vis plusieurs de ces beautés délaissées qui m'avaient frappé, vêtues, coiffées comme madame Dorlis ; elles croyaient, en imitant sa parure, s'attirer les hommages, que l'objet de leur jalousie ne devait qu'à sa vivacité, à sa hardiesse et à sa coquetterie.

Madame T....., madame R....., éblouissantes par la beauté de leurs formes, la régularité de leurs traits, la blancheur de leur peau, l'élégance de leur taille, s'habillent un jour à la grecque et nous cachent peu de leurs charmes : on les suit aux promenades publiques, on les entoure dans les cercles, on les applaudit aux spectacles : l'admiration, l'ivresse sont au comble. Le lendemain Paris est rempli de femmes longues, maigres, grosses, courtes, sèches, jaunes ou noires, le cou nu, les bras sans manches et la gorge découverte, qui bravent le rire et la critique, et se croient des Aspasies.

En arrivant de l'armée, un jeune homme tombe malade; son oncle voudrait faire venir M. A....., vieux médecin très-expérimenté; la société s'y oppose, ce serait un meurtre.... Il faut absolument faire venir le docteur S.... « Est-il savant ? — Non. — Est-il assidu ? — Il n'en a pas le temps. — A-t-il suivi les hôpitaux ? — Fi donc; il ne voit que la bonne compagnie. — Quel est donc son mérite ? — Il ne croit pas à la médecine; c'est un homme charmant, il est rempli d'esprit, il devine votre maladie en vous regardant, il parle politique à merveille, toutes les femmes en raffolent. » L'esculape fait de courtes visites, donne de petits sirops et de grandes espérances; le jeune officier meurt, et le docteur n'en est pas moins le médecin à la mode.

Il faut convenir cependant que la mode n'a pas été toujours, et par-tout, si extravagante. A Sparte elle fut soumise, pendant trois siècles, à la raison et à la vertu.

A Sybaris on aimait tant le repos, on craignait à tel point les innovations et les orages qu'elles produisent, que, suivant une vieille coutume, tout homme qui voulait proposer une nouvelle loi devait se présenter la corde au cou; et si la loi n'était pas jugée assez nécessaire pour qu'on l'adoptât, il était pendu.

Plutarque rapporte un fait attesté par Xénophon : il dit que, dans une ville de Syrie, la mode de la *constance* s'était tellement établie, que pendant l'espace de sept ans aucune femme ne se rendit coupable d'infidélité.

Malgré mon respect pour l'auteur grec, je ne croirai à son anecdote que lorsque j'aurai vu une semblable mode s'établir seulement pour six mois à Paris. Au reste, il ne faut désespérer de rien; peut-être verrons-nous un jour *la sagesse, la modestie, l'indulgence, la raison et la fidélité à la mode :* tout dépend des dames; nous sommes toujours ce qu'elles veulent que nous soyons, et c'est avec raison que M. de Guibert a dit :

Les hommes font les lois, les femmes font les mœurs.

DE L'AMITIÉ.

Aristote disait souvent : *O mes amis ! il n'y a plus d'amis ;* et Caton prétendait *qu'il fallait tant de choses pour faire un ami, que cette rencontre ne se trouvait pas en trois siècles.*

Un jeune soldat persan venait de se couvrir de gloire en gagnant le prix de la course avec un superbe cheval ; Cyrus lui demanda *s'il consentirait à lui céder ce cheval pour son royaume.* — *Non, seigneur,* lui répondit le soldat ; *mais pour un ami véritable, si vous pouvez me le trouver.*

Tout ceci prouve que les anciens croyaient avoir peu d'amis, et qu'ils sentaient le prix et la rareté de l'amitié. Nous ne sommes assurément pas comme eux ; non-seulement nous avons des amis en foule, et nous en trouvons par-tout, mais il n'y a pas même de nom plus prodigué, plus prostitué que celui d'ami ; il devient souvent dans notre langue un terme de familiarité ou de mépris. — *Mon ami,* dit-on à un postillon, *je te donne un écu si tu me mènes en une heure à Versailles. Mon ami,* dit un passant à un polisson, *vous irez au corps-de-garde si vous faites du train. Mon ami,* dit un juge à un fripon, *vous êtes acquitté cette fois faute de preuves ; mais, si vous continuez, vous serez pendu.*

Que de méprises sur ce mot d'ami ! combien de maris appellent leur ami l'ami de leur femme ! combien d'amis de la maison répandent dans la maison de discordes et d'inimitiés! combien de gens donnent le titre d'ami aux compagnons de leurs débauches, aux complices de leurs intrigues et aux rivaux de leur ambition! et ceux mêmes qui ne font pas un usage si bas de cette expression, à quel point étrange ils dénaturent son véritable sens!

N'entendez-vous pas souvent un homme, pour affirmer une nouvelle, dire : Je la tiens d'un de mes amis *que je connais beaucoup?*

Un jour, au Palais-Royal, le chevalier de C.... avait gagné 1500 louis qu'il tenait dans un chapeau; quelqu'un s'approche, et lui dit : *Mon cher ami, de grace, prêtez-moi cent louis. — Je le veux bien, mon cher ami*, répondit le chevalier, *pourvu que vous me disiez comment je m'appelle.* L'autre, demeurant sans réponse à cette question : *Vous voyez bien, mon cher ami*, reprit le chevalier, *que vous seriez trop embarrassé pour trouver le moyen de me rendre ces cent louis si je vous les prêtais.*

Une dame dit assez ordinairement à son portier : *J'ai la migraine; ne laissez entrer que mes amis!* et la liste est presque toujours d'une trentaine de personnes.

Comment est-il possible que l'usage se soit établi de profaner ainsi un nom si sacré? Est-ce la politesse qui veut qu'on flatte tout le monde, en honorant de simples liaisons du titre d'amitié?

Est-ce pauvreté de notre langue, et manque-t-elle de termes pour exprimer les différens degrés de connaissance ou d'estime?

Je ne sais, mais cet abus m'a toujours révolté : peut-être parce qu'il outrage la sainteté d'un sentiment qui est l'objet de mon culte particulier.

Quoique les anciens fussent plus graves que nous, tout me porte à croire qu'ils abusaient encore assez du nom d'amis, pour donner lieu à des erreurs, selon moi, très-marquantes; et lorsque Bias, un des sept sages de la Grèce, disait *qu'il fallait beaucoup de prudence en amitié, et qu'il était nécessaire d'aimer ses amis comme si on devait les haïr un jour,* il est clair que ce Grec parlait de ces amis de société, de ces compagnons de plaisir, de ces associés d'affaires, dont le moindre accident peut changer le cœur et rompre les liens.

Socrate pensait un peu mieux lorsqu'il répondait à ceux qui trouvaient sa maison trop petite : *Plût à Dieu qu'elle fût toujours pleine de vrais amis!* Socrate savait que l'on ne pouvait en avoir beaucoup; c'était approcher de la vérité, mais non pas l'atteindre. L'amitié est un si grand bien, qu'un seul et véritable ami est un trésor inappréciable; on le cherche toute la vie, et souvent sans pouvoir le trouver.

Comment se fait-il donc que tant de gens croient en avoir plusieurs?

Avouons que tous ceux qui parlent de leurs amis n'en ont jamais eu un véritable. Montaigne avait raison lorsqu'il disait : *C'est un assez grand miracle que de se doubler; n'en cognoissent pas la hauteur ceux qui parlent de se tripler.* Ils ne savent pas quel accord de sentiment, quelle conformité de caractère, quelle abnégation de soi-même sont nécessaires pour constituer une vraie amitié, pour qu'on puisse dire de son ami, comme Montaigne de la Béotie : *Ma volonté fut plongée dans la sienne et la sienne dans la mienne; il y avoit si totale union entre nous, qu'on ne pouvoit plus distinguer la cousture. Savez-vous pourquoi je l'aimois ? parce que c'étoit moi, parce que c'étoit lui ; je me serois plutôt fié de moi à lui qu'à moi-même.*

Une telle amitié peut, elle seule, se peindre ; l'esprit ne sauroit ni l'imaginer ni l'imiter ; c'est le mariage des ames ; *c'est plus, c'est mieux* que de l'amour. Il s'affaiblit par la jouissance, elle s'accroît par le bonheur ; elle est le bonheur lui-même et la volupté pure.

Ennius disait que *sans cette amitié il n'y avait point de vie vivante (vita vitalis)*. En effet, est-ce vivre que n'avoir pas un être qui s'afflige avec vous, qui jouisse avec vous, qui reçoive tous vos secrets, qui vous confie tous les siens, et qui vous serve de support pour lutter contre les caprices du sort, les vicissitudes de la fortune, et contre les coups inévitables du temps ?

Cicéron définit l'amitié *un accord parfait des choses divines et humaines, accompagné de bienveillance et de tendresse. Parmi les présens,* dit-il, *que les dieux ont faits à l'homme, les uns préfèrent les richesses, les autres la santé, ceux-là les honneurs et la gloire, d'autres les voluptés ; tous ces biens sont passagers et périssables : ceux qui placent le souverain bien dans la vertu pensent mieux ; mais la vertu elle-même contient et produit l'amitié, qui ne pourrait exister sans elle.* L'envie flétrit la gloire, l'intrigue enlève les places ; un orage politique renverse la fortune, le plus léger accident détruit la santé : l'amitié offre des biens plus solides et plus universels ; on la retrouve par-tout : nulle part elle n'est étrangère, jamais hors de saison, jamais importune ; elle rend les prospérités plus complètes et les malheurs plus supportables.

Il n'est aucun homme doué d'une ame qui ne sente

combien ces éloges de l'amitié sont vrais. Chacun éprouve que l'amitié est le premier besoin du cœur ; personne ne croit jamais pouvoir s'en passer. Scipion pensait que *Timon le misanthrope lui-même, qui haïssait tous les hommes, devait désirer d'en trouver un qui partageât son opinion et qui pût haïr avec lui.*

Architas, de Tarente, *croyait qu'un homme auquel il serait permis de s'élever jusqu'au ciel et de voir tous les chefs-d'œuvre de la Divinité, tous les secrets de la nature ; s'ennuierait de cette contemplation s'il n'avait pas un ami pour causer avec lui de ces merveilles.* C'est donc un fait incontestable que tout homme honore et cherche l'amitié.

Examinons donc pourquoi ce bien, si universellement désiré, est si rarement obtenu. Ne serait-ce pas, comme l'a dit le philosophe Diderot, *parce que tout le monde veut avoir des amis et que personne ne veut l'être ?*

Pour obtenir ce bonheur que promet l'amitié, il faut le mériter en travaillant à devenir vertueux ; car les anciens ont raison, *sans vertu il ne peut exister d'amitié.*

Que voulez-vous lorsque vous cherchez un ami ? Vous espérez d'abord trouver un homme dont vous puissiez admirer et aimer les bonnes qualités, et dont vous devez partager la bonne ou mauvaise fortune : or, est-il possible d'admirer un homme sans élévation, sans délicatesse ? pouvez-vous aimer une personne dépourvue de solidité dans le jugement, de constance dans les affections, de franchise dans l'esprit, d'égalité dans l'humeur ?

Vous voulez que votre ami vous garantisse contre vos faiblesses, il faut donc qu'il soit fort ; vous lui confierez des secrets, il faut donc qu'il soit probe, discret et sûr.

Voyez, en peu de mots, combien de vertus vous désirez à un homme pour en faire votre ami, et soyez convaincu que cet homme, s'il existe, exigera de vous les mêmes qualités pour vous accorder son amitié.

On ne peut s'attendre, il est vrai, à trouver toutes les vertus réunies dans une créature humaine; le vouloir, ce serait faire de l'amitié une chimère; mais il est évident qu'il faut au moins posséder les principales pour être digne d'éprouver et d'inspirer ce sentiment : c'est pour cela qu'un tel bonheur a toujours été si rare, et qu'il faut des siècles pour trouver des Oreste et des Pylade, des Lélius et des Scipion, des Henri IV et des Sully.

Si vous donniez, au lieu de la vertu, l'intérêt pour base à l'amitié, vous obtiendriez toutes les amitiés vulgaires qui peuvent amuser l'esprit, mais qui trompent le cœur et qui ne le remplissent jamais.

C'est avec de tels amis *qu'on se trouve en foule dans la bonne fortune, et en solitude dans l'adversité.*

Vous n'avez pas même le droit de vous en plaindre. Étiez-vous unis par intérêt? l'intérêt a cessé, le contrat est rompu; l'étiez-vous par les plaisirs? l'âge arrive et le charme cesse; est-ce une amitié de parti? la position change et l'opinion vous divise. La légèreté peut-elle s'appuyer sur la légèreté?

Lucilius écrivait à Sénèque que l'homme chargé de sa lettre *était son ami*, et il recommandait en même temps de ne pas s'ouvrir à lui sur ses affaires. Sénèque lui répondit : *Mon cher Lucilius, en usant d'une telle réserve avec cet homme, c'est dire dans la même lettre qu'il est votre ami et qu'il ne l'est pas* : ainsi le mot d'ami n'est, dans votre bouche, qu'une expression banale, comme le titre d'homme de bien pour les candidats, et celui de citoyen pour le premier venu dont on ne se rappelle pas le nom. Il disait bien ; c'est étrangement s'abuser que de croire que l'amitié peut exister, et n'être pas accompagnée d'une confiance sans réserve.

En amitié il y a donc deux biens principaux : le premier, c'est d'aimer ; le second, de se confier. Pour jouir de ces deux biens, vous comprenez ce qu'il faut : *bonté*, pour aimer ; *estime*, pour avoir confiance.

Je vais, comme disait un ancien, *vous donner, pour arriver à ce bonheur suprême, un charme tout-puissant, sans filtre et sans magie : travaillez à être content de vous-même, et vous trouverez un ami dont vous serez content ; aimez et vous serez aimé.*

Après avoir vu combien on a dénaturé le nom d'ami, après avoir défini la véritable amitié, et cherché les moyens de posséder ce bien si précieux, il est encore une question très-intéressante à examiner, d'autant qu'elle a été traitée très-diversement par les auteurs qui ont le mieux écrit sur l'amitié.

Est-ce chez les hommes ou chez les femmes qu'on peut avoir l'espérance de trouver ce sentiment fort et délicat, ce charme de la vie qui console des peines et double le bonheur ?

S'il suffisait de choisir le sexe le plus sensible pour décider lequel doit être le plus susceptible d'amitié, le doute ne serait pas possible ; les femmes ont certainement une sensibilité plus délicate et plus exquise que les hommes, elles n'ont que deux affaires dans le monde, c'est de plaire et d'aimer ; pour elles, les choses ne sont rien, les personnes sont tout; et leurs opinions mêmes ne sont que la suite de leurs sentimens.

Mais il arrive précisément que, de ces deux occupations de leur vie, l'une nuit souvent à l'autre : le désir constant de plaire les empêche de s'aimer entre elles; leur perpétuelle rivalité est un obstacle à leur amitié; elles ont des confidentes, mais rarement des amis.

Les hommes ne sont rivaux que dans certaines circonstances; la rivalité des femmes est générale, et presque perpétuelle : aussi, quand l'histoire immortalise tant de mères courageuses, de filles dévouées et d'épouses héroïques, on n'y trouve pas un trait qui célèbre l'amitié de deux femmes.

Montaigne avait tort d'en conclure que *les femmes ne pouvaient avoir d'amitié*; il prétendait que *la nature avait créé ces charmantes fleurs pour le repos, et qu'elle ne les destinait qu'à orner doucement le parterre de la vie; tandis que les hommes, semblables à des chênes robustes, mais élevés, avaient besoin de s'appuyer l'un sur l'autre, pour résister aux orages qui les battaient sans cesse.*

Notre bon philosophe se trompait. C'est certainement le sexe le plus fort, le plus ambitieux, le plus occupé, qui pourrait se passer aisément d'amitié; tandis qu'elle est un besoin pour le sexe le plus faible et le plus sensible.

L'amitié d'une femme pour un homme, c'est l'amitié parfaite, c'est le plus doux lien de la vie, le plus désintéressé, le plus exempt de rivalités et d'orages.

Ce que l'amitié exige par-dessus tout, c'est *la fusion de deux volontés en une qui ne fasse qu'une vie pour deux êtres ;* c'est l'abnégation de toute inégalité de rang, de fortune et de talens; c'est le consentement mutuel à effacer l'infériorité de son ami, ou à jouir de sa supériorité.

Cet acquiescement à une complète égalité, cet entier abandon d'amour-propre, est une grande difficulté entre deux hommes, une grande impossibilité entre deux femmes, une jouissance réelle et un doux échange plutôt qu'un sacrifice entre un homme et une femme.

Voyez avec quelle délicatesse ce sexe charmant compâtit à nos faiblesses, nous révèle nos défauts, devine nos plus secrètes pensées, vole au-devant des plus timides besoins de nos ames ; et vous direz, comme *Thomas* et comme moi, que, *s'il est utile d'avoir pour ami un homme pour de grandes occasions, il faut désirer l'amitié d'une femme pour le bonheur de tous les jours.*

DES DISPUTES.

Rien de si utile que la discussion ; rien de si dangereux que la dispute : l'une éclaire, l'autre aveugle. En discutant on dissipe les préventions ; en disputant on allume les passions. La causerie inspire la confiance, l'altercation l'éloigne ; elle irrite l'amour-propre, et l'on sait que, dès que l'amour-propre se mêle d'une contestation, elle devient interminable. Malheureusement il n'est qu'un pas de la discussion à la dispute ; l'une amène l'autre, si la modestie, l'aménité, le désir de plaire ne nous arrêtent pas dans la volonté que la plupart des hommes ont d'avoir toujours raison.

Il est singulier qu'on tienne autant à une chose aussi idéale que l'opinion ; et cependant mille exemples prouvent que l'homme sacrifie plus facilement ses intérêts, et même ses attachemens, que ses opinions.

Combien de discordes civiles causées par le choc des opinions politiques ou religieuses ! Que d'hommes immolés pour des dogmes qu'ils n'entendaient pas ! Que d'inimitiés produites par un simple dissentiment d'avis sur les doctrines, et sur les diverses manières d'envisager le devoir et le bonheur, l'honneur et la vertu, l'amour du prince et l'amour du pays !

N'a-t-on pas vu des amis, des parens, rompre les liens les plus sacrés, parce qu'ils n'entendaient pas de la même manière la *grace efficace*, la *grace con-*

comitante, la *constitution* Unigenitus, la *musique italienne* et la *musique française?* et plus d'une querelle sanglante n'a-t-elle pas eu lieu pour des *souliers à la poulaine* ou *à bec à corbin*, pour des *roses rouges* ou *blanches*, pour des *coiffures poudrées* ou pour des *perruques à la Titus?* Enfin, on a vu la guerre s'introduire dans de paisibles ménages par des disputes sur un passé qui ne leur appartenait plus, et sur un avenir qui ne devait jamais leur appartenir.

Je me souviens, à ce propos, d'avoir entendu raconter à M. l'abbé de Breteuil l'anecdote suivante :

Le marquis et la marquise de Vieille-Roche étaient mariés depuis vingt ans, et par-tout on citait leur ménage comme un modèle de paix et d'union. Le marquis, lieutenant-général des armées du roi, s'était fait estimer à l'armée par sa valeur, à la cour par son zèle assidu, à la ville par sa probité sévère. Ce n'était pas un homme aimable ; il tenait trop à tous les vieux préjugés, aux usages les plus antiques. Observateur ponctuel de toutes les convenances, ennemi de toute innovation, méthodique en goûts comme en affaires, en sentimens comme en occupations, tout était chez lui d'une régularité plus exemplaire qu'amusante ; aussi, jamais le plus léger écart n'avait pu donner à la marquise le moindre soupçon sur sa fidélité ; et, si jamais il n'avait été pour elle un amant bien passionné, elle avait toujours trouvé en lui un ami tendre, constant et rempli d'égards. La marquise était faite en tout point pour un tel mari ; fière de sa naissance, sévère en principes, fidèle à ses devoirs, et remplissant tous ceux qu'imposait alors la société avec une minutieuse exactitude. Rien ne semblait devoir troubler la solide et monotone tranquillité de leur vie ; leurs esprits réguliers étaient d'accord ; leurs caractères honnêtes, mais peu susceptibles de passions, étaient assortis ; et, s'il existait quelque différence d'opinions entre eux, elle était si étrangère à leur existence, à leurs habitudes et à leur bonheur, qu'elle ne servait qu'à jeter quelquefois un intérêt assez piquant dans leurs entretiens, sans paraître jamais devoir altérer leur intimité.

Un soir, cependant, les deux époux, étant rentrés après le spectacle, soupèrent tête à tête ; le souper fini, on s'assit près du feu. Le marquis, content de sa journée, et disposé à cette galanterie qu'on montre si souvent à toutes les femmes et si rarement à la sienne, la complimenta sur la douceur de ses regards qui le charmait toujours, sur le bon goût de sa parure qui lui rappelait les heureux jours de fêtes de leur mariage.

La marquise reçut ces louanges avec modestie, mais de manière à s'en attirer d'autres. De complimens en complimens, et d'éloges en remercîmens, il advint que la conversation s'interrompit, sans que le tête à tête en fût moins intéressant. La sagacité du lecteur me dispensera de remplir cette lacune de leur dialogue. Enfin l'entretien se renoua avec cette intimité familière qui succède ordinairement à de semblables interruptions.

« Ma chère, dit le marquis, que notre sort est digne d'envie ! jamais il n'a existé de lien plus doux que celui qui nous unit depuis vingt ans.

— Je le sens comme vous, mon ami ; mais cependant il manque à notre bonheur un point bien essentiel.

— J'entends, une image qui nous rappelle sans cesse l'un à l'autre ; un enfant qui hérite de ta grace et de tes

TOME I. 6

vertus. Mais, ma chère, dit le marquis, en serrant la main de sa femme, vous n'avez que trente-huit ans; j'en ai à peine quarante, vous avez tous les charmes de la jeunesse, je ne suis pas encore vieux; il est possible que ce bien si long-temps désiré nous soit enfin accordé, et peut-être cette charmante soirée sera-t-elle l'heureuse époque....

— Ah! mon ami, que je serais heureuse! mais, quand ce bonheur arriverait, il serait bien mêlé d'inquiétude! Un seul enfant est un trésor qu'on craint sans cesse de perdre, et que le plus léger accident peut nous enlever: il faudrait en avoir deux.

— Deux, ma chère! dit le marquis en se pavanant, il en faut trois; car avec deux, si on en perd un, on retombe dans la même inquiétude. Oui, nous en aurons trois, et même trois garçons : avec de l'amour et de la persévérance, il ne faut désespérer de rien.

— En vérité, dit la marquise en souriant et en embrassant son mari, vous avez aujourd'hui un ton de confiance si communicatif, que je me crois déjà presque sûre de voir nos vœux réalisés ; mais cependant ne serions-nous pas embarrassés de trouver le moyen d'assurer une fortune suffisante à nos trois enfans?

— Comment, embarrassés, y pensez-vous? n'avons-nous pas soixante bonnes mille livres de rentes?

— Je le sais, mon ami; mais si nous donnons un jour, je suppose, dix mille francs à chacun de nos enfans, il ne nous en resterait que trente, et ce ne sera pas assez pour soutenir l'état convenable à notre rang; d'ailleurs dix mille francs, ne serait-ce pas trop peu pour faire faire un grand mariage à notre aîné?

— Bel embarras! ma chère! vous n'y songez pas;

l'aîné sera militaire! et je conviens qu'il faut ne rien négliger pour sa fortune et son avancement; mais j'aurai assez de crédit pour placer l'autre dans la diplomatie; cette carrière mène à tout, et dédommage amplement des avances faites pour y entrer : ainsi voilà déjà une de vos inquiétudes sans fondement.

— Oui mon cher; mais que ferons-nous du cadet?

— Le cadet, ma belle? ma foi nous le ferons chevalier de Malte; je suis ami du grand-prieur, et croyez qu'avant peu le chevalier, obtenant une riche commanderie, n'aura point à envier le sort de ses frères.

— Mon fils chevalier de Malte, monsieur! Oh c'est ce que décidément je ne saurais souffrir.......

— Eh! pourquoi donc, mon ange, cette colère contre la chevalerie?

— Pourquoi! c'est que je ne puis supporter cette étrange chevalerie ecclésiastique, ce clergé mondain, cet état amphibie; ces tristes vœux qui ne privent que des plaisirs légitimes, et cette renonciation au mariage que dicte l'avarice et dont on se dédommage par le libertinage.

— Pour le coup, madame, on peut dire que voilà un des plus étranges caprice dont on ait entendu parler; et j'ai peine à concevoir cette bizarre aversion contre un ordre célèbre qui nous retrace la valeur et la piété de nos aïeux; contre une société pieuse et guerrière qui sert l'état et la religion, et qui a ouvert une glorieuse carrière aux plus illustres familles du royaume.

— Monsieur, il n'est pas très-poli de traiter ainsi mon opinion de caprice et de bizarrerie; mais on ne peut disputer des goûts, et certainement je ne consentirai jamais à voir mon troisième fils, tondu, célibataire, et cherchant sur des galères une honteuse captivité ou une palme de corsaire ; enfin, je vous le répète, mon fils ne sera pas chevalier de Malte.

— Mais, madame, si j'étais aussi opiniâtre que vous, je vous dirais que je suis le maître et que je le veux.

— Je sais, monsieur, que la volonté d'un père est d'un grand poids lorsqu'il s'agit de décider de la destinée d'un fils ; mais vous conviendrez aussi que la volonté d'une mère doit être comptée pour quelque chose ; vous êtes le chef de la famille, vous êtes mon mari, mais non pas mon maître, et nous ne sommes pas en Turquie.

— Eh ! mon Dieu, oui, madame, je le sais ; nous sommes en France, dans le pays du monde où on fait le plus de folies, parce que les maris se laissent gouverner par leurs femmes. Moi, je pense qu'on peut bien avoir quelque déférence pour leur volonté, mais c'est lorsqu'elle n'est pas extravagante.

— En vérité, Monsieur, vous ne vous plaindrez pas de ma patience ; il n'y a sortes de dureté que vous ne me disiez aujourd'hui ; les noms de capricieuse, de bizarre, vous semblaient apparemment trop doux ; actuellement vous me traitez d'extravagante, et il ne me sera pas difficile de prouver que je suis cent fois plus raisonnable que vous.

— L'assertion est étrange, et la preuve serait curieuse.

— La preuve ? c'est la douceur avec laquelle je supporte depuis tant d'années les manières hautaines, l'orgueil sans raison, la maussade dureté de l'homme le plus insupportable que j'aie vu.

— Madame, madame, vous mettez ma patience à une rude épreuve ! je pourrais vous dire, avec plus de vérité, qu'il y a peu d'hommes qui aient eu autant à souffrir que moi dans leur vie, et que j'ai eu quelque mérite à supporter votre ennuyeuse pédanterie, vos graves fantaisies et les inégalités de votre humeur.

— Certes, monsieur, il est singulier de voir un tyran se plaindre de sa victime; tout le monde s'étonne de ma constance pour un homme si peu digne de moi; vous êtes vain, entêté, orgueilleux, égoïste : ma chaîne m'est insupportable, je suis lasse de me contraindre, et je sens qu'il me serait impossible de vivre plus longtemps avec un homme comme vous.

— A merveille, madame ! Voulez-vous être libre ? c'est ce que je désire aussi. Vous m'êtes odieuse ; vous êtes prude, vaine, obstinée, acariâtre ; la vie serait un enfer avec vous. Je renonce pour toujours au nœud qui nous unissait.

— Eh bien ! monsieur, finissons cette ennuyeuse querelle, et séparons-nous.

— Oui, madame, séparons-nous ; vous serez contente de mes procédés.

— Je n'en doute pas. Adieu, monsieur.

— Adieu, madame. »

Le marquis sonna. Le valet de chambre, à sa grande surprise, reçut l'ordre de conduire les deux époux dans deux appartemens fort éloignés l'un de l'autre. Le lendemain on manda le notaire, et l'acte de séparation fut signé, malgré les prières des parens, les efforts des amis, les conseils du magistrat, et la crainte du scandale.

C'est ainsi qu'une si longue union fut rompue par une dispute sur la fortune future de trois enfans qui n'étaient pas nés.

Profitons de cette leçon : discutons souvent, mais ne disputons jamais.

DE LA BONTÉ.

Personne n'est assez dépourvu de bon sens et de pudeur pour oser blâmer crûment et sans détour la *bonté*; on se montrerait trop méprisable si on refusait son estime à cette vertu; trop insensible, si on blâmait la plus aimable des qualités du cœur; et trop ignorant de sa langue, si on dénaturait assez le sens des mots, pour prendre en mauvaise part une expression qu'on est forcé d'employer pour désigner tout ce qui est bien, tout ce qui plaît, tout ce qui excelle, tout ce qu'on aime.

« Tous les peuples, dit Cicéron, varient dans leurs
» cultes; mais est-il un peuple sur la terre qui ne res-
» pecte pas la bonté, la douceur, la reconnaissance,
» et qui n'ait pas en horreur l'orgueil, la méchanceté
» l'ingratitude et la cruauté. »

Je conviens que les hommes ne sont pas assez éhontés pour mépriser publiquement un objet si respectable que la bonté; mais ce qu'ils ne hasardent pas tout haut, ils le disent tout bas : ils font un détour pour l'attaquer, n'osant s'y prendre de front; et, s'ils n'ont pas l'audace de la blâmer, ils n'ont que trop l'adresse de la tourner en ridicule.

La bonté n'est plus à leurs yeux la fille de la justice: c'est le produit de la simplicité, de la faiblesse, de la crainte; et, s'ils n'ont point encore la hardiesse de prendre en mauvaise part l'expression d'*homme bon*, ils en sont déjà venus au point de rendre ridicule celle de *bon homme*; de sorte que l'usage ne donne plus guère ce nom qu'à celui qu'on croit privé de force, de lumière et d'esprit.

Les méchans (et le monde en est plein) trouvent au fond de leur cœur que la *bonté* est *duperie*; ils sont comme une société de fripons se moquant de l'honnête homme qui joue loyalement avec eux.

« Voyez, se disent-ils à eux-mêmes, avec quel dé-
» savantage la bonté paraît sur la scène du monde :
» elle n'écarte jamais la rivalité par l'intrigue; elle ne
» calomnie pas pour déplacer ; ne se vante, ni ne
» flatte pour arriver ; elle ne se venge point du mal
» qu'on lui veut, et s'en rapporte à la justice pour
» la défendre : de sorte qu'on se compromet en la sou-
» tenant, et qu'il n'y a pas de risque à l'attaquer ; en-
» fin, elle est déplacée dans un siècle où elle ne peut
» être que dupe et victime. »

Je suis persuadé que c'est cette fausse idée généralement répandue des désavantages de la bonté, et des succès de la méchanceté, qui rend par-tout le nombre des bons si rare, et celui des méchans si commun (chacun vise au bonheur et veut prendre le chemin qu'on dit le plus court pour y arriver) : sans cela serait-il croyable que tant de gens renonçassent à une qualité qu'on aime, pour se livrer à un vice qu'on déteste ? Le mot de l'énigme est qu'on pense intérieurement qu'il y a plus de profit à être craint qu'à être aimé ; on croit que, sur le chemin de la fortune et de l'ambition, l'honnête homme est arrêté par la foule, tandis que le méchant la perce : d'où il suit que tout le monde n'aime la bonté que dans les autres.

Nous souffrons volontiers qu'un homme fasse devant nous l'éloge de son cœur ; nous ne lui pardonnerions pas de faire celui de son esprit. Duclos en donne la raison.

« Lorsque quelqu'un, dit-il, vante son esprit, il
» semble faire contre nous un acte d'hostilité, et nous
» annoncer que nous ne lui en imposerons point par
» de fausses apparences ; qu'elles ne lui cacheront pas
» nos défauts; qu'il nous jugera avec une justice que
» nous redoutons : s'il nous persuade, au contraire,
» de la bonté de son cœur, il nous apprend que nous
» devons compter sur son indulgence, sur son aveu-
» glement, sur ses services, et que nous pourrons le
» tromper ou lui nuire impunément. »

Ces observations m'ont conduit à penser que beaucoup de moralistes manquent leur but, en s'efforçant de prouver à leurs disciples qu'il n'est pas de qualité plus aimable que la bonté : c'est perdre son temps que de s'amuser à démontrer une vérité si évidente; chacun la lit dans son ame : il n'est personne qui ne veuille avoir une *bonne femme*, un *bon mari*, un *bon père*, un *bon prince*, un *bon ami*. La difficulté consiste non pas à faire aimer ce qui est *bon*, mais à faire qu'on veuille être *bon* soi-même : aussi, ce qu'il serait utile et essentiel de faire sentir à la personne qui vous écoute, c'est qu'il est de son intérêt d'avoir de la *bonté;* que la méchanceté ne donne que des succès passagers, apparens, un bonheur fragile et mensonger ; et que le seul homme véritablement heureux est l'homme juste et bon.

Je conçois que cette vérité serait regardée au premier coup-d'œil, par l'intérêt personnel, comme un paradoxe, et qu'on lui opposerait sur-le-champ une foule d'exemples pour la repousser. Notre égoïsme n'est, pour l'ordinaire, frappé que de ce qui est extérieur, et on ne peut nier que l'apparence du bonheur n'existe plus souvent pour les méchans que pour les bons; mais c'est au fond des choses, et au fond du cœur même, qu'on peut trouver la lumière qui doit dissiper cette erreur.

L'esprit ne se dirige vers le mal que lorsqu'il marche dans l'ombre; dès qu'il s'éclaire, il tourne vers le bien: un peu de philosophie nous conduit à la vertu.

Voyons donc d'abord le côté brillant de la méchanceté, et l'aspect trompeur sous lequel elle se présente pour faire tant de prosélytes.

Damon est méchant, la médiocrité le craint; la sottise tremblante le regarde avec admiration comme un homme supérieur; la société, qui désire toujours l'amusement, et qui ne trouve et ne donne souvent que de l'ennui, recherche Damon, le cite comme l'homme le plus aimable, et le proclame l'homme à la mode; les vieillards l'écoutent, les femmes le cajolent, les jeunes gens l'étudient et l'imitent, ses rivaux s'écartent, et les hommes en place le ménagent et lui accordent des préférences qu'ils ne devraient qu'au mérite et à la modestie.

Voilà, certes, une position qui peut éblouir et qui doit égarer l'opinion.

Cléante, jeune homme modeste et bon, témoin et victime de cet injuste triomphe, rentre chez lui avec humeur; son cœur hésite entre l'indignation et le découragement; il épanche avec moi les peines de son cœur.

« Voici donc, me dit-il, l'utilité de tous ces beaux

» principes qu'on nous donne dans notre enfance : la
» vertu est repoussée, la bonté est méprisée; on rit
» de la modestie; et la présomption est encouragée;
» l'orgueil est caressé, la méchanceté est récompensée;
» on accorde au vice hardi tout ce qu'on refuse au mé-
» rite timide. Ah! je le vois, il faut renoncer à tous ces
» beaux principes, qui sont aussi étrangers à notre siè-
» cle que les habits de François Ier. Je vis avec des gens
» corrompus; je dois m'isoler ou vivre comme eux.
» L'ancien sage avait raison d'écrire sur la porte d'une
» salle de festin : *Enivrez-vous comme les autres, ou*
» *bien retirez-vous d'ici.*

» Notre but commun est le bonheur; il faut, pour
» y arriver, suivre la route tracée, et ne plus s'égarer
» dans cette obscure forêt de vieux préjugés, qui éloi-
» gne de tous les lieux habités et qui ne mène à rien. »

Calmez-vous, mon cher Cléante, lui dis-je en l'embrassant; vous avez beaucoup d'imagination et peu d'expérience: guérissez-vous d'une erreur qui vous perdrait;
vous ne jugez pas le fond des choses, vous n'en voyez
que la surface; détournez vos yeux de ce théâtre où l'artifice les séduit, et où tout n'est que prestige; approchez-vous des coulisses, et voyez de près, et dépouillés
de leurs illusions, tous ces objets qui trompent votre
vue, ces actrices dont le fard vous déguise les traits
fanés; ces toiles si grossièrement peintes, qui se transforment de loin en palais si beaux, en arbres si verts,
en ciel si pur; et tous ces vils oripeaux qui vous éblouis-
sent par leur fausse magnificence; soyez sûr qu'avec un
peu de patience et d'observation on parvient promptement à trouver que ce qui excite l'envie dans le monde
ne mérite la plupart du temps que notre mépris.

Vous croyez Damon heureux? eh bien! je suis resté après vous dans le salon d'où vous êtes sortis tous deux il est devenu le sujet de la conversation générale; écoutez et jugez.

L'une des jeunes dames qui s'étaient le plus occupées de notre homme, s'est écriée la première (au moment où la porte s'est refermée) : Damon a certainement beaucoup d'esprit; mais quel odieux usage il en fait! il n'est rien qu'il ne déchire, il mord en flattant, et il flétrit tout ce qu'il touche. — De l'esprit? reprend une autre, il en a si vous le voulez; mais il est si aisé d'en montrer quand on se permet tout; les défauts sont, par malheur, ce qu'il y a de plus saillant et de plus facile à saisir; il faut avoir un esprit bien plus fin, plus délicat, pour discerner, pour trouver, pour faire sentir les bonnes qualités qui, de leur nature, sont modestes et cachées : aussi voit-on toujours la supériorité indulgente et la médiocrité méchante.

Vous avez raison, dit un jeune homme; cependant on ne peut disconvenir que Damon ne soit très-aimable. Il anime tout par ses saillies; on le craint, mais on le cherche; la conversation languit sans lui; aussi on l'invite par-tout; et vous qui le blâmez, vous ne pouvez vous en passer.

Monsieur, dit un vieux chevalier de Saint-Louis, j'espère que ce mauvais exemple ne sera pas contagieux pour vous; vous êtes sûrement trop délicat pour envier le succès d'un homme qu'on méprise et qu'on déteste; il amuse comme ces valets insolens de comédie qu'on se plaît à voir sur la scène, mais dont personne ne voudrait chez soi.

Il me semble, réplique un autre jeune homme, que

Damon n'est pas dans ce cas : tout le monde voulait tout à l'heure ici le voir et l'entendre; nous sommes assurément en excellente compagnie, et il y était très-bien accueilli. — Eh bien! dit la maîtresse de la maison, j'avoue que nous avons tort : on devrait avoir le courage d'éloigner de pareilles gens, mais on les craint un peu; on craint beaucoup plus l'ennui : un salon est un petit théâtre, et on y cherche toujours le plaisir. Au reste, je suis bien sûre que personne de ceux qui s'amusaient ici des méchancetés de Damon ne le voudrait pour ami, pour époux, pour parent. A ces mots, une acclamation générale prouva évidemment l'éloignement et le dégoût réel qu'inspire un si méchant caractère.

Voilà, mon cher Cléante, l'effet certain qu'il produit : ne vous laissez donc pas éblouir par son éclat; au moment même où l'esprit l'applaudit, la raison le condamne et le cœur le repousse.

Vous me consolez, dit Cléante, je ne pouvais supporter de voir un pareil homme estimé et chéri; je vois qu'il n'était que fêté, ce qui est encore beaucoup trop à mon avis : car enfin Damon ignore ce que vous avez entendu; il croit qu'on l'aime parce qu'on le recherche; il obtient le succès qu'il désire, et il est heureux. — Détrompez-vous; Damon sait ce qu'on pense de lui; il est trop mécontent de lui-même pour être content des autres : c'est parce qu'il est sûr de n'être pas aimé qu'il veut être craint : et, comme le dit Sénèque, « tout ce qui effraie tremble : c'est le sort des ty- » rans; et le méchant n'est qu'un tyran de société. »

J'ai près de moi un valet de chambre qui servait Damon et qui l'a quitté : si vous l'écoutiez, vous verriez combien son maître est peu fait pour exciter l'envie.

Rentré chez lui, il quitte sa gaieté feinte, sa grace apprêtée; il n'a pas d'ami; sa famille l'évite; les maîtresses qu'il a trompées et perdues le détestent; ses gens le craignent et le quittent, ou le volent; son humeur est sombre; son langage sec et dur; son sommeil est agité; son ame est un désert aride où ne passe aucun doux souvenir; et, tourmenté du mal qu'il dit des autres ou qu'il leur fait, il craint sans cesse le mépris qui le poursuit et la vengeance qui l'attend : « car la peine, » nous dit Platon, suit toujours de près la méchanceté: » Hésiode croyait même qu'elle naissait avec elle, et ne » la quittait jamais. »

Me voilà, grace à vous, me répondit mon jeune ami, presque désabusé; je ne crois plus au bonheur d'un méchant lorsqu'il l'est aussi ouvertement que celui dont nous parlions; mais, quand la méchanceté prend des formes plus fines, plus adroites; quand elle pince au lieu de déchirer; quand elle se contente de jeter adroitement un léger ridicule sur les vertus, au lieu de les calomnier, n'est-il pas possible qu'en faisant presque autant de mal, elle ne parvienne encore à se faire aimer ?

Voyez cette jeune Cydalise, qui loge en face d'ici; comme elle est légère, brillante, entourée! quelle grace dans ses manières! quelle variété dans ses moyens de plaire! quelle vivacité dans ses saillies! elle rit de tout, et fait rire ceux mêmes dont elle s'amuse. La prude Éliante venait de quitter son vieil amant pour en prendre, dit-on, un autre plus jeune; mais elle cachait cette nouvelle liaison, et voulait qu'on attribuât sa rupture à un accès de dévotion. On en parlait à Cydalise, qui dit: « Oui, je sais qu'Éliante s'est dé-

» pouillée du vieil homme pour se revêtir du nou-
» veau. » Cette plaisante et maligne citation eut un
succès universel. Il échappe à tous momens une foule
de traits semblables à Cydalise : elle n'épargne personne, et personne n'a plus d'amis.

Des amis, mon cher Cléante ! dites des spectateurs,
des amateurs, comme une jolie actrice, comme une
danseuse légère en attire chaque soir; mais ils recom-
mandent tous à leurs filles d'éviter un aussi mauvais
exemple; et tous citent, à son propos, ce que M. Wal-
pole disait d'une femme du même genre : « Elle médit
» gaîment et babille bien; mais que peut-on faire de
» cela à la maison ? »

Croyez-moi, les méchans les plus aimables connaissent *le plaisir*, mais ils ignorent le bonheur. C'est un
trésor qui ne tombe jamais que dans les mains de la
douceur, de la bienveillance, de l'indulgence et de la
bonté.

Un de nos philosophes a dit : « La bonté est si né-
» cessaire aux hommes, qu'il n'y aurait plus de lien
» ni de société sans elle, et que, lorsqu'elle n'existe
» pas, on est encore obligé d'en emprunter l'apparence,
» le masque et le langage. »

On s'arme souvent dans le monde contre la bonté,
parce qu'on la confond avec la faiblesse : quelle erreur !
c'est la méchanceté qui est faible, puisqu'elle cède aux
passions et à la crainte, qui est la plus basse de toutes.

La vraie bonté est forte, puisqu'elle dompte la peur,
l'envie et la vengeance. Lorsque Henri IV relevait Sully
de peur qu'on ne crût qu'il lui pardonnait, était-ce faiblesse ? C'était grandeur d'ame ! le roi se relevait lui-
même en relevant son ami.

Louis XII, en pardonnant les injures faites au duc d'Orléans, était-il faible? Il triomphait d'un juste ressentiment.

Marc-Aurèle, Titus, Antonin, ont-ils jamais été taxés d'avoir peu de force, parce qu'ils méprisaient les délateurs, et rendaient à Rome, par leur bonté, un repos dont leurs prédécesseurs l'avaient privée par leur méchanceté?

La bonté, la douceur, loin de s'opposer à la gloire, en sont à la fois la base et l'ornement. On pourrait même dire que, sans elle, on peut acquérir de la célébrité, mais non de la vraie gloire: il est permis de vanter l'habileté de Louis XI; mais c'est à des rois comme saint Louis et Louis XII que la palme de la gloire est réservée. Le peuple appelait l'un son père, et n'a trouvé pour l'autre de place digne de lui que dans le ciel.

Octave était-il grand, était-il fort, était-il heureux, lorsque, esclave de ses passions, il proscrivait ses ennemis? Non, l'époque de sa grandeur, de sa gloire fut le moment où il eut la force de se vaincre et de pardonner à Cinna. Dès-lors il fut auguste; il devint bon, on l'aima; les conjurations cessèrent, et tout l'empire jouit d'une profonde paix.

Cyrus, après tant de siècles, exciterait-il encore l'admiration du monde sans ses vertus, sans sa bonté, qui s'étendait jusqu'au plus pauvre de ses sujets; sans cette bienveillance active qui le portait à vouloir faire du bien aux hommes, même après sa mort?

Xénophon rapporte « qu'il défendit qu'on l'enfer-
» mât dans un cercueil: voulant (disait-il) qu'après
» avoir été utile à l'humanité pendant sa vie, son
» corps fût utile à la terre en la fertilisant. »

Non, la vraie bonté ne peut donner lieu à aucune accusation de faiblesse ou de médiocrité: c'est la méchanceté qui invente ce paradoxe, et c'est la sottise qui le répète. L'élite des grands hommes, des grands esprits, des grands talens, se lève en masse pour le réfuter.

Le sage Scipion, le vertueux Épaminondas, le loyal Duguesclin, le bon Bayard, le modeste Turenne, nous ont laissé de si grands exemples et de si doux souvenirs, qu'on ne peut prononcer leurs noms sans éprouver tout ce qu'inspire de vénération la vraie bonté.

Tout porte à croire qu'après la mort les méchans seront punis et les bons récompensés: mais croyez, mon cher Cléante, que, dans cette vie même, le supplice du méchant commence, et qu'un de ses tourmens est de savoir combien l'homme juste, bon et bienfaisant, éprouve intérieurement de douces et pures jouissances.

A la représentation d'une pièce d'Eschyle, l'acteur prononçant les vers qui disent : « qu'Amphiaraüs était » moins jaloux de paraître homme de bien que de l'ê- » tre en effet, tous les regards du public se tournèrent » à la fois vers Aristide. » Quelle jouissance pour cet homme vertueux ! quel chagrin pour ses lâches ennemis ! Ils tentèrent en vain de s'en venger par l'ostracisme ; ils ne firent qu'augmenter sa gloire.

L'envie change les biens d'autrui en maux pour elle-même : le méchant souffre toujours, parce qu'il porte les chaînes pesantes de l'envie, de la haine et de la jalousie.

Henri VIII, cédant à ses transports jaloux, était comme un homme agité des furies; il était malheureux et abhorré.

Notre bon Henri IV, maîtrisant sa jalousie et jetant une aile de poulet à son rival, qu'il apercevait caché sous le lit de sa maîtresse, jouissait de sa victoire sur lui-même; et en disant : *Il faut que tout le monde vive*, il pouvait ajouter avec vérité : *Il faut que tout le monde m'aime*.

Voltaire, au milieu de ses triomphes, était tourmenté par la colère; la piqûre du plus petit insecte excitait sa haine, et cette haine lui attirait une foule de petits ennemis. La bonté pour ses rivaux manquait à son bonheur comme à son génie.

Le bon La Fontaine, l'aimable et doux abbé Delille jetèrent un moins grand éclat; mais ils vécurent heureux. Ils faisaient aimer à la fois leurs personnes et leur gloire.

Voltaire lui-même connut ce bonheur, en faisant réhabiliter la mémoire de Calas, et en rendant ses paysans heureux; aussi le doux sentiment qu'il éprouva lui dicta ce vers charmant :

J'ai fait un peu de bien, c'est mon meilleur ouvrage.

Le méchant n'ignore pas qu'on déteste ses succès et qu'on applaudit à ses revers; il ne peut s'appuyer sur rien pour résister au malheur; le vide est autour de lui comme dans son cœur.

L'homme généreux et bon voit augmenter sa félicité par la part qu'y prennent ses amis; dans l'infortune il est consolé par eux, et sa conscience le dédommage intérieurement des injustices de la fortune.

La bienfaisance est la fille de la bonté; les jouissances qu'elle donne sont innombrables : l'ambition, l'avarice, la volupté, nous promettent et nous vendent des ombres de bonheur qui passent comme un éclair ; la bienfaisance nous donne des plaisirs réels qui ne s'altèrent jamais, et dont le souvenir seul est encore un bonheur.

Oh ! pour le coup, dit vivement Cléante, je vous arrête là. J'adopte du fond du cœur votre opinion sur la bonté ; quant à la bienfaisance, je la révère comme une vertu, mais non comme une source de jouissances, car elle fait trop d'ingrats.

J'avoue, mon cher Cléante, que l'ingratitude est un vice affreux ; elle peut attrister, mais non décourager la bienfaisance. Apprenez d'abord que, s'il existe des ingrats, c'est souvent par la faute des bienfaiteurs, qui ne songent pas assez qu'il faut respecter et ménager l'infortune ; qu'elle est de sa nature délicate et irritable, et qu'on doit éviter de la blesser en la secourant.

Sénèque disait : « J'aime la bienfaisance quand elle
» se présente sous les traits de la sensibilité, ou du
» moins sous ceux de la douceur ; quand le bienfaiteur
» ne m'accable pas de sa supériorité ; quand, loin de
» s'élever au-dessus de moi, il descend à mon niveau
» pour ne me laisser voir que sa bienveillance, quand
» il paraît plutôt saisir une occasion que soulager un
» besoin : mais, lorsque c'est l'orgueil qui fait du bien,
» il fait prendre le bienfait en aversion. »

Enfin, mon jeune ami, retenez cette vérité : on trouve encore du bonheur à faire des ingrats, mais il n'y a que du malheur à l'être.

N'oubliez pas qu'on ne peut être bon sans être indulgent. L'indulgence rend seule la justice aimable, et la vraie bonté est la grace de la vertu.

La *bienveillance* est le plus doux lien des hommes, la religion la nomme charité; c'est par cette vertu qu'elle a conquis l'univers; les pompes, les trophées, la richesse, la puissance, les voluptés du paganisme, ont disparu à la voix du *Dieu bon*, qui dit aux hommes : *Aimez-vous et pardonnez-vous.*

DES ILLUSIONS.

Tout le monde se vante, dans ce siècle de lumières, de ne plus croire à la magie ; cependant jamais les tireuses de cartes et les diseuses de bonne aventure n'eurent plus de chalands, de succès et de profit ; et je crois que peu de sorcières de Thessalie ont eu de plus nobles visites et de plus magnifiques présens que la célèbre mademoiselle Le Normant n'en a reçu de nos jours.

La crédulité est une faiblesse attachée à notre nature ; elle ne meurt jamais, et ne fait seulement que changer, suivant le temps, de forme, d'objet et de langage.

J'ai connu des esprits forts qui ne voulaient rien entreprendre d'important le vendredi ; j'ai vu une grande souveraine, et un des plus grands généraux du monde, maîtrisés par une aversion pour les habits de deuil, qu'ils ne pouvaient vaincre ni déguiser.

Un des hommes les plus extraordinaires de ce siècle croyait aux pressentimens, ne doutait pas des prédictions faites à sa femme ; il disait qu'il avait été averti du danger de celle qu'il aimait, en voyant un jour son portrait brisé, et il restait persuadé qu'elle l'avait garanti d'un attentat contre ses jours, qu'une inspiration secrète lui avait fait pressentir.

Le philosophe Brutus ne doutait pas de la réalité de l'apparition du spectre qui lui annonçait, un an d'avance, sa défaite à Philippes et sa mort.

Le sage Cicéron, qui se moquait de ses collègues les augures (tout en disant qu'il ne concevait pas que ces prêtres pussent se regarder sans rire), croyait aux songes, et érigeait un temple à sa fille Tullie.

Ce n'est point parmi les plus ignorans que la pierre philosophale, l'or potable et la foi aux prédictions des somnambules trouvent des partisans et des sectateurs; nous sommes tous, quoi qu'en dise notre orgueil, esclaves de notre imagination, de nos craintes, de nos désirs, *qui nous rendent de glace pour la vérité, et de feu pour les mensonges.*

Eh! comment fuirions-nous des erreurs qui nous sont si chères? comment trouverait-on quelque difficulté à tromper les hommes, puisqu'ils aiment tout ce qui les trompe? La Vérité reste au fond de son puits; elle sait trop que son éclat blesserait nos yeux en voulant les éclairer; l'Illusion la remplace, et règne au milieu de nous.

Cette puissante magicienne nous gouverne éternellement; la Raison veut en vain briser sa baguette, la séduisante enchanteresse, entourée de plaisirs, de ris et de jeux, prend mille formes différentes pour nous charmer.

Sous les traits de la joie, elle environne de fleurs notre berceau; bientôt c'est le Plaisir, paré de roses et de myrtes, qui nous couvre de ses guirlandes; quelque temps après c'est la Gloire, ornée de lauriers, qui nous attelle à son char; enfin, sous les couleurs consolantes de l'espérance, elle cache à la vieillesse le triste aspect de son tombeau, lui montre les secrets d'Esculape, les trésors de Plutus, et l'entretient même encore, dans les bosquets de l'Élysée, de ses plaisirs passés, de ses anciens exploits et de ses tendres amours.

L'Illusion est la reine du monde.

Je vais vous prouver d'abord qu'on ne peut se soustraire à son pouvoir; nous verrons ensuite quels sont les moyens les plus sûrs pour vivre heureux sous sa puissance.

On a dit que l'homme était *un petit monde*, et il est certain que l'enfant *est un petit homme*. Si vous voulez suivre l'oracle de la sagesse qui nous a donné ce précepte : *Connais-toi toi-même*, étudiez l'enfance; vous y verrez votre portrait en miniature et votre histoire en abrégé.

Regardons cet enfant qui bat du tambour, qui traîne un long sabre de bois, qui porte un casque de papier sur la tête; comme il est fier, comme il se fait grand; comme son œil menace! il se croit soldat, grenadier, général; et, monté sur les chaises, sur les écrans qu'il a renversés, il lui semble qu'il triomphe de ses ennemis vaincus : l'instant d'après il s'agenouille, et chante en ouvrant le premier livre venu; c'est un prêtre qui dit la messe, c'est un évêque en mitre qui officie : tout à coup une petite société lui arrive; une jeune demoiselle est assise sur une chaise, dont le dossier est à terre; deux ficelles sont attachées aux bâtons; un enfant s'y attelle; l'autre les suit; un troisième fait claquer son fouet : voilà mes bambins devenus de riches personnages! Admirez leur équipage qui court, tourne à grand bruit! On s'arrête; on fait des visites, on singe tous les propos de salon; les galanteries du chevalier, les minauderies de la marquise. Bientôt un autre enfant paraît en robe de chambre et voûté : c'est un vieillard cassé; il tousse, et se plaint des hommes et du temps. Un autre espiègle arrive en perruque : c'est un docteur ; il tâte le pouls, dit des fariboles, reçoit de l'argent, et part : les voilà tous à rire. On apporte des bonbons : la petite fille les partage inégalement ; la jalousie s'allume, la haine éclate, la guerre se déclare, on se bat, on se renverse, les jeux s'envolent. Les précepteurs arrivent, grondent, menacent et dispersent la bande naguère joyeuse, à présent chagrine, qui boude, pleure un moment, promet d'être sage, et se livre l'instant d'après à son aimable et bruyante folie.

Vous avez souri en voyant ce spectacle enfantin, et c'était vous qu'on jouait ! Ne vous êtes-vous pas reconnu ? n'avez-vous pas senti que, pour vous donner les mêmes illusions, le temps, qui vous a grandi sans vous avoir changé, n'a fait que vous offrir un théâtre un peu plus haut, des décorations mieux peintes, des costumes plus soignés ? Avez-vous oublié votre orgueil et vos chimères, quand vous avez porté votre première épaulette, soutenu votre première thèse, remporté un premier prix ? lorsque vous avez fait votre entrée dans le monde, hasardé une première déclaration ? lorsque, pour la première fois, un rival a contrarié vos désirs ? Avez-vous perdu le souvenir de vos premiers projets, de vos premières amours, de vos premiers combats, de la sévérité de vos amis, qui vous faisaient rougir de vos erreurs ?

Ah ! si vous n'avez pas oublié vos folies, vos regrets,

vos rechutes; convenez que l'*illusion* ne vous gouverne pas moins que ces enfans dont vous riiez tout à l'heure; que les grelots de votre jeunesse ressemblent aux hochets de votre enfance, et qu'il n'y a pas trop de distance entre l'enfant qui menace et frappe le mur contre lequel il s'est heurté, et le puissant roi *Xerxès qui fait fouetter la mer, qui envoie un cartel au mont Athos; et le grand Cyrus qui perd plusieurs mois à détourner une rivière pour la punir de s'être opposée à son passage.*

Eh! qui pourrait s'affranchir de toute *illusion*? la vie en est composée. Mallebranche et d'autres philosophes ont cru que cette vie elle-même était un songe; comment éviter toutes les erreurs morales qui nous égarent, lorsque nous sommes trompés même par nos sensations?

Le bâton que vous plongez perpendiculairement dans l'eau vous paraît réellement brisé; une tour carrée, de loin, nous semble ronde; la couleur que nous attribuons aux objets dépend de la liqueur plus ou moins épaisse qui existe dans nos yeux; le moindre accident qui les altère change ces couleurs pour nous; nous ne connaissons pas avec plus de certitude la grandeur, la distance des corps. Le soleil et la lune ne nous paraissent pas occuper un espace plus large que notre chambre; au bord de l'horizon, la voûte du ciel nous semble s'abaisser jusqu'à terre; il faut que le tact, la réflexion, l'expérience redressent toutes les fausses idées que nous donneraient ces apparences trompeuses; et rien ne nous prouve complètement que cette rectification soit parfaite. La chaleur et le froid varient pour tous les hommes, selon le plus ou le moins de finesse de leurs organes; et il résulte de toutes ces différences que le plaisir et la douleur, effets immédiats de ces sensations, sont éprouvés par tous les hommes à des degrés variables à l'infini.

Cependant tous nos goûts, nos sentimens, nos passions dépendent de l'idée que nous nous faisons de la douleur et du plaisir. Ce qui donne à l'un la fièvre du désir, effleure à peine les sens de l'autre; l'objet qui vous inspire une forte terreur, je le regarde avec indifférence; j'écoute avec délire des sons mélodieux dont vous ne sentez pas l'harmonie. Vous êtes entraîné loin du monde matériel par vos impressions morales, par la vivacité de votre imagination; je suis dominé entièrement par des objets qui charment mes yeux, mes oreilles, et qui pénètrent, par tous mes sens, jusqu'au fond de mon cœur.

Le bien, le mal, la folie, la sagesse, le bonheur, le malheur se présentent à nous sous des formes opposées, et qui n'ont presque rien de commun entre elles.

Archimède, passionné pour la vérité, s'occupe à résoudre un problème de géométrie au milieu d'une ville prise d'assaut; Caton, un poignard à la main, ne songe qu'à la liberté de Rome et à l'immortalité de l'ame; Antoine sacrifie sa gloire et l'empire du monde pour chercher en Égypte un dernier soupir de volupté sur les lèvres de Cléopâtre; Brutus immole son fils et la nature pour affranchir sa patrie du pouvoir de Tarquin; le bonheur n'existe, pour Apicius, pour Lucullus, que dans les délices de la table; les plaisirs ne sont rien pour Socrate, il ne trouve sa félicité que dans l'étude de la sagesse; et le jeune Alcibiade rit de ses leçons dans les bras d'Aspasie.

Croyez-vous, en effet, que ce grave philosophe qui n'est pas ému par les graces des nymphes les plus élégantes, et que ne dégoûtent pas la laideur et la méchanceté de sa femme, puisse aisément guérir de son erreur ce jeune voluptueux qu'embrase un regard d'Aspasie, qui frémit au bruit léger de ses pas, qui palpite à son approche, dont le sang bouillonne au son de sa voix, qui donnerait sa vie pour respirer un instant l'air embaumé par son haleine ? Lui prouvera-t-il enfin que ce qu'il voit est un prestige, que ce qu'il entend est un rêve, que ce qu'il éprouve est un mensonge ?

Non, la nature nous a doués de sensibilité et d'imagination à des doses si différentes, que la vérité, la réalité ne sont jamais les mêmes pour nous. L'événement qui afflige l'un enivre l'autre de bonheur, et peut être indifférent à un troisième.

Sophocle et Denys le tyran moururent de joie d'un triomphe tragique; Juventius Talva eut la même fin, en apprenant les honneurs que le sénat lui avait décernés; Léon X expira en recevant la nouvelle de la prise de Milan. On a vu des condamnés mourir de saisissement en apprenant que leur grace était accordée.

Ainsi, la peur et la joie ont souvent un effet aussi réel, aussi puissant que la foudre. On souffre, on jouit, non par ce qui existe, mais par ce qui nous paraît exister; l'imagination donne une réalité à l'ombre, un corps au fantôme; le monde est pour nous la forêt enchantée d'Armide, et nous y sommes sans cesse attirés, repoussés, égarés par des prestiges qui trompent à la fois notre esprit, notre cœur et nos sens, et que le temps seul nous apprend à distinguer de la vérité.

Il est donc prouvé que nous naissons, que nous vivons, que nous mourons sous l'empire de l'illusion, et que rien ne peut nous dérober à son pouvoir. Cette certitude ne doit pourtant pas nous décourager ; car s'il était possible d'être totalement privé d'illusion, il vaudrait peut-être mieux être privé d'existence ; l'univers serait décoloré pour nous, l'amour perdrait tous ses charmes, la beauté sa ceinture, la gloire ses lauriers ; les poëtes briseraient leur lyre, la jeunesse quitterait ses armes et perdrait ses chimères ; la triste vieillesse serait privée de consolation : le passé, le présent, l'avenir, confondus ensemble, seraient à jamais dépouillés d'espoir et de souvenir, et le vide du néant ne serait pas plus affreux que ce monde désenchanté. Notre imagination, présent des dieux, fut chargée par eux de l'embellir ; respectons sa puissance, et gardons-nous de détruire sa douce magie.

Mais, me dira-t-on, céderez-vous un empire absolu, despotique, à l'imagination, et ne laisserez-vous rien à la raison ? celle-ci n'a-t-elle pas aussi une source divine, ne sera-t-elle plus chargée de diriger nos pas, d'éclairer nos désirs, de calmer nos passions ? Voulez-vous éteindre son flambeau ? et parce qu'elle ne peut pas vous découvrir la vérité tout entière, ne cherchera-t-elle plus à soulever son voile sacré ?

S'il existe des prestiges, il existe aussi des réalités ; la bonté, l'amitié, l'amour pour nos enfans, pour notre femme, pour notre patrie, seront-ils confondus par vous avec les désirs désordonnés, les passions coupables, l'ambition effrénée, la haine funeste, la vengeance aveugle, l'avarice sordide ; et ne ferez-vous aucune différence entre les crimes et les vertus, les erreurs et les vérités, les muses et les furies ?

Non, certainement, je ne veux pas vous livrer aux caprices despotiques de cette folle déité; je me soumets à son règne, et non pas à sa tyrannie. Si je ne crois pas possible de secouer le joug de l'imagination, si ce projet même me paraît aussi insensé que funeste, je suis encore plus loin de vouloir détrôner la raison. Heureux les hommes assez bien organisés, assez sages pour concilier ces deux divinités, et pour vivre sous leur double empire.

L'imagination sans frein nous égare, elle nous conduit au crime comme au malheur. La froide raison sans illusion, en analysant tout, dessèche tout; elle désenchante la terre et dépeuple le ciel même. En voulant détruire la passion, elle éteint le sentiment, elle anéantit même les vertus qui viennent du cœur; et comme elle ne peut jamais atteindre la vérité qu'elle poursuit, elle finit par tout mettre en problème, et elle jette dans un doute désolant qui n'est que le vide pour l'esprit et le néant pour l'ame.

Suivons donc à la fois, mes amis, le culte de l'imagination et celui de la raison : que les principes de l'une soient animés, embellis par les charmes de l'autre; que nos passions, semblables aux beautés célèbres d'Athènes, écoutent comme elles les leçons de la sagesse, et que, d'un autre côté, nos philosophes respectent l'oracle, et n'oublient pas de *sacrifier aux Graces*.

L'imagination ressemble à la religion des Perses, elle nous gouverne par une foule de bons et de mauvais génies; qui sont à ses ordres. Ces génies, ce n'est autre chose que les douces *illusions*, et les *illusions* funestes. Donnez à votre raison le soin de choisir pour vous celles qu'il faut éviter et celles que vous pouvez suivre;

qu'elle borne là son pouvoir, elle aura fait assez pour votre bonheur.

Je ne veux pas qu'elle repousse le flambeau de l'amour, mais je veux qu'elle éteigne celui de la jalousie et de la haine ; elle doit permettre au sage Ulysse les transports d'un vertueux amour, les délices d'un chaste hymen ; elle aurait dû préserver Pâris des charmes d'Hélène, et lui peindre d'avance une guerre de dix ans, la famille de Priam expirante et Troie embrasée. Je reconnais ses conseils, lorsque chez les Samnites elle fait de la beauté le prix du courage et de la vertu.

Le jeune guerrier qui la consulte repousse les images sanglantes des dévastateurs de la terre, des *Attila*, des *Tamerlan*, des *César*, des *Alexandre* ; il ne prend pour modèles que les *Gustave*, les *Bayard*, les *Épaminondas*, les *Turenne*. Il ne veut pas que sa renommée annonce un deuil général, que ses souvenirs soient des remords. Il sait, comme le dit *Tacite*, qu'il n'y a de désirable *que les louanges des hommes louables ;* et la gloire n'aurait plus de charmes à ses yeux, si elle se montrait à lui séparée de la justice et de l'humanité.

Le poëte est, je le sais, rarement docile aux lois de la raison : tout ce qui le refroidit, l'éteint ; tout ce qui l'arrête, le tue. Mais bien que Platon ait dit « qu'un
» homme sage heurte en vain à la porte des Muses, » je crois encore que la douce lumière de la raison peut éclairer le cœur du poëte sans glacer son imagination. Elle sait que le parnasse est élevé, et que, selon la pensée d'un ancien, « notre ame ne saurait de son siége attein-
» dre si haut ; il faut qu'elle le quitte, s'élance, et,
» prenant le frein aux dents, qu'elle emporte et ra-
» visse son homme si loin, qu'après il s'étonne lui-

» même de son fait. » Mais si la raison ne veut pas arrêter son essor, elle peut au moins le diriger vers la vertu, l'empêcher de prostituer sa plume à la flatterie ou à la satire ; défendre à ses pinceaux toute image qui pourrait effaroucher les grâces et faire rougir la pudeur. Elle doit préserver son cœur de l'envie, cette hideuse passion, *dont le fiel gâte tout le miel de la vie*; elle peut enfin se servir du talent pour la défense de l'opprimé et pour la consolation du malheur.

Consacrer le génie à la morale, c'est lui assurer une couronne immortelle ; c'est l'asseoir à côté du vertueux Virgile, du tendre Racine et du bon La Fontaine.

La raison ne cherchera pas davantage à priver un monarque puissant des *illusions* de la gloire ; elle ne le dépouillera d'aucun des attributs de sa grandeur, mais elle lui fera plus désirer l'amour que l'admiration ; elle saura présenter à son imagination les trésors de la paix et les fléaux de la guerre ; et lui montrera la rigueur, la cruauté accompagnée de craintes, suivie de remords et de séditions ; tandis que la clémence, entourée de bénédictions et d'hommages, charmera son cœur et ses regards par l'image du bonheur public, et de cette adoration de la postérité qui divinise Henri IV et Titus.

Le vieillard viendra-t-il enfin la consulter ? elle combattra les *illusions* de la crainte par celles de l'espérance ; le consolera de la terre qu'il quitte, par le ciel qui l'attend ; et, attentive à surveiller sa mémoire même, elle adoucira les regrets du mal qu'il a pu faire, par le doux souvenir du bien qu'il a fait pendant sa vie.

C'est ainsi qu'on peut, je crois, trouver le bonheur sous le règne irrésistible des *illusions* ; il faut seulement que le char de l'imagination soit doucement dirigé par la raison, mais par une raison sensible dont le siége soit dans le cœur; car l'homme ne peut être heureux que lorsque *le cœur gouverne l'esprit.*

Ce traité d'alliance entre la raison et l'imagination serait-il lui-même une *illusion?* Je ne sais; mais, au reste, ce serait la plus heureuse de toutes. Tout le monde en conviendra, hors certains fous enfiévrés de leurs passions, qui m'écouteront avec indifférence, traiteront ma philosophie de chimère, et riront de ma bonhomie : qu'y faire? Ces gens-là sont comme ce villageois qui assistait à un sermon que tout l'auditoire (excepté lui) écoutait en versant des larmes; et comme son voisin lui demandait pourquoi il était le seul qui ne pleurât pas, il répondit : *Monsieur, c'est que je ne suis pas de la paroisse.*

DE L'AMOUR.

Il est difficile de dire quelque chose de nouveau sur ce vieil enfant, le plus ancien des dieux, et le seul peut-être que les révolutions de la terre et les changemens opérés dans nos religions n'aient jamais pu priver de ses honneurs divins et de ses autels. Ceux même qui regardaient comme un sacrilège de lui laisser une place parmi les dieux, le mettent au nombre des démons les plus malins et les plus dangereux; et je ne sais s'il s'en rencontre beaucoup qui, sous cette forme même, aient pu se défendre de l'adorer parfois, et de brûler pour lui le même encens qu'il recevait jadis dans le ciel.

Tout le monde parle de l'Amour; il n'est personne qui puisse se vanter de n'avoir pas éprouvé sa puissance, et peu lui ont résisté. Mais s'il est difficile de l'éviter, il l'est encore plus de le peindre et de le bien connaître, et La Fontaine a dit avec raison :

> Tout est mystère dans l'Amour :
> Ses flèches, son carquois, son flambeau, son enfance;
> Ce n'est pas l'ouvrage d'un jour
> Que d'épuiser cette science.

Hésiode avait raison de donner à l'amour le titre de *créateur.* C'est un esprit céleste, un feu divin qui anime toute la nature; il la fait sortir du chaos, il en dissipe les ténèbres, il en unit les élémens : attraction pour les parties de la matière, plaisir pour les animaux, sentiment passionné pour l'homme ; il attire, approche, enflamme ; il vivifie tout, fait connaître les accords, inspire l'harmonie, conserve les êtres, les reproduit, les multiplie, et semble être à la fois le lien, le charme et l'ame du monde.

Mais cet esprit universel, répandu par-tout, prend autant de formes diverses que les corps organisés qu'il pénètre ; il change d'apparence suivant les lieux qu'il parcourt, les temps qu'il traverse, les cœurs qu'il brûle ; et c'est ce qui rend ce *Protée* si difficile à saisir et à peindre.

Nous le connaissons tous, non tel qu'il est, mais tels que nous sommes ; et nous voyons, non pas lui, mais la forme qu'il prend pour nous plaire, et qu'il juge, d'après nos désirs, la plus propre à nous subjuguer.

L'amour est à tel point notre maître, il nous rappelle si complètement, si exclusivement tout ce qui fait notre bonheur, que nous avons donné son nom à chacune de nos passions, aux plus nobles comme aux plus basses, aux plus mondaines comme aux plus saintes : ainsi nous sommes tour-à-tour entraînés par *l'amour des plaisirs*, par *l'amour de la gloire*, par *l'amour de la fortune* ; *l'amour conjugal*, *paternel*, *filial*, *fraternel*, assurent notre félicité ; nous nous vantons de *notre amour pour le prince et pour la patrie* ; la vertu nous fait un devoir de *l'amour pour notre prochain* ; enfin c'est *l'amour pour Dieu même* qui peut seul nous donner l'idée et l'espoir d'un bonheur éternel.

Tous ces amours, si différens entre eux, prouvent seulement une grande vérité ; c'est que tout est amour pour l'homme, et qu'il ne vit que pour aimer. Je ne veux vous parler aujourd'hui que du seul amour qui unit les deux moitiés du genre humain, de celui qui soumet la force à l'empire de la grace et de la beauté.

L'homme est un être composé, un être double, à la fois intellectuel et matériel; certaines passions gouvernent nos sens, et d'autres notre ame; la seule qui s'empare à la fois de notre cœur et de notre corps, c'est l'amour; il enivre nos sens, il attendrit, il brûle nos ames, il s'empare de toute notre existence. Cependant il ne veut pas constamment; il ne peut pas toujours remporter cette double victoire; souvent il ne fait qu'allumer nos désirs et nous enchaîner dans les bras de la volupté; plus rarement il se contente de l'union des ames et des feux d'une tendresse chaste et pure. Ses formes sont si variées, suivant le but qu'il se propose, qu'on peut dire que ce sont différens amours.

Le plus connu, le plus fêté, le moins pur, le plus vulgaire, c'est *l'Amour-Plaisir*; c'est celui qu'on nous représente, enfant, aveugle, armé d'un arc et d'un flambeau, c'est le fils de la Beauté, le frère des Graces: célèbre par ses jeux, ses caprices, ses fureurs, son inconstance, ses crimes, c'est lui qui fait payer des instans de volupté par des siècles de malheur; c'est lui qui fait périr Thésée, qui livre Hercule aux flammes, qui arme la Grèce, qui cause la ruine de Troie. Il place des courtisanes sur le trône, il égare les sages de la Grèce, et leur fait outrager la nature. Il érige à sa mère des autels sous le nom de *Vénus-facile*; il force Antoine à sacrifier sa gloire, la liberté de Rome, et les richesses de l'Orient, aux baisers de Cléopâtre; il préside aux orgies sanglantes de Néron; Messaline lui doit sa honteuse célébrité, il cache sous ses fleurs et ses guirlandes les poignards de Médicis.

Rien n'est plus séduisant, rien n'est plus terrible que ce dieu. L'espérance le précède, la volupté l'accompagne ; mais il est suivi par la jalousie, par la haine ; et la folie, qui le guide, le conduit presque toujours dans un lieu aride et désert, où l'on ne rencontre que les tristes regrets, le remords cruel, et l'éternel et pâle ennui.

Lorsque cet amour, sans se montrer si redoutable, effleure seulement de jeunes cœurs avec les moins aiguës de ses flèches, il fait craindre des malheurs plus supportables ; mais sa flamme vive et légère ne laisse qu'entrevoir le bonheur ; elle s'éteint aussi promptement qu'elle s'allume, et ne se fait pas sentir jusqu'au cœur.

Cet amour ne mérite pas le nom qu'il usurpe : c'est pourtant celui qu'on éprouve le plus généralement, quoiqu'on n'ose pas l'avouer ; et sur-tout de nos jours, lorsqu'on invoque l'amour, on n'adore que le plaisir.

Il faut laisser aux poëtes le soin de peindre cet amour. Ovide, Tibulle, Sapho, l'ont chanté ; mais il fuirait, si l'on voulait lui parler le langage de la raison, son éternelle ennemie : la folle jeunesse ne nous écouterait pas davantage et s'échapperait, en riant, avec lui.

Parlons plutôt du véritable amour, de *l'Amour-Sentiment* ; de ce dieu qui règne à la fois sur les sens et sur l'ame, qui nous élève en nous entraînant ; dont le feu nous purifie lorsqu'il nous brûle ; et suivons son char brillant qui nous rapproche des vertus et de la gloire, pour nous conduire au bonheur.

Le but de l'Amour est d'unir si parfaitement deux

êtres, que leur existence est confondue en une seule; et si la vie est un bienfait des dieux, l'Amour double ce bienfait pour nous; quand on aime bien, on sent deux ames ensemble, on goûte également la volupté qu'on donne et celle qu'on reçoit, et on jouit autant du bonheur de la personne aimée que de son propre bonheur: on peut dire ainsi, qu'aimer, c'est sentir une double existence et posséder une double vie.

L'union seule des sens n'est qu'une image imparfaite de ce bonheur, c'est la fille du désir, et le désir est le plus léger des amours; le plaisir, qu'il cherche, est précisément l'ennemi qui le tue, et c'est sous les fleurs mêmes de la jouissance qu'il trouve son tombeau.

Le délire que donne la seule volupté est aussi passager que la beauté qui l'inspire : Ovide lui-même l'a dit, lui qui n'a bien connu et bien chanté que cet amour : *Les violettes et les lis n'ont qu'un temps; la rose tombe et l'épine reste : tel est le sort de la beauté, si l'on n'y joint la sensibilité du cœur et les graces de l'esprit.*

Tout ce qui est mortel ne peut allumer qu'un feu mortel; si vous voulez donner l'immortalité à l'Amour, que l'ame soit l'objet de son culte, *qu'il adore Psyché*, alors ses voluptés seront éternelles, et son flambeau ne s'éteindra plus.

Les Grecs, toujours ingénieux, *faisaient placer aux noces l'image de Mercure à côté de celle de Vénus*, pour montrer qu'il fallait unir l'esprit, le doux langage, à la beauté, afin de rendre son triomphe constant et sa félicité durable.

Lorsqu'on est enflammé par l'ame autant que par les sens, le plaisir n'est plus suivi de lassitude, les intervalles du désir ne sont plus remplis par la langueur; il n'y a pas de vide dans la vie ; aux transports de l'amour se joignent les délices de l'amitié ; peines, plaisirs, inquiétudes, espérances, tout est commun ; et deux amans, deux époux unis par ce lien charmant, goûtent doublement les faveurs de la fortune et ne sentent que la moitié de ses coups.

Cet amour, loin d'être aveugle comme l'autre, aperçoit et découvre à chaque instant de nouveaux charmes dans ce qu'il aime ; c'est lui qui dit de Psyché *qu'il n'est pas un petit point en elle qui n'ait sa Vénus*. Ainsi l'amour qui vient du cœur s'enflamme par le plaisir, s'accroît par le bonheur, et perfectionne ce qu'il admire ; il éternise ce qu'il éprouve, et divinise ce qu'il aime.

L'amour des sens ne veut que plaire et jouir, il ne désire plus ce qu'il possède ; son feu meurt si vous ne lui donnez toujours quelque aliment nouveau ; vous lui reprochez vainement son inconstance ; c'est l'agitation seule de ses ailes qui conserve et rallume son flambeau.

Aussi quels moyens prennent ceux qui l'adorent pour en être favorisés ? Ils soignent leurs figures, ils s'occupent de leur toilette, ils varient sans cesse leurs manières, leur ton, leur langage et leur coquetterie ; leur but est de paraître aimables, de multiplier leurs conquêtes, de supplanter leurs rivaux : tout est brillant, léger, fragile, dans ce temple du plaisir ; tout y rapetisse l'homme, tout l'égare ; il y prend sans cesse l'ombre pour la réalité, la volupté pour le bonheur, et les vices couronnés de fleurs n'y sacrifient d'autres victimes que les vertus.

Lorsqu'on brûle, au contraire, des feux d'un véritable amour, il faut estimer ce qu'on aime, admirer ce qui plaît, rendre son ame digne de ce qu'on adore : nous avons besoin de nous enorgueillir des perfections de celles que nous aimons ; nous voulons que l'objet aimé soit fier de nos vertus, de nos talens, de notre gloire ; et nous plaçons notre bonheur si haut, que nous devons nous élever sans cesse pour l'atteindre.

Dans cet amour, c'est la pudeur qui aiguillonne le désir ; c'est le combat qui donne du prix à la victoire, c'est le bonheur même qui assure la constance : l'amant heureux jouit de l'ame long-temps après qu'il a vidé la coupe du plaisir des sens. C'est de lui que l'abbé Delille disait si bien :

> Mais qui me décrira ces transports ravissans,
> Ces délices du cœur, après celles du sens,
> Ces doux ressouvenirs et ces tendres pensées
> Par qui le cœur jouit des voluptés passées,
> Et, rempli d'un bonheur qu'il savoure à loisir,
> Consacre au sentiment le repos du plaisir ?

Si cet amour fait les vrais heureux, il fait aussi les héros ; il enflamme les grands courages, il produit les belles actions, et porte aux héroïques vertus ; c'est lui qui animait les *Artémise*, les *Arie*, les *Cornélie*, la mère des *Gracques* ; celle de *Coriolan*, la vertueuse *Blanche*, la courageuse *Marguerite d'Anjou* ; et nos anciens preux lui durent leurs exploits, leur bonheur et leur renommée.

Ces deux amours étaient adorés chez les Grecs avec une différence bien remarquable ; l'*Amour-Plaisir* avait un culte public : il semblait chargé de faire les honneurs de la Grèce ; les grands cercles se tenaient chez les courtisanes ; elles brillaient aux yeux, ornaient les spectacles, exerçaient dans les temples le sacerdoce de Vénus : la jeunesse folâtrait chez elles, et sortait de leurs bras pour courir aux armes. Les hommes d'état soumettaient souvent la politique à leurs conseils, et les philosophes mêmes ne dédaignaient pas leur séduisante société.

Ainsi, au premier coup-d'œil, l'étranger, arrivant à Corinthe ou dans Athènes, ne voyait par-tout que le plaisir et ne respirait que la volupté; mais, s'il cherchait le bonheur, il devait pénétrer dans l'intérieur des maisons et des familles : là, il trouvait d'autres mœurs, d'autres beautés, un autre culte; l'image de la *Vénus pudique* frappait ses regards; *une tortue, placée par Phidias aux pieds de cette déesse, rappelait sans cesse à la beauté le devoir de se défendre, de rester dans ses foyers, et de ne pas prodiguer ses charmes aux regards indiscrets.* Tout annonçait le culte de *l'Amour-Sentiment.* Ce n'était plus l'éclat trompeur, les conversations bruyantes, les agaceries attrayantes, les caresses perfides de *Bacchis*, de *Lamia*, de *Phriné*, de *Laïs*; c'était la pudeur mystérieuse, la tendresse vertueuse, la douce confiance, l'activité adroite et laborieuse; là, enfin, la volupté était sage, le désir modeste, le plaisir constant, et tout était ensemble devoir et bonheur.

Je le dis avec regret, et bien à notre honte, nous croyons à peine, en France, au culte de cet amour pur, à cette félicité intérieure des dames grecques et des matrones romaines. La constance, oubliée avec les anciens temps, nous paraît une chimère. Quelle différence des mœurs antiques aux nôtres ! Un étranger demandait au Spartiate Gérondas pourquoi il n'y avait pas de loi à Lacédémone contre l'adultère. « Il ne peut être utile de faire une loi semblable, répondit Gérondas, dans

» un pays où ce crime n'existe pas. — Mais enfin, si,
» par hasard, on le commettait, quelle en serait la
» punition? — Eh bien! le coupable serait obligé de
» payer un taureau assez grand pour qu'il pût, du som-
» met du mont Taygète, boire dans le fleuve Eurotas.
» — Mais il est impossible, dit l'étranger, de trouver
» un pareil taureau. — Pas plus, reprit le Lacédémo-
» nien, que de trouver un adultère à Sparte. »

Romulus avait publié une loi qui permettait à Rome le divorce. Deux cent trente ans s'écoulèrent sans que personne fît usage de cette loi, et long-temps après, tous les Romains se rappelaient et citaient avec mépris le nom de Spurius Carvillius qui divorça le premier. Nous sommes par malheur bien loin de cette antique simplicité. Nous retrouvons rarement des traces de la loyauté chevaleresque en amour, et nous sommes plus occupés des rians objets de nos désirs, que des *dames de nos pensées.*

Tout est, parmi nous, artifice et mélange; nos courtisanes parlent souvent de sentimens romanesques aux amans trompés, qui, suivant le proverbe grec, *se ruinent en les péchant avec des filets d'or et de pourpre*, tandis que, d'un autre côté, de très-grandes dames n'adorent franchement que le plaisir.

La sensibilité est dans le langage, et la légèreté dans le cœur. Enfin, on jure, sans rougir, un amour éternel à la beauté qu'on séduit aujourd'hui et qu'on veut quitter demain; elle se plaint du parjure, et s'en venge bientôt, en s'exposant, sans regret, à d'autres perfidies.

La dépravation avait fait en France, pendant un temps, de tels progrès, qu'on se vantait de sa honte, qu'on s'enorgueillissait de ses faiblesses. On avait inventé la *fatuité du vice;* madame la marquise de Lambert cite madame C...., qui disait : *Je veux jouir de la perte de ma réputation;* aussi lisez les productions galantes des hommes de ce temps : tout y brille et rien n'émeut. Les efforts de l'art ne prouvent que la stérile frivolité de l'ame; on ne veut que séduire, et l'on n'est plus aimable; le talent même n'a plus rien de naturel, et ne fait plus d'effet; car il est vrai, comme on l'a très-bien dit, *que rien ne plaît réellement à l'esprit que ce qui a passé par le cœur.*

Cependant je serais injuste pour notre siècle si, en avouant qu'il s'éloigne trop de l'âge d'or de l'amour, je disais que la pudeur, la délicatesse, la tendresse véritable, sont tout-à-fait bannies de notre pays; elles y sont rares, mais non pas inconnues, et l'on y voit encore des amans fidèles et des époux heureux. C'est pour eux que j'écris; c'est à eux que je m'adresse; ils possèdent dans leurs ames la vraie richesse et le vrai bonheur.

O vous qui savez aimer, plus votre sentiment est pur, plus vous devez craindre de l'altérer; plus votre félicité est grande, plus vous devez trembler de la perdre : c'est assez des coups du sort qui vous menacent, évitez ceux que vous pouvez parer : l'amour le plus parfait a toujours ses ennemis, ses écueils et ses dangers.

Fuyez la jalousie; elle offense quand elle est injuste; elle devient inutile dès qu'elle est fondée : ne vous livrez pas non plus à une aveugle sécurité; elle produit la langueur; on se néglige, et, dès qu'on n'est plus aimable, on n'est plus aimé : cherchez toujours à plaire, comme si vous n'étiez pas sûr qu'on vous aime.

Soyez sobre dans le bonheur, conservez la pudeur dans le plaisir ; c'est la première des graces ; son voile éveille la curiosité, ses *demi-refus* aiguillonnent le désir ; on cherche ce qui se cache, on aime à deviner ce qu'on ne voit pas ; peut-être celui qui inventa le premier vêtement a inventé l'amour.

Ménagez l'amour-propre de l'objet aimé autant que le vôtre ; la beauté se nourrit d'encens comme les dieux : joignez toute la variété possible des moyens de plaire, à la constance des sentimens ; suivez enfin le conseil de La Fontaine :

> Soyez-vous l'un à l'autre un monde toujours beau,
> Toujours divers, toujours nouveau ;
> Tenez-vous lieu de tout, comptez pour rien le reste.

Je voudrais, pour l'honneur de l'*Amour-Parfait*, qu'il n'eût qu'une seule flèche, et qu'il ne pût nous blesser qu'une fois dans la vie. La bonté du ciel devrait faire vivre deux amans le même nombre d'années, et les faire mourir le même jour, comme *Philémon et Baucis*. Mais il n'en est pas ainsi ; la mort, qui frappe au hasard, sépare souvent les cœurs les plus unis, et son fatal ciseau coupe les plus doux liens. Lorsque le désespoir ne tue pas, il se change en mélancolie ; le malheur s'affaiblit, un doux souvenir vous reste et vous suit comme une ombre triste et légère ; mais vous gardez le besoin d'aimer : un cœur sensible ne peut vivre seul et dans le vide ; *vous aimâtes ; donc vous aimerez*.

Un *premier amour* qui nous enflamme dans notre jeunesse, un *dernier amour* que nous éprouvons dans l'automne de notre vie, sont deux amours bien différens ! Mais quel est le plus fort, le plus heureux, le plus redoutable de ces deux sentimens? Est-ce le *premier*, est-ce le *dernier amour?* La question n'est pas facile à décider.

Le *premier amour* a plus de feux, de fureur, de délire; mais il présente à l'ame je ne sais quoi de vague, d'indéterminé; c'est plus l'amour que l'amante qu'on aime : on adore toutes les femmes dans sa maîtresse; c'est moins le cœur qui s'épanche, que l'existence entière qu'on veut connaître et dépenser.

On rassemble tous les plaisirs en une seule volupté; mais la jeunesse voit tant de fleurs sous ses pas, tant de jouissances autour d'elle, que l'amour n'est jamais son unique bien. L'avenir la distrait du présent; elle rencontre mille passions différentes qui partagent ses facultés, et qui la dédommageraient si elle perdait son bonheur.

Le *dernier amour* brûle de feux plus doux : il éclaire plus qu'il n'échauffe, il a plus de tendresse que de transports; mais cette tendresse plus calme est peut-être plus exclusive; elle offre moins de délices, mais elle rencontre moins d'écueils. Ses plaisirs sont moins ardens, mais ils sont les seuls qu'on éprouve; on y tient d'autant plus que la perte en serait irréparable : c'est la dernière branche dans le naufrage; on s'en saisit pour ne la quitter qu'avec l'existence.

Ainsi ce dernier amour vous enchaîne peut-être plus fortement, quoique plus froidement.

Les *grandes folies* appartiennent au *premier amour*, et les *grandes faiblesses* au *dernier*; l'un est le complément de la vie, et l'autre en est le reste.

Je ne décide point entre eux; ce que je sais, c'est que toute ame sensible doit toujours aimer, c'est un besoin qui ne peut mourir qu'avec elle ; et je répéterai, comme le *poëte romain :*

> L'amour doit éclairer nos jours à leur déclin
> Comme il enflammait notre aurore.
> Vous n'aimâtes jamais ; aimez, aimez, demain ;
> Si vous avez aimé, demain aimez encore.

DE LA FORTUNE.

Nous avons parlé de l'Amour; parlons d'un autre aveugle, c'est *la Fortune*. Tout le monde l'adore, et tout le monde s'en plaint. Nous attribuons ses faveurs à notre mérite, nous la rendons coupable de nos fautes, et, comme l'a dit La Fontaine,

> Le bien, nous le faisons; le mal, c'est la fortune :
> On a toujours raison, le Destin toujours tort.

C'est une question assez difficile de savoir si elle est aussi injuste qu'on le pense; et un avocat qui entreprendrait sa défense ne manquerait peut-être pas de moyens pour motiver ses arrêts, et pour justifier sa conduite.

La législation de Sparte devait assurer la gloire militaire de la nation, la prospérité de l'état, la sagesse des rois et la liberté des citoyens. Les premières institutions de Romulus et de Numa pouvaient facilement faire présager la gloire de Rome et sa domination; de même que son accroissement, ses richesses, sa corruption annonçaient sa décadence. Un homme qui aurait vu la cour de Darius et le camp d'Alexandre n'aurait pas eu de peine à prédire la ruine de l'empire persan et les victoires du Macédonien. Le génie de Charlemagne créait sa race; la faiblesse de son successeur préparait la chute de sa dynastie, la puissance du clergé, et fondait l'anarchie féodale.

Le caractère incertain de Mayenne, les folies de la ligue, le courage et la bonté de Henri IV laissaient peu de doute sur la chute des ligueurs et sur le triomphe du roi. De nos jours, enfin, l'enthousiasme des Français pour la gloire, pour la liberté, et la division qui régnait entre les cours étrangères nous promettaient des triomphes éclatans, comme l'esprit de conquête, poussé à l'excès, fit prédire depuis nos revers.

En observant bien les peuples et les hommes, on voit presque toujours quelques talens, quelques grandes qualités qui causent l'élévation, et quelques fautes qui amènent l'abaissement ; mais l'amour-propre et l'esprit de parti n'en conviennent pas. Si un peuple est démoralisé, il attribue ses malheurs, non à son défaut de vertus, mais à l'incapacité de ses chefs ; et d'un autre côté le gouvernement, qui ne sait pas se concilier l'opinion publique, et rendre le peuple heureux, se plaint de l'injustice du sort, de l'ingratitude des sujets. Voyez une armée qui fuit : les soldats accusent l'ineptie des chefs ; le général crie à la trahison.

On ne peut nier pourtant une vérité reconnue : souvent le destin couronne le crime, et fait réussir la sottise, tandis qu'il précipite la vertu et le génie dans l'adversité ; mais, prenons-y bien garde, il y a toujours un peu de notre fait dans ces apparens caprices du sort. A la longue, le gain est pour celui qui joue le mieux ; il perd moins aux mauvaises chances, et gagne plus aux bonnes.

Le philosophe fabuliste vous fait un joli conte lorsqu'il vous présente *la Fortune vous attendant près de votre lit*. Il est plus vrai lorsqu'il vous dit : *Aide-toi, Dieu t'aidera*. Les Lacédémoniens voulaient *qu'on in-*

voguât la Fortune en étendant la main; ils savaient que c'est l'activité qui atteint cette déesse; que le courage la dompte, et que la sagesse la fixe. Le prince Potemkin racontait que son cheval avait été la cause de sa grande fortune. Il servait dans la garde; il avait dix-huit ans le jour où se fit la révolution qui détrôna Pierre III, et qui couronna Catherine II. Cette jeune princesse étant en uniforme, et n'ayant pas de dragonne à son épée, s'adressa par hasard à Potemkin pour lui demander la sienne; il s'avança et la lui présenta avec grace et respect: il devait ensuite se retirer; mais son cheval, accoutumé à l'escadron, ne voulut plus quitter celui de l'impératrice près duquel il se trouvait. Il eut beau l'éperonner, le coursier s'obstina; Catherine rit de l'aventure, et permit au jeune homme de marcher près d'elle; elle remarqua sa figure qui était belle, son esprit qui parut original et cultivé; elle se prit d'intérêt pour lui, et cet intérêt le conduisit par la suite au commandement des armées, au premier ministère, et lui valut d'immenses richesses.

Voilà, certes, un vrai coup du sort, un caprice décidé de la fortune; mais si ce bonheur fût tombé sur un homme sans courage et sans talens, il en aurait peu profité. Un hasard peut vous faire monter sur le char de la fortune; mais il vous verse ou ne vous mène à rien, si vous ne savez le conduire.

Je sais bien que quelquefois le sort vous fait naître sur un trône, héritier d'une grande richesse; jouir d'une belle figure et d'une bonne santé; j'ai vu de ces prédestinés qui possédaient cette espèce de fortune calme, et, pour ainsi dire, naturelle; ils n'en sentaient pas le prix, parce qu'ils ne l'avaient point achetée. En les observant, loin de les envier, je les plaignais, et je disais, comme le philosophe Attalus : « J'aime mieux que la Fortune me reçoive dans son » camp que dans sa cour. » La jouissance est un fruit qui ne vient que du travail, et, comme dit Montaigne : « C'est le jouir et non le posséder qui rend heureux. »

Les Romains adoraient la Fortune sous divers emblèmes : on voyait dans leurs temples la *Fortune d'or*, la *Fortune obéissante*, la *Fortune inopinée*, la *Fortune retournée*, la *Fortune gluante*, pour marquer combien elle attachait ceux qui parvenaient à l'approcher.

Ce qui n'est pas très-honorable pour Rome, c'est qu'on y érigea des temples à la Fortune, plusieurs siècles avant de penser à en bâtir pour la *Vertu et pour l'Honneur. Scipion et Marcellus eurent enfin cette gloire tardive.* On suit un peu par-tout cet exemple; c'est le bonheur qu'on s'empresse d'encenser, et ce n'est que bien tard qu'on rend justice au mérite et à la probité : encore souvent arrive-t-il qu'on laisse cet honorable soin à la postérité.

Une erreur commune est de confondre la Fortune avec la Gloire. Un hasard heureux peut donner du pouvoir sans mérite et des succès sans talent; un sot, dans certaines circonstances, peut réussir dans une importante négociation; un factieux hardi, mais ignorant, peut être porté très-haut par une révolution; le sort a fait quelquefois gagner une bataille par un général médiocre; les fautes d'un adversaire, les talens d'un subalterne peuvent tenir lieu parfois d'habileté. Ces hasards donnent un faux éclat, une renommée trompeuse; mais ce sont des fantômes sans réalité, des ombres qui passent, des colosses aux pieds d'argile, que le moindre accident met en poussière.

La Fortune toute seule est un mauvais portrait de la Gloire, elle reçoit pour un temps les mêmes honneurs, présente les mêmes apparences; mais toute cette peinture s'efface et n'a pas de corps. La Fortune nous élève bien en l'air, mais le génie seul nous y soutient.

Les anciens représentaient cette inconstante déesse, tantôt un pied sur une roue, tantôt sur une boule, quelquefois sur un nuage. *Un peintre moderne, Essequi, l'avait placée sur une autruche,* pour rappeler qu'elle accordait souvent ses faveurs à la sottise. Au reste, lorsqu'elle commet de semblables fautes, nous sommes assez ordinairement ses complices, et nous distribuons nos égards et nos hommages aussi aveuglément qu'elle répand ses dons.

Valère passait pour un homme médiocre en tout point, il était dans un salon comme un meuble; on ne savait s'il était beau ou laid, bon ou méchant, sot ou bête. On le rencontrait par-tout sans jamais faire attention à lui, il n'inspirait pas le plus petit intérêt par son assiduité, pas la plus légère humeur par son absence. On ne prenait pas garde à son insignifiante conversation, on ne remarquait point son silence, et on ne connaissait guère de lui que son visage qu'on voyait à tous les spectacles et son nom qu'on trouvait écrit à toutes les portes.

Eh bien, Valère vient d'hériter d'un oncle mort aux Indes, il a épousé une femme dont l'intrigue et la beauté ont fait obtenir à son époux une grande place: voilà Valère riche et puissant; on l'aborde avec respect, on l'invite avec empressement, on trouve sa physionomie spirituelle. Il a cité à propos un vers d'Horace, c'est un homme très-savant; on lui a entendu répéter un article de gazette, croyez-moi, c'est un politique habile; il a salué cinq ou six jolies femmes et a donné la main à une vieille duchesse, voyez, personne ne fait mieux et plus noblement les honneurs de chez lui; il parle peu, à la vérité, mais il pense beaucoup; c'est un homme d'état, un homme profond; enfin on ne tarit pas sur son éloge, et tout le monde, comme la Fortune, le porte aux nues. Il est vrai que, peu de temps après, une intrigue lui enlève sa place: adieu les louanges et les amis; son mérite disparaît comme eux; on ne se borne pas à lui tourner le dos, on le blâme, on le ridiculise; on le déchire; on exaltait ses talens, on centuple ses fautes, et on va quelquefois jusqu'à mettre en doute sa probité.

Voilà le monde et son train! Qu'y faire? s'y attendre, parce qu'on le doit; le supporter, puisqu'il le faut; et en rire, si on le peut.

La philosophie ne serait bonne à rien, si elle ne nous apprenait pas à nous soutenir contre les caprices du sort et contre l'injustice des hommes.

Un Grec disait à Denys le jeune, qui venait de perdre son trône : « A quoi vous ont servi les préceptes et les entretiens de Platon ? » Il répondit : « A sup» porter ma chute, mon exil et vos sarcasmes. »

Ce qui fait qu'on trouve si difficile ordinairement de résister aux rigueurs de la Fortune, c'est que la plupart des hommes la prennent pour le Bonheur. Ce serait, à la vérité, un paradoxe que de soutenir qu'elle est étrangère à notre félicité; elle nous procure certainement beaucoup de jouissances; mais on a dit avec raison *qu'elle vend ce qu'on croit qu'elle donne;* on peut assurer même *qu'elle ne fait que prêter ce qu'elle vend.* Ainsi, la première chose que doit faire un homme sage en recevant ses dons, c'est de bien se convaincre que ce sont *des plaisirs chers et incertains*, et que nous ne logeons jamais chez elle *qu'en locataire et non en propriétaire.*

Voulez-vous savoir combien il en coûte souvent pour être un de ses favoris ? Suivez, observez les courtisans qui forment foule autour de son palais; ils vous apprendront tous que la Fortune suspend sa faveur au bout d'une *chaîne*, et qu'on ne peut porter l'une sans porter l'autre; et, comme le dit La Bruyère : « Chacun » d'eux consent à être esclave à la cour, pour dominer » dans la province ; il vous apprend encore que l'es- » clave n'a qu'un maître, et que l'ambitieux en a au- » tant qu'il rencontre de gens qui peuvent être utiles » à ses vues. »

En effet, l'ambitieux, pour arriver à son but, doit se rendre agréable et utile : les courtisans, ainsi qu'un philosophe l'a très-bien remarqué, sont comme le *marbre des palais, froids, durs et polis;* ils ne font rien que par intérêt ; et, pour obtenir d'eux ce qu'on souhaite, il faut *plaire* et *servir;* c'est-à-dire, plier son humeur à la leur, s'accommoder à leurs goûts, flatter leurs passions, faire ce qui gêne, louer ce qu'on méprise, dire ce qu'on ne pense pas, sourire à la haine, ménager l'envie, supporter les refus, les dégoûts, et se donner ainsi un tourment qui serait un vrai supplice, si on y avait été condamné au lieu de s'y être livré volontairement.

Et au bout de toutes ces peines, contre lesquelles on

n'est soutenu que par l'espérance, que trouve-t-on ; est-ce le bonheur ? Non, ce sont des biens dont on se dégoûte promptement, et qui ne servent qu'à en faire désirer d'autres tout aussi chers et tout aussi trompeurs. On ne jouit pas, on craint de perdre ; on voudrait des amis, on ne rencontre que des flatteurs ou des rivaux ; vous obtenez ce que d'autres voulaient, ils vous haïssent ; vous manquez votre but, on vous raille ; vous tombez dans la disgrace, on vous accable et on vous oublie ; et l'ambitieux s'en tire encore à bon marché, s'il n'a sacrifié à ses idoles que son temps et sa santé, et s'il n'a pas à se reprocher quelque sacrifice de conscience et d'honneur.

Il existe à la vérité des *fortunes* qui valent plus qu'elles ne coûtent ; ce sont les fortunes acquises sans intrigues, méritées par de grands talens, ennoblies par les vertus, embellies par la bienfaisance : elles sont rares et pures ; on les possède sans honte, on en jouit sans remords, elles donnent le vrai bonheur ; mais il est évident que ce bonheur n'est dû qu'au mérite, et non à la Fortune. Les biens qu'elle accorde, les maux qu'elle fait sont hors de nous, tandis que c'est en nous qu'existe la source du bonheur et du malheur.

L'ame transforme en bien et en mal tout ce qui l'approche, et souvent elle fait tourner les faveurs de la Fortune à notre honte, et ses rigueurs à notre gloire. Ce n'est pas sans de bonnes raisons et faute de grands exemples qu'on a dit que *la prospérité était l'écueil du sage, et que le malheur était son école*. Prétendre dégoûter les hommes de la Fortune, ce serait folie ; on ne doit avoir qu'un but en en parlant, c'est de la faire connaître telle qu'elle est, et non telle qu'on se la figure. Tout le monde veut plus ou moins avidement boire à sa coupe.

Cherchons seulement un préservatif contre son ivresse, un antidote contre ses poisons.

Commençons par guérir notre aveuglement, pour nous garantir du sien. La plupart des hommes appellent leur fortune, *justice*, et celle des autres *hasard*; la présomption et l'envie sont les résultats de cette erreur. Avez-vous décidé vous-même dans quel lieu, dans quel temps vous deviez naître? quels seraient vos parens, votre éducation? Avez-vous créé les circonstances dont vous avez profité? Soyez juste, vous serez bientôt modeste, et vous verrez quelle petite part vous pouvez vous attribuer dans le mérite de votre bonne fortune. Combien de fautes n'avez-vous pas commises qui pouvaient vous faire manquer votre but! « Mais » nous nous pardonnons bien facilement nos fautes, » dit Bossuet, quand la Fortune nous les pardonne. » Reconnaissez plutôt ces fautes, car on les recommence quand on les oublie.

Les grandes fortunes se prennent d'assaut et par surprise, le sort les dispose, mais le génie seul sait s'en saisir; les petites fortunes se gagnent plus par assiduité. Un homme sans talent, mais qui avait prospéré par sa constante ténacité, demandait un jour à Newton : « Comment êtes-vous parvenu à découvrir le sys- » tème du monde? — Comme vous êtes parvenu à faire » fortune, répondit le philosophe, en y pensant toute » ma vie ».

Lorsque la Fortune vous est contraire, et vous frappe d'un coup imprévu, voulez-vous n'en être pas accablé?

réfléchissez à son inconstance; c'est un remède qu'elle-même vous offre. Souvent le mal qu'elle semble vous faire est un bien qu'elle vous prépare : il faut savoir tirer parti de ses rigueurs comme de ses faveurs. Charles V a dû probablement sa sagesse aux malheurs qui assiégèrent sa jeunesse; Henri IV aurait été moins grand, moins bon, s'il eût été d'abord moins pauvre et moins persécuté. Sans la défaite de Narva, Pierre-le-Grand n'aurait peut-être jamais développé ces grands moyens, ces grandes qualités qui le firent vaincre à Pultava ; il n'aurait pas réformé la barbarie des mœurs moscovites, s'il n'avait pas failli en être la victime dans son enfance. De nos jours, un général fameux régna en Europe, parce qu'il fut obligé de lever un siége en Syrie; et les Russes ne sont entrés dans notre capitale, que parce qu'ils avaient eu le malheur de nous voir à Moscou. Enfin, on pourrait avancer, sans paradoxe, que l'habileté trouve parfois, pour l'avenir, plus de profit dans la mauvaise fortune que dans la bonne.

Ne vous affligez pas si, en visant à une grande fortune, vous n'en avez atteint qu'une médiocre; jugez-la; non par l'éclat qu'elle vous prête, mais par le bonheur qu'elle vous donne; vous êtes plus loin du soleil, mais plus loin des tempêtes : c'est en haut que se forment les orages; vous êtes plus bas, mais à l'ombre et parmi les fleurs : répétez ce que disait Horace à Celsus : « Qu'im- » porte que mon bateau soit petit ou grand, pourvu » que j'y sois sûrement et doucement porté. »

Félicitez-vous plutôt d'avoir mérité, que d'avoir obtenu les faveurs de la Fortune; elle donne plus d'humiliations que de plaisirs à ceux qui reçoivent le prix sans l'avoir gagné. Pourquoi la plupart des parvenus sont-ils si susceptibles? C'est par la même cause qui rend les bossus malins; ils redoutent la raillerie et s'arment d'avance contre elle.

A la fête d'un village, tout le monde venait avec ferveur se prosterner devant une statue de bois toute neuve qui représentait le saint du lieu. Un seul villageois restait debout; on lui demanda pourquoi il n'adorait pas, comme les autres, l'image du patron : « Bah! dit-il, il » n'y a pas long-temps que je l'ai vue poirier; car c'est » moi qui l'ai sculptée. »

Lorsqu'on veut faire pardonner une rapide élévation, il faut se montrer à la fois habile et modeste; le moyen de faire oublier son origine, c'est de prouver qu'on se la rappelle. Suivez la maxime d'un ancien : « Supportez bien votre fortune, si vous voulez qu'on » vous supporte. »

Le plus doux spectacle à mes yeux, c'est de voir *la modestie unie à la grandeur, la bonté jointe à la puissance, la sagesse alliée à la prospérité* : les dieux préfèrent, dit-on, *celui de la vertu, luttant contre l'adversité;* tous les deux sont aussi rares qu'admirables : si les dieux étaient, comme nous, acteurs au lieu d'être spectateurs, je crois qu'ils préféreraient le premier.

Dans ma jeunesse je fus admis, par hasard, dans la société de la duchesse F........; c'était une fort jolie femme, elle était très-riche et jouissait d'un très-grand crédit. Je cherchai long-temps à obtenir ses bonnes graces, et je fus témoin et victime de l'inégalité de son humeur et de la bizarrerie de ses caprices. Jamais je ne la vis deux jours la même; tantôt elle était brune et tantôt blonde; aujourd'hui fière, hautaine, méchante ; le lendemain douce, engageante, et bonne à l'excès. Quelques-uns de ses adorateurs se plaignaient depuis dix ans de sa cruauté ; de très-nouveaux venus se vantaient de leur bonheur. Elle recevait souvent, sans choix ; tous ceux qui voulaient la visiter, et parfois elle éconduisait, sans motif, des hommes de mérite qui désiraient la connaître. Pendant un temps elle semblait n'aimer que la gloire, sa maison était pleine de militaires, d'ambassadeurs, de ministres ; elle s'amusait à donner des grades, des décorations indistinctement à de vieux officiers, à de jeunes petits-maîtres ; peu de temps après, vous la trouviez sans fard, sans luxe, sans toilette, courant les églises, entourée de prêtres, occupée à obtenir un chapeau de cardinal pour un jeune abbé qui faisait des vers à merveille. J'ai vu sa maison se transformer en bureau d'esprit ; on y applaudissait Poinsinet et on sifflait La Harpe ; on y plaçait Dubelloy à côté de Voltaire. Un jour elle s'amusait à pousser dans les bureaux un ancien laquais, à lui procurer un gros emploi dans les finances, et à le faire dîner ensuite avec de grands seigneurs qui lui empruntaient de l'argent et se moquaient de lui. Son plaisir le plus ordinaire était de renverser en un instant, par ses intrigues, les gens dont elle avait, pendant plusieurs années, favorisé l'avancement. Elle riait aux éclats de leur chute, et les déchirait autant qu'elle les avait flattés. Nous étions souvent dégoûtés de ses caprices et révoltés de ses perfidies ; mais elle avait une jeune dame de compagnie, que je vois encore d'ici, presque toujours en robe verte, dont les douces manières, le tendre langage, les regards séduisans et les promesses flatteuses nous retenaient et nous consolaient. Cependant un beau jour, las de son inconstance et de mon esclavage, je rompis ma chaîne et je m'échappai. Depuis ce moment je ne la cherchai plus ; mais elle vint elle-même souvent me rendre visite : son empressement augmenta comme mon indifférence ; je la recevais sans transports, je la voyais s'éloigner sans chagrin. Il résulta de cette conduite que nous restâmes tous deux en très-bonne mesure, sans trop grande intimité, sans trop de froideur, et que je trouvai le moyen de conserver une jolie maîtresse, au lieu d'un maître impérieux.

Cette dame ressemble assez à la Fortune, et je vous conseille, mes amis, pour votre bonheur, de la traiter comme j'ai traité la duchesse. La Fontaine vous l'a dit avant moi :

> Ne cherchez pas cette déesse,
> Elle vous cherchera; son sexe en use ainsi.

DE L'AME
ET
DE LA CONSCIENCE.

On parle souvent de la *conscience*; il serait peut-être plus à propos de parler des *consciences* : car on en voit de toutes sortes, de toutes tailles, de toutes qualités, de toutes saisons; il en est de sévères, de douces, de fières, de commodes, de clairvoyantes, d'aveugles, de larges, d'étroites, d'impérieuses, de silencieuses; elles varient comme les temps, les lieux, les lois, les intérêts, les circonstances et les partis; elles se ressemblent si peu qu'on conçoit à peine qu'elles soient de la même famille et qu'elles portent le même nom.

Ce serait une chose assez curieuse, que d'écouter les différens langages que tiennent, en s'adressant à l'ame, la conscience d'un conquérant, celle d'un pauvre laboureur, celle d'un trafiquant, d'un avocat, d'une femme à la mode, d'un politique, d'un poëte, d'un homme riche et puissant, et celle enfin d'un pauvre et d'un proscrit. La conscience d'un enfant qui balbutie, celle d'un jeune homme que tout enflamme, celle d'un homme mûr qui raisonne, et la conscience d'un vieillard qui s'éteint, présenteraient aussi des dialogues assez piquans par la variété de leurs tons, de leurs formes et de leurs couleurs.

Mais examinons d'abord la conscience telle que nous la représentent les sages, et telle qu'il serait à désirer qu'elle fût uniformément pour tous les hommes. Cet examen n'est pas inutile; car je crois que cette conscience, peinte par les philosophes, est la vraie, et que, si nous la voyons souvent altérée, défigurée par les passions, par l'ignorance ou par de fausses lumières et de mauvaises lois, elle finit toujours par revenir ce qu'elle doit être pour assurer le bonheur de l'homme bon et juste, et le malheur du méchant.

La conscience est un juge placé dans l'intérieur de notre être; il éclaire assez notre ame pour la mettre à portée de distinguer le bien du mal, la vertu du vice, et la vérité de l'erreur.

Le but de toute sagesse est le bonheur de l'ame; on ne peut l'y conduire qu'en la maintenant dans un état de justice, de paix et de calme, au milieu de toutes les agitations du monde et de tous les orages de la vie.

Mais pour arriver à cet heureux état, elle doit suivre imperturbablement le chemin de la vérité et de la vertu : les passions le lui font perdre; la conscience cherche à l'y maintenir ou bien à l'y ramener.

Souvent la *passion parle trop haut, et la conscience trop bas et trop tard :* voilà le sort de l'homme ; sa raison ne sait que conseiller, ses vices savent entraîner; l'une n'offre que des leçons ou des remèdes, les autres cachent les dangers, et ne présentent que des plaisirs : voilà, non l'excuse, mais la cause de nos erreurs. Ainsi aucun mortel n'y doit totalement échapper, et on peut assurer que celui de nous qui arrive au but, n'est pas précisément le plus sage, mais le moins fou. Aucun n' suivi, sans déviation, constamment la vraie route, et le plus heureux est celui qui s'est le moins égaré.

Comment expliquer cette contradiction ? Chacun de nous n'a pour but que le bonheur ; chacun de nous porte, au-dedans de lui, un rayon divin qui l'éclaire, un sage conseiller qui le guide, un juge redoutable qui l'avertit et le menace ; et cependant la plupart des hommes sont et demeurent aveugles pour cette lumière, sourds à ces conseils, insensibles à ces avertissemens ; et, tournant le dos à la félicité qu'ils souhaitent, ils se précipitent dans le malheur qu'ils redoutent.

J'étais plongé dans ces réflexions, et je disais comme Sénèque à Sérénus : « En examinant mon ame, j'y » trouve des vices frappans et sensibles, d'autres moins » apparens et plus cachés ; quelques-uns ne sont pas » continus, mais reviennent par intervalles : je regarde » même ceux-ci comme les plus incommodes ; ils res- » semblent à ces ennemis errans qui épient le moment » d'assaillir, avec lesquels on ne peut, ni se tenir en » armes comme en temps de guerre, ni jouir de la tran- » quillité comme pendant la paix. »

Tout à coup mon bon génie (qui, je crois, n'est autre chose que la conscience) m'apparut ; il me répéta cette ancienne parole : *Connais-toi toi-même* ; me toucha légèrement les yeux d'une main d'où jaillissait une vive lumière, et disparut. Dès ce moment, je vis clairement et sans nuage l'intérieur de mon corps et de mon ame, sous la forme que je vais essayer de vous décrire.

Je me trouvais transporté dans un empire, dont tous les habitans étaient vifs, sensibles, irritables, et toujours occupés, dans leur activité continuelle, à chercher le plaisir et à éviter la douleur : c'étaient là leurs seuls dieux, leurs seules idoles.

Le pays me semblait, comme beaucoup d'autres, assez agréable à la vue, bien coupé de canaux qui le fertilisaient, jouissant d'une température douce, chaude, mais un peu trop variée, et continuellement exposé à de fréquens orages, qui souvent le menaçaient d'une prochaine destruction.

Les mœurs de cet état n'étaient pas faciles à peindre ; elles n'étaient ni tout-à-fait pures, ni tout-à-fait mauvaises ; il y avait beaucoup de variété et d'incertitude ; de nobles pensées, des désirs trop impétueux, le goût de la volupté, l'amour pour la gloire, l'humanité, l'orgueil, la douceur, la colère, s'y disputaient tour-à-tour l'empire, et y excitaient parfois de grands troubles, d'autant que, dans ce singulier pays, il y avait communauté de biens ; on n'y connaissait pas de propriétés privées, et tout se rapportant à la masse, toutes les actions ne pouvaient se faire que d'un commun accord, et en vertu d'une volonté générale.

Cinq principaux personnages, qui seuls avaient le droit de communiquer avec les pays étrangers, exerçaient la plus grande influence sur la volonté générale ; ils s'appelaient *les Sens*, et semblaient commander impérieusement ; ils paraissaient agir de concert avec de grands seigneurs appelés *les Vices*, et quelques dames qu'on nommait *les Passions*, qui écoutaient avidement leurs rapports, et qui souvent étaient portées aux résolutions les plus violentes.

Cependant, parmi ces Passions, il existait beaucoup de diversité : les unes étaient nobles, grandes, fières, et conseillaient de belles actions ; d'autres, en plus grand nombre, étaient basses, vulgaires, méchantes, et portées naturellement au mal.

Je croyais avec chagrin, au premier coup-d'œil, que ce malheureux état était gouverné républicainement, et qu'il serait sans cesse exposé au tumulte des factions, aux troubles de l'anarchie ; mais heureusement une des principales et des plus nobles Passions, celle qui s'occupait sans cesse à calmer les orages, à chercher la paix et le vrai bonheur, m'apprit que l'état était monarchique, qu'il était gouverné par un génie descendu des cieux, condamné, par la volonté divine, à rester plus ou moins d'années, et souvent près d'un siècle, enfermé dans ce pays pour gouverner des êtres si inférieurs à son essence ; et que, chargé de leur conduite, de grandes récompenses ou de grandes punitions l'attendaient après son exil, et lui seraient distribuées par la Divinité, suivant la manière dont il se serait conduit dans le gouvernement difficile qui lui était confié.

Difficile ! lui dis-je en l'interrompant : il me semble que ce génie, si supérieur à ceux qu'il commande, ne doit jamais rencontrer d'obstacles à sa volonté ; ses sujets ne peuvent pas être assez aveugles pour se comparer à lui, ni assez fous pour lui résister. Ses lois doivent être regardées comme des oracles, et il ne peut trouver que des esclaves ou des adorateurs.

— Vous vous trompez étrangement, reprit ma conductrice : ce génie, qu'on nomme l'*Ame*, n'a pas une besogne si simple que vous l'imaginez. Le même arrêt du Ciel, qui nous l'a donné, l'oblige, pour assurer notre bonheur et pour augmenter ses peines et son mérite, à participer à toutes nos affections ; elle est forcément liée à notre nature matérielle et corrompue, elle souffre de nos maux, elle jouit de nos plaisirs ; elle doit, avant de donner ses derniers ordres qui font la volonté générale, écouter la voix des *Sens*, entendre le cri des *Passions*, éprouver nos besoins, sentir nos désirs, et délibérer ensuite sur ce qu'elle doit accorder ou refuser, défendre ou permettre. Venez la voir, assistez à son conseil, examinez sa cour ; vous la trouverez bien mêlée, je vous en avertis, car chacun de nous a le droit d'y être admis et de lui parler.

Cette réponse augmenta ma surprise : je me tus, et suivis mon guide, non sans quelque peine ; car certains habitans grossiers voulurent m'arrêter dans un lieu nommé *Diaphragme*, m'assurant que j'y trouverais la souveraine. D'autres qui me parurent des fous assez tristes, me dirent : « Vous perdez vos pas, l'*Ame* n'existe » nulle part. » Je leur tournai brusquement le dos, en plaignant leur erreur.

Une petite *Passion* bien tendre, bien romanesque, me prit ensuite la main ; elle me conjurait de ne pas sortir d'un autre endroit nommé *Cœur*. J'y vis, en effet, une si grande affluence de monde qui y entrait ou en sortait, que, le prenant pour le centre de l'activité du pays, je n'étais pas tenté d'aller plus loin ; mais mon guide m'ordonna de poursuivre, et j'obéis.

Nous arrivâmes bientôt dans un pays fort élevé, et auquel aboutissaient des chemins et des canaux de toutes les parties de l'empire. Jamais je ne vis un lieu plus éclairé, et où il fut cependant moins facile de voir distinctement les objets : c'était précisément la foule des lumières qui m'éblouissait ; il y en avait de toutes sortes, de grandes, de petites, de simples, de coloriées ; des feux ardens, des feux follets, des lumières calmes, des éclairs scintillans, des flammes voltigeantes, et, outre cela, une quantité innombrable de *Désirs* et de *Passions*, agitant des miroirs et des prismes, qui donnaient à tout, à chaque instant, des formes et des couleurs nouvelles.

Troublé par cet éclat prodigieux, je ne pus jamais assez distinguer la figure de l'*Ame*, pour vous la peindre; je ne vis qu'une forme lumineuse, qui n'avait rien de commun avec les autres êtres qui frappaient mes regards.

Enfin, après beaucoup de peine et d'attention, mon guide, qui me dit s'appeler en grec *Amour de la sagesse*, me fit apercevoir assez clairement, auprès du siége de l'*Ame*, deux grandes femmes, dont l'air était noble et sévère; elles portaient toutes deux un grand flambeau : une troisième, toute nue, me présentait un *miroir presque imperceptible et couvert d'un voile.* « Vous voyez, dit-elle, la Raison, la Vertu et la Vé-
» rité; la reine les estime et les craint. »

— Elles me font aussi une sorte de peur, lui dis-je; mais, de l'autre côté, quelle est cette femme charmante, au regard si tendre, au parler si doux, qui s'entretient si familièrement avec la souveraine? je meurs d'envie de l'embrasser.

— Je le crois bien, reprit mon Mentor en m'arrêtant, c'est la Volupté.

« Vous aimez sa grace, craignez sa perfidie; vous admirez les roses qui couronnent sa tête, mais regardez à ses pieds. » J'obéis, et je vis avec effroi un vaste précipice d'où sortaient de longs gémissemens.

Je remarquai ensuite successivement, autour de la reine, la *Colère* à l'œil ardent et farouche; l'*Envie* au teint pâle, elle tenait une coupe de poison qui retombait sur elle, et un poignard qui la blessait toujours elle-même. L'*Ambition* m'éblouit un moment par sa magnificence et par l'éclat de ses armes; mais le sang qui les couvrait me fit horreur. L'*Avarice* me parut à la fois risible et dégoûtante; elle était couverte de haillons, maigre, inquiète, et assise sur un monceau d'or que des enfans s'amusaient à éparpiller derrière elle.

Au pied du trône était une femme qui écrivait sans cesse tout ce qu'elle entendait; mais un petit vieillard venait, avec sa faux, déchirer la plus grande partie des feuillets; je reconnus sans peine la Mémoire et le Temps.

Je fus un peu consolé de ce qui venait de blesser mes yeux, par la vue de la *Force* soutenant la *Bonté*; de la *Justice* dont la main ferme effrayait le *Vice* et rassurait la *Vertu*; de la *Modération*, qui s'opposait avec calme à la course rapide des *Désirs* effrénés, au choc des *Passions*; et la douce *Modestie*, qui s'occupait dans un coin à parer les *Vertus* et la *Gloire*.

Mais, enfin, ce qui frappa le plus mes regards, ce fut une grande femme en robe de magistrat: sa physionomie était à la fois *sévère et douce*; tout le monde s'inclinait avec respect devant elle, hors quelques factieux qui s'efforçaient en vain de l'effrayer: elle ne semblait pas plus accessible à ceux qui la flattaient, qu'à ceux qui tentaient de la corrompre ou de la séduire; elle écoutait avec impartialité toutes les demandes, toutes les plaintes.

Devant elle on voyait une riche couronne d'immortelles; derrière elle était placé un homme noir, hideux et menaçant, qui portait un fouet armé de pointes aiguës.

La reine considérait attentivement ces objets, et semblait consulter avec inquiétude cette femme avant de prendre une décision. « Vous voyez, me dit mon guide, le *grand juge* du pays, c'est la *Conscience* : notre souveraine la redoute; elle doit toujours suivre ses avis et s'accorder avec elle; et, si parfois il arrive qu'elles se brouillent et se querellent, la confusion se répand partout; les *Passions* n'ont plus de frein, les *Vices* plus de bornes; l'*Ame* tombe de son siége, l'état est en proie aux plus grands malheurs, et tout serait perdu, si cet homme noir, que vous regardiez avec frayeur, et qu'on nomme *Repentir*, ne ramenait l'équilibre et ne rendait l'empire à notre *souveraine*, après l'avoir châtiée rudement, et sans égard pour son rang et son origine.

» Mais souvent il est arrêté dans ses efforts par cette femme que vous voyez plus loin, dont le visage est toujours le même et sans expression : elle porte une chaîne douce, quoique pesante; c'est l'*Habitude* : indifférente au bien comme au mal, un ancien avait raison de dire *qu'elle fortifie le Vice comme la Vertu*. Son plus grand danger est d'étouffer la voix de la *Conscience*; alors nous sommes perdus sans espoir de retour.

» Vous connaissez à présent le pays, les habitans, la cour, la souveraine, son conseil : approchez-vous et écoutez, car j'aperçois beaucoup de mouvement, et la reine va sans doute prendre quelque grande décision, et donner des ordres importans. »

J'approchai du trône avec un mélange de crainte et de curiosité.

Bientôt j'entendis l'*Ambition* qui pressait fièrement la reine de céder à ses désirs, et de consentir à une entreprise qu'elle disait fort utile à l'élévation et à la prospérité de l'état; elle était appuyée par l'*Amour-Propre*, qui trouvait beaucoup d'avantages réunis dans le projet : l'*Orgueil* assurait, d'un ton tranchant, qu'on n'aurait aucun obstacle à redouter; la *Colère* rappelait le souvenir de prétendues injures faites à l'état par un souverain étranger, dont l'*Envie* ne pouvait supporter la puissance; et l'*Avarice* promettait tout bas un grand accroissement de richesses pour le pays.

La souveraine me parut écouter ces différentes Passions avec complaisance, et montra quelque froideur mêlée d'impatience, lorsque la *Modération* et la *Prudence* se présentèrent pour faire sentir les inconvéniens et les dangers de l'entreprise proposée; mais la *Justice* et la *Raison*, se levant gravement à la fois, dirent d'une voix ferme : « L'action à laquelle on veut » vous porter est inique, ainsi elle ne peut être utile. »

La reine balançait; la *Conscience* s'approcha d'elle, et lui dit : Il n'y a pas à hésiter; vous devez suivre les avis de la *Raison* et de la *Justice*; cessez de prêter l'oreille aux Passions perfides, et retenez cette maxime de Confucius : « Voir et écouter les méchans, c'est déjà » un commencement de méchanceté. »

A ces mots, il me parut que la lumière qui environnait l'*Ame* se teignit d'un rouge léger; et j'entendis la voix harmonieuse de cette reine, qui ordonna à l'*Ambition* de se taire et de ne plus lui parler de son injuste entreprise.

Je vis ensuite la *Volupté* qui présentait à la souveraine des fleurs et des fruits; comme elle était accompagnée par l'*Hymen* et par la *Raison*, la *Conscience* sourit, et l'*Ame* accepta ses dons. Un moment après, la *Volupté* revint, précédée par le *Vice* et par quelques

Désirs immodestes ; l'*Ivresse* l'accompagnait ; elle montrait à la reine une riche corbeille, sur laquelle le *Mystère*, le doigt sur la bouche, jetait un voile épais : l'*Ame* fut tentée, mais la *Vertu* repoussa brusquement la corbeille ; la *Pudeur* jeta un cri et se cacha : le *Mystère* insista doucement ; mais la *Conscience* dit, d'un ton sévère, ces paroles d'un ancien : « Songe au Remords ! il est comme ce flambeau que je tiens, il dissipe l'ombre dans laquelle le coupable croit s'envelopper. » A sa voix, la *Pudeur* revint, et la reine commanda sèchement à la *Volupté* de se retirer.

Enchanté de ce que je venais de voir et d'entendre, je dis à la noble *Passion* qui me guidait : « Eh bien ! vous le voyez, le gouvernement de cet état n'offre pas autant de difficultés que vous le pensez. Je conviens qu'il existe de dangereuses Passions, des Vices séduisans ; mais l'*Ame* ne doit pas les craindre : elle a, pour s'en défendre, les conseils de la Raison, de la Justice ; les avis de la Modération, de la Pudeur ; les avertissemens impérieux de la Conscience et la crainte du Repentir : avec de tels ministres elle ne peut se tromper, et doit prendre toujours des décisions sages ; me voilà bien tranquille sur le bonheur du pays. »

— Vous vous réjouissez trop tôt, me répondit mon sage guide ; vous êtes un peu prompt à vous flatter. Il ne faut rien juger sur un premier aperçu ; ou je me trompe bien, ou cette méchante petite magicienne que je vois venir de loin, doit jeter beaucoup de trouble ici, et peut-être va-t-elle produire quelque scène fâcheuse, et bien différente de celle dont vous venez d'être le témoin.

— Comment ! m'écriai-je, il existe des magiciennes dans ce pays ? — « Oui, reprit ma compagne, il en existe deux : l'une est bonne et très-utile, c'est l'*Imagination* ; elle anime tout, orne tout : je conviens qu'elle n'est pas toujours parfaitement d'accord avec moi et avec la *Raison*, mais nous lui pardonnons ses écarts, parce qu'elle nous charme et nous embellit. Si elle nous quittait, tout serait désenchanté, et ce monde nous paraîtrait un désert. Quelques esprits secs et chagrins la repoussent ; mais nous nous moquons d'eux, et nous la chérissons tous ; la *Vérité* même lui laisse quelquefois, en riant, le soin de sa parure, et elle n'en est alors que plus aimable.

» Mais sa sœur, qu'on nomme la *Folie*, est la plus dangereuse magicienne qu'on ait connue : elle se fourre par-tout, et par-tout elle est invisible ; ceux qu'elle domine le plus ne s'en aperçoivent pas. Cette magicienne est mon ennemie mortelle. Eh bien ! c'est souvent sous ma figure et sous mon nom qu'elle fait ses plus noires malices ; elle prend toutes les formes, sait tout déguiser ; elle égare l'*Ame*, étourdit la *Raison* et trompe même quelquefois la *Conscience*. Moi seule, je la connais, je la poursuis ; mais trop souvent je l'attaque sans succès. Je vais, par mon pouvoir, la rendre visible à vos yeux : regardez-la, elle s'avance et se prépare à nous donner de nouvelles preuves de sa méchanceté. »

Étonné de ce que j'apprenais, je tournai mes regards du côté que mon guide m'avait désigné, et je vis une petite femme qui tenait à la main une marotte ; un masque couvrait son visage, et son habillement bizarre, fait d'étoffes de toutes couleurs, était garni de grelots qui faisaient un grand bruit à mes oreilles, quoique personne, excepté moi, ne parût l'entendre.

En passant au milieu de la foule, elle toucha légèrement de sa marotte tous ceux qu'elle rencontrait.

A l'instant (ô prodige !) tout changea de figure à mes yeux : l'*Ambition* se transforma en *Gloire*, le *Vice* en *Vertu*, la *Volupté* en *Bonheur*, la *Vengeance* en *Justice*, la *Sottise* en *Mérite*, le *Charlatanisme* en *Science*, la *Prodigalité* en *Bienfaisance*, la *Témérité* en *Courage*, la *Fourberie* en *Politique*, la *Lâcheté* en *Prudence*, l'*Hypocrisie* en *Piété*.

Dès ce moment ce ne fut plus que désordre et confusion autour du trône ; tous les *Vices*, toutes les *Passions* funestes étourdirent les oreilles de la souveraine par leurs clameurs, l'ébranlèrent par leurs faux et spécieux discours, la séduisirent par leurs engageantes promesses.

La *fausse Gloire* l'enivrait d'espérance, la *Volupté* excitait ses désirs, la *Vengeance* lui promettait la sécurité ; la *Fourberie* lui offrait les fruits de la prudence, l'*Hypocrisie* la tournait du côté de l'*enfer*, en lui montrant le ciel.

La voix de la *Justice* et de la *Raison* était étouffée par leurs cris ; la *Vertu* et la *Vérité* se voyaient écartées par la *Calomnie* perfide et par la *Raillerie* insolente ; enfin la *Conscience* elle-même, assoupie dans les bras de la *Mollesse*, qu'elle prenait pour le *Repos*, ne fit entendre que des paroles faibles et languissantes ; cependant elles inspirèrent à l'Ame assez de crainte pour l'arrêter : elle hésitait encore ; mais la *Flatterie* s'avança tout à coup, en rampant et tenant un encensoir à la main. Cette empoisonneuse des rois enivra d'abord la reine de son encens, et, contrefaisant ensuite, avec un art funeste, la voix de l'opinion publique : « Reine,

» dit-elle, ne résistez pas plus long-temps : la Gloire et
» le Bonheur vous attendent; obéissez aux vœux de
» l'empire. »

Alors elle entraîna l'Ame et la porta dans les bras des Plaisirs, des Vices et des Passions qui l'entouraient.

Comment vous décrire les suites de cette déplorable faiblesse ? Dès ce moment le désordre régna par-tout ; l'état fut en proie aux convulsions, à l'anarchie ; une flamme dévorante consumait tout, épuisait les forces de l'état, desséchait ses canaux et minait son existence ; une fièvre contagieuse se répandait jusqu'aux extrémités de l'empire : plus de remède, plus de règle, plus de frein ! le *Délire* semblait gouverner ce malheureux pays, et le menaçait d'une entière destruction.

Mon sage Mentor paraissait accablé par le désespoir. « Que devient votre courage ? lui dis-je, en le pressant vivement ; sauvons-nous, sauvons l'état, je le crois encore possible. J'aperçois dans l'ombre la *Conscience* qui se réveille; elle reconnaît la *Vérité* : je la vois s'approcher de nous, marchons avec elle. » — J'attendais ce moment, me répondit mon guide.

Nous la rejoignîmes ; nous avançâmes promptement près de la souveraine : la *Vérité* découvrit son miroir ; la *Conscience* appela le *Repentir* qui s'empara de l'*Ame* et la châtia sans pitié. Cette malheureuse reine, en poussant de profonds sanglots, remonta sur le trône ; la *Folie* disparut, chacun reprit sa forme naturelle, et tout rentra dans l'ordre accoutumé.

Transporté de ce nouveau spectacle, fier d'un triomphe que je m'attribuais, oubliant ma compagne, je continuai sans guide ma marche imprudente, et j'osai présomptueusement monter sur les marches du trône, et m'asseoir sur le siége de la *Raison* que je croyais remplacer; mais la *Vérité* m'avertit en souriant que je m'étais trompé, et que j'étais sur celui de la *Sottise*: de grands et universels éclats de rire accompagnaient ces paroles; et, pour les appuyer, le *Repentir*, se levant tout à coup, me lança un coup de fouet si ferme que je tombai sans connaissance.

En rouvrant les yeux, je me trouvai seul et dans mon lit; tout avait disparu; mais je conserverai toujours la mémoire de ce singulier voyage; je me rappellerai sans cesse les maux que la *Sottise* et la *Folie* font à l'*Ame*, et je ne perdrai point le souvenir de deux vers d'Horace que mon rude correcteur répéta en me frappant:

Tout sot devient méchant, tous les méchans sont fous;
Et ceux-ci, mes amis, sont les pires de tous.

LE TEMPS.

Le temps est la seule propriété qui soit entièrement à nous; tout le reste est incertain; le temps est, comme on l'a dit, *l'étoffe dont notre vie est faite*; c'est le bien dont nous devrions être le plus économes, et c'est pourtant celui que nous dépensons le plus follement, que nous perdons avec le moins de regret, et que nous nous laissons voler le plus facilement. Nous aimons même ceux qui nous le dérobent, tandis que nous poursuivons avec acharnement celui qui nous ravit tout autre propriété, bien qu'illusoire et passagère. On dirait que le temps est un fardeau, qu'il nous pèse; nous oublions que c'est notre existence, et nous ne cherchons qu'à nous en débarrasser; enfin, par la plus étrange contradiction, en cherchant, souvent sans succès, à *tuer le temps*, l'homme se plaint de la longueur des jours et de la brièveté de la vie.

Tous les philosophes, tous les moralistes s'accordent pour nous recommander un sage emploi du temps, et pour nous rappeler la rapidité de sa marche; mais ces conseils ont peu de succès, et nous pouvons répéter aux hommes de nos jours ce que Sénèque disait aux hommes de son temps : « Songez-y bien : une partie de la vie se » passe à mal faire, la plus grande à ne rien faire, la » presque totalité à faire autre chose que ce qu'on » devrait. »

D'où vient cette méprise de l'homme sur un point qui l'intéresse si capitalement ? Je ne sais ; mais je serais tenté de l'attribuer à l'imperfection, à la contradiction des définitions qu'on a faites du temps, et aux fausses idées qui en sont résultées. On ne peut apprécier que ce qu'on connaît ; on ne sait jouir que du bien dont la nature et la valeur sont vues et senties clairement par nous.

Les anciens disaient que *Saturne, père des dieux et des hommes, dévorait ses enfans* : cette allégorie ingénieuse nous fait croire que tout est créé et détruit par le Temps ; dès lors le Temps est un monstre qui fait peur ; nous craignons le poids de ses pas qui nous écrasent, et chaque heure qui sonne nous paraît un coup de la terrible faux dont il est armé. De là viennent nos désirs de lui échapper, et nos plaintes absurdes contre sa vitesse, contre sa durée, contre sa mobilité. Les amans lui attribuent leur inconstance ; les malheureux leurs revers ; les ambitieux leur chute ; les empires mêmes lui reprochent leur destruction.

On l'accuse de tout, des arrêts du ciel, des injustices du sort, des folies des hommes. L'Espérance voudrait accélérer sa marche ; la Peur voudrait la retarder.

Pythagore appelait le Temps *l'ame de l'univers*. Platon disait *que le Temps avait été créé au même instant que le monde, et que le mouvement existait avant cette création ; mais qu'il existait sans règles, sans mesures et sans bornes.*

Ces idées, tout aussi fausses que les premières, donnant au Temps une volonté, autorisaient encore à se plaindre de sa rigueur et de ses caprices.

Tout le monde divise ordinairement le temps en trois

parties : le *passé*, le *présent*, et l'*avenir*; eh bien! Chrysippe affirmait « que le passé n'existe plus, et que » l'avenir n'existait pas encore; » d'où il concluait « que » le présent était la seule chose qui existât, et dont nous » pussions jouir et nous occuper. »

D'un autre côté, Archidamus disait « que le présent » n'a aucune existence réelle; que le moment actuel est, » comme tout dans la nature, divisible en deux parties, » dont l'une appartient déjà au passé, et dont l'autre » est encore à l'avenir. » Ainsi, en adoptant les opinions de ces deux philosophes, on pourrait dire que le *passé* n'est plus, que le *présent* n'est pas, que l'*avenir* n'est point encore, et que par conséquent le temps n'existe pas pour nous.

Les théologiens, sans pousser leur rigueur jusqu'à cette subtilité, s'en rapprochent assez; car, en comparant sans cesse le présent à l'éternité, ils le réduisent à un point imperceptible; le monde n'est plus qu'une auberge pour l'homme, dont le voyage ne dure qu'une minute. Le résultat de ce système un peu triste est de se détacher de la matière et de la vie, et de ne s'occuper que de l'avenir.

Il paraît qu'en général les hommes, peu sûrs de la vérité au milieu de ces contradictions, se font un mélange confus de ces idées païennes, philosophiques et religieuses.

Ils ont détrôné les autres dieux du paganisme; mais ils laissent encore au Temps sa volonté, son inconstance, sa rigueur, ses ailes et sa faux.

Ils rendent divers cultes à ce dieu, suivant leurs différens caractères : les savans n'adorent que le passé; l'expérience ne leur offre la vérité que par la bouche des morts ; la mémoire borne leurs plaisirs à l'étude des beautés détruites ; ils ne cherchent des fruits et des fleurs que dans les ruines de l'antiquité.

Les amans de la gloire, comme les hommes éclairés par la religion, ne regardent que l'avenir, le ciel et la postérité : les uns veulent jouir d'une immortelle célébrité, les autres d'une félicité éternelle.

Le vulgaire, gouverné par les sens, suit sans le savoir les dogmes d'Épicure et d'Horace ; le présent seul le maîtrise ; il regrette faiblement le passé, s'occupe peu de l'avenir ; il veut éviter la douleur, échapper à l'ennui, qui le poursuivent et le saisissent souvent, tandis qu'il ne cherche que le plaisir.

Je crois qu'il serait possible de sortir de cette obscurité, de marcher à la lueur d'une lumière plus sûre, et de nous rendre à la fois moins injustes pour le temps, et plus habiles dans l'art d'en jouir. Mais, pour profiter du temps, voyons-le, non tel que l'imagination le peint, mais tel qu'il est en effet.

Ne faisons pas un dieu d'une chose créée comme l'univers ; n'en faisons pas même un être tout-à-fait indépendant de nous : car il est si facile de démontrer que nous avons mille moyens de le modifier, de l'étendre, de le resserrer, de le hâter, de le ralentir, qu'on pourrait presque mettre en doute si c'est le temps qui compte nos jours, et si ce n'est pas plutôt la succession plus ou moins rapide de nos pensées, de nos affections, de nos désirs et de nos craintes, qui règle et mesure le temps.

Une heure, certes, n'est pas la même pour l'homme qui dort, pour l'homme qui veille, pour l'homme oisif, pour l'homme occupé, pour celui qui jouit, pour celui qui souffre. Si nous sommes ainsi presque maîtres de changer la durée du temps par son emploi, nous le sommes encore plus de fixer son utilité ; et, comme le dit fort bien Montaigne : *L'utilité de vivre n'est pas en l'espace, elle est dans l'usage.*

Commençons par nous faire une idée vraie, juste et simple du temps, pour nous mettre à l'abri des erreurs où nous jettent les fausses idées qu'on nous en a données.

Le *temps*, comme l'a dit un de nos poëtes, est plutôt une fiction qu'un dieu ; c'est enfin *une image mobile de l'immobile éternité.* Ce *temps* est un vide infini comme l'espace.

Nous ne connaissons l'espace, sa mesure, ses dimensions, que par les points, par les objets matériels qui y sont placés ; sans eux ce serait une chose nulle, un mot vide de sens pour nous.

Il en est de même du vide infini nommé le *temps*; c'est le nombre plus ou moins grand, la succession plus ou moins rapide de nos sensations, de nos idées, de nos sentimens, qui en marque l'existence, la mesure et la durée.

Si tout ce qui vit dormait toujours, il n'existerait pas de *temps* pour les êtres vivans ; ainsi, comme on ne donne pas de marche à l'espace, on n'aurait pas dû en donner au *temps* ; ce sont les astres, les corps, les hommes et les esprits qui se meuvent sans cesse dans les deux grands cercles du *temps* et de l'espace, et qui font leur existence et leur mesure.

La pensée que je n'ai plus est le passé; celle que j'ai est le présent ; celle que j'aurai est l'avenir.

Ainsi, tout le *temps* existe dans notre entendement sous les noms de *mémoire*, de *pensée* et de *prévoyance*;

et c'est l'usage que nous faisons de ces facultés qui nous fait paraître le temps plus ou moins rapide.

Ne nous plaignons donc plus de l'inconstance d'une chose qui ne varie pas, de la marche du cercle dans lequel nous seuls agissons, et de la rigueur ou de l'injustice d'un être insensible, uniforme, qui nous voit varier sans cesse, sans éprouver lui-même aucun changement.

Montaigne le savait bien, et nous l'apprend: « Si » vous avez vécu un seul jour, vous avez tout vu; un » jour est égal à tous les jours; il n'y a point d'autre » lumière, d'autre nuit : ce soleil, cette lune, ces étoi- » les, cette disposition, c'est celle même que vos aïeuls » ont jouye, et qui entretiendra vos arrière-nepveux. »

Laissons donc aux poëtes ces fausses descriptions du *temps*. Si nous prenons leur langage, ne suivons pas leur pensée ; si nous disons avec Virgile, *le temps fuit*; songeons bien que c'est nous qui *fuyons*; c'est nous, et non lui, qu'il faut arrêter, saisir, orner, adoucir ; c'est de nous et non de lui que nous devons craindre de longues douleurs, espérer de courts plaisirs ; et lorsque nous regardons notre pendule, ne pensons qu'à régler nos affections et nos jouissances, de manière à ce qu'elles nous donnent de doux souvenirs et un juste espoir ; car le but de toute sagesse est d'user du présent, de sorte qu'il enrichisse pour nous le passé et l'avenir.

Après avoir essayé de prouver que le *temps*, insensible à tout, ne peut rien sur nous, et que nous avons au contraire le pouvoir de le modifier, voyons quels sont les meilleurs moyens d'en jouir, et de rendre sa marche, comme on le dit vulgairement, ou plutôt notre marche dans le temps, douce, agréable et légère.

Il faut d'abord bien comprendre que le présent est la seule partie du temps sur laquelle notre action soit immédiate.

Métaphysiquement, j'avoue qu'on peut ne regarder le présent que comme un point ; mais, moralement parlant, il est plus étendu ; et certainement un auteur qui assiste au succès de sa tragédie, un général qui remporte une victoire décisive, un ministre qui rend la paix au monde, un homme bienfaisant qui sauve une famille honnête du malheur, éprouvent des jouissances réelles d'une assez longue durée : il existe un passé et un avenir si près de nous, qu'il ne faut presque ni mémoire ni prévoyance pour les sentir ; on les touche, et on peut sans peine les confondre avec le présent.

Jouissons donc de ce présent qui est notre seule richesse ; la plus commune folie des hommes est de le perdre, et, comme le dit un ancien, de *le laisser échapper entre nos doigts.*

Nous abandonnons trop souvent la jouissance certaine du présent pour nous occuper de regrets inutiles ou de projets chimériques.

Un philosophe nous reproche avec raison « de pas-
» ser notre vie à chercher les moyens de vivre ; de dif-
» férer pour ainsi dire la vie, au lieu d'en jouir. Avec
» tous nos efforts elle nous gagnerait peut-être de vi-
» tesse ; au milieu de nos délais elle s'enfuit à grands pas. »

Si vous perdez l'occasion présente de faire le bien, qui vous dit qu'elle reviendra ? Il faut regarder un jour comme la vie entière, et être quitte avec lui lorsqu'il finit. Pensez comme César, *et croyez n'avoir rien fait si vous avez remis au lendemain ce que vous pouviez faire aujourd'hui.*

La nature vous accorde un petit nombre d'années ; elle retranche à peu près la moitié de ce temps que vous passez dans le sommeil, véritable portrait de la mort. Les jours de la tendre enfance sont une sorte de végétation qui ressemble peu à la vie ; les années de décrépitude en diffèrent encore davantage : vous devez compter aussi avec crainte les temps de maladie, de chagrin, d'ennuis forcés et indépendans de votre volonté : voyez d'après cela combien vous avez peu de jours pour jouir de l'existence, et quelle perte vous faites lorsque vous perdez une seule journée ! Suivez donc le conseil d'Horace :

> Consultez la sagesse, épuisez votre vin ;
> Modérez vos désirs, bornez votre espérance ;
> Saisissez le moment qui fuit sans qu'on y pense,
> Et ne comptez pas trop sur votre lendemain.

Ce conseil n'est pas nouveau, chacun se le donne souvent de lui-même : pourquoi voit-on si peu de gens en profiter ? c'est qu'il n'est pas facile de le suivre.

Pour jouir du présent il faut savoir bien suivre la route du bonheur, et c'est ce que l'homme cherche le plus et sait le moins. Le présent dépend du passé et de l'avenir ; et nous sommes la plupart du temps troublés par des souvenirs, agités par des espérances, tourmentés par des craintes qui font que le présent nous pèse ou nous échappe ; le temps est rapide ou lent pour nous selon les dispositions de notre esprit.

Voyez un homme qui va recevoir une somme attendue, une faveur désirée ; une jeune femme qui attend l'heure du bal ou son amant ; un auteur présomptueux qui va faire jouer sa pièce : ils croient tous que le temps ne marche pas, que leurs montres retardent; les minutes leur semblent des heures. Que désirent-ils sans s'en douter? d'échapper au présent, d'atteindre l'avenir, de vieillir, enfin, de faire quelques pas plus rapides vers la mort.

Écoutez au contraire le coupable qui attend son arrêt, la femme infidèle qui craint l'instant de l'arrivée d'un mari grondeur et jaloux, le jeune homme qui redoute l'heure de l'étude, l'amant qui va quitter sa maîtresse pour obéir à son devoir : comme les pendules avancent! comme le temps vole! comme ils voudraient le saisir, l'arrêter! comme ils voudraient rétrograder dans la vie!

Et le coupable agité de remords, cherchant en vain le sommeil qui le fuit; et le malade qui ne sent l'existence que par la souffrance, comme le temps se traîne péniblement pour eux! comme ils sentent et répètent ce triste vers :

Que la nuit paraît longue à la douleur qui veille !

Le présent les excède, l'avenir les effraie; ils voudraient effacer ces deux parties du temps, et revenir aux jours de la jeunesse et de l'enfance.

Pourquoi cette enfance nous semble-t-elle l'âge d'or de la vie? C'est qu'elle est sans regret du passé, sans crainte pour l'avenir : c'est que, *plus sage que les sages*, elle jouit du présent : c'est le paradis terrestre de la vie; nous en sommes sortis, et la triste raison, l'active et inquiète prévoyance, sont les anges terribles qui nous défendent à jamais d'y rentrer.

Mais, dira-t-on, voulez-vous donc que l'homme

comme un enfant aveugle, vive au hasard, et s'étourdisse sur le présent sans profiter des leçons du passé, et en s'exposant sans réflexion à tous les maux de l'avenir?

Non, l'homme n'a plus l'innocence et les guides de l'enfance. Il faut pour être heureux qu'il marche appuyé sur la prudence et éclairé par la raison.

C'est pour cela que je veux qu'il jouisse du présent avec soin, mais avec sagesse; ce présent sera bientôt le passé. Il faut que le plaisir du moment ne laisse pas de remords de l'avoir mal employé, ne cause pas de regrets de l'avoir perdu, qu'il lui donne au contraire de doux souvenirs; car un doux souvenir est encore un bonheur actuel.

Nous avons vu combien il est nécessaire de saisir le temps présent, et d'en jouir, de sorte qu'il ne devienne pas une cause de regrets ou de repentir. Voilà la moitié de ce que veut la raison. Mais la prudence demande encore un travail sur nous-mêmes tout aussi important; il concerne l'avenir. Songeons bien que cet avenir sera le présent pour nous.

Ici nous sommes entre deux écueils; si, emportés par nos passions, nous nous livrons au bonheur qu'elles nous offrent pour le moment, sans songer aux peines qu'elles nous préparent, nous employons le plaisir à bâtir notre malheur, et pour une ombre de jouissance, nous nous préparons un demi-siècle de tourmens; nous jouons enfin notre vie contre une minute.

C'est ainsi que la folie des hommes les pousse à la prodigalité sans prévoir la ruine, à la cruauté sans craindre la vengeance, à l'ambition sans penser aux chutes, aux excès sans songer aux infirmités, à l'égoïsme sans présager l'isolement qui le suit.

On se préserverait, en jouissant du présent, de tous les dangers de l'erreur et du vice, si, avant d'écouter la voix impérieuse du désir ardent, on voulait consulter le passé et lire un peu dans l'avenir. C'est ce que pensait sagement Périclès, lorsqu'il disait à un général qui, malgré ses remontrances, entraînait le peuple dans une entreprise dangereuse : *Si vous ne voulez pas croire aux conseils de Périclès, au moins attendez et consultez le temps; c'est le plus sage conseiller qu'on puisse choisir.*

Lorsque nos passions nous parlent, modérons-les donc par la prévoyance des dangers qui les suivent. Un moyen sûr de calmer l'ambition, c'est de penser que, plus nous désirons d'élévation, plus le temps se prépare à miner le haut édifice bâti par notre imagination. Théopompus, roi de Sparte, disait aux habitans de Pyle, qui voulaient lui décerner de grands honneurs, *que le temps avait coutume d'accroître les fortunes modérées, et d'effacer les immodérées.*

Mais, d'un autre côté, en consultant l'avenir, regardons-le avec les yeux de la raison, et non avec ceux de la crainte; que notre prudence ne dégénère pas en timidité; qui ne risque rien n'obtient rien : la devise des *preux* est bonne : *fais ce que dois; arrive que pourra.* Croyons, comme César, *que tout danger paraît plus grand de loin que de près*, et sur-tout n'imitons pas la folie de l'avare qui immole le présent à l'avenir, et qui se condamne à mourir de faim pour conserver d'inutiles moyens de vivre.

En somme, voulons-nous maîtriser le temps, et rendre sa marche douce et légère? modérons nos désirs et nos craintes, jouissons du présent, non-seulement sans nuire à autrui, mais en lui faisant tout le bien qui dépend de nous. Le vrai sage est celui qui mérite, par l'emploi de son temps, qu'on puisse lui appliquer ces vers de Delille :

> Mais heureux, trop heureux dans sa noble carrière,
> Celui qui, rejetant ses regards en arrière,
> Y retrouve par-tout les vices combattus,
> Les traces du travail et celles des vertus.

DE L'HABITUDE.

On parle souvent avec trop de légèreté de l'habitude, et c'est cependant une des plus fortes racines de notre existence. On dit très-communément : ce n'est qu'une mauvaise habitude, il s'en défera : ce n'est pas un mauvais homme, mais il est faible ; il se laisse entraîner par l'habitude ; il faut lui pardonner son étourderie, ses brusqueries : ce n'est pas défaut d'intention, c'est habitude. On oublie qu'*habitudes* ou *coutumes* sont ce qu'on appelle les mœurs ; que l'*habitude* des penchans bons ou mauvais fait le caractère, comme l'habitude des mouvemens gracieux ou désagréables fait la physionomie ; que cette habitude est, comme on l'a dit, une seconde nature, et qu'elle date souvent de si loin qu'il est impossible de la distinguer de la première.

Un homme n'est pas vicieux parce qu'il a eu une faiblesse ; il n'est pas vertueux parce qu'il a fait une bonne action : c'est l'habitude des vertus ou des vices qui imprime le caractère de sagesse ou de libertinage, de crime ou de probité. L'ame prend, par l'habitude ou du bien ou du mal, un bon ou un mauvais pli ; et lorsqu'il est une fois marqué, rien n'est si difficile que d'en faire disparaître la trace. C'est ce qu'un courtisan sincère fit sentir ingénieusement à Pierre-le-Grand : ce monarque législateur voulait changer les mœurs barbares des Moscovites ; et comme, pour atteindre ce but, l'exemple lui paraissait aussi utile que les lois, il ordonna à un certain nombre de seigneurs russes de voyager en Europe, espérant qu'ils reviendraient de ce voyage assez instruits, assez éclairés pour perdre leurs habitudes; et, pour contribuer au succès de son plan de réforme, il avait choisi, pour remplir son intention, des hommes graves et mûrs. Tous les courtisans louaient avec enthousiasme ce projet, et se prosternaient devant la prévoyance et le génie de l'empereur; un seul sénateur se taisait : et dans les cours, lorsque la flatterie parle, le silence est courage. Pierre lui demanda s'il n'approuvait pas son plan. — « Non, dit le sénateur; ce plan » n'aura pas d'effet, et vos voyageurs ont trop de barbe » au menton : ils reviendront tels qu'ils seront partis. » L'empereur, plein de son idée, et fort de l'approbation de tout ce qui l'entourait, railla le sénateur sur son humeur frondeuse, et le défia d'appuyer son objection d'aucune preuve solide. Celui-ci prit alors une feuille de papier, la plia, et, après avoir passé fortement l'ongle sur le pli, il le montra au czar, et lui dit : « Vous » êtes un grand empereur, un monarque absolu; vous » pouvez tout ce que vous voulez, rien ne vous résiste; » mais essayez d'effacer ce pli, et voyons si vous en » viendrez à bout. » Pierre se tut, révoqua son ordre, et s'occupa de l'éducation de la jeunesse avant de la faire voyager.

Il fit bien, l'éducation devrait être regardée par-tout comme une partie principale de la législation; les peuples modernes s'occupent assez de l'instruction qui ouvre l'esprit, et trop peu de l'éducation qui forme le caractère. Les anciens y pensaient plus que nous; aussi chaque peuple avait alors un caractère national qui nous manque; nous livrons l'esprit à l'école et le caractère au hasard.

L'habitude des bons ou mauvais penchans commence dès la plus tendre enfance, et Montaigne avait raison de dire « que notre principal gouvernement est dans la » main des nourrices. » A Sparte on accoutumait les enfans à rester seuls, à marcher dans l'obscurité, pour les habituer à ne rien craindre; on exigeait qu'ils prissent sur eux de rire et de chanter, tandis qu'on les fouettait, afin de les former à la constance et au courage; enfin, devenus plus grands, lorsqu'ils étaient rassemblés au banquet, un vieillard leur montrait la porte du festin, et leur disait ces mots : *Aucune parole ne doit sortir par cette porte* : leçon journalière qui leur imprimait l'habitude de la discrétion et de la sûreté.

C'est par de pareilles pratiques qu'on ployait les ames à la législation lacédémonienne, et qu'on façonnait les enfans de manière à en faire des hommes qui surpassaient dans la suite tous les autres Grecs en courage et en vertus.

Lycurgue eut beaucoup de peine à persuader à ses compatriotes l'utilité d'une éducation à la fois si forte et si minutieuse; il se servit d'une fable vivante pour les convaincre, et cet apologue d'un nouveau genre eut plus de succès que ses raisonnemens.

Il avait élevé deux chiens, tous deux nés du même père et de la même mère, dressant l'un avec dureté, et donnant à l'autre toute liberté et toute la nourriture qu'il voulait. Un jour, devant l'assemblée du peuple, il fit venir ces deux chiens; en même temps il posa à terre une écuelle de soupe, et fit lâcher un lièvre : le chien dressé courut au gibier, et le chien gâté au po-

tage. « Voyez, dit le législateur, l'effet de l'éducation :
» ces animaux sont de même race et de même sang;
» l'un est gourmand, l'autre chasseur; tel est le résul-
» tat des leçons qu'on leur a données, des habitudes
» qu'ils ont prises. Vos enfans seront des hommes lâ-
» ches ou courageux, selon que vous négligerez ou sui-
» vrez les lois que je vous propose. » Sparte le crut, et
devint la première cité de la Grèce...

On n'ignore pas ces vérités et ces faits, mais nos *habitudes* nous empêchent d'en profiter. Toutes les familles crieraient au despotisme, si on voulait les forcer à donner aux enfans une éducation uniforme et analogue à la forme du gouvernement sous lequel ils sont destinés à vivre. Cependant il est évident qu'une éducation républicaine dans une monarchie sème des révolutions; que des enfans qui, au sein d'une république, seraient élevés dans des principes d'ambition et de monarchie, renverseraient un jour ou défendraient mal les lois de leur pays, et que, sous une constitution libérale et mixte, l'impression faite par des principes trop populaires ou trop despotiques, préparerait pour l'avenir des factions et des déchiremens.

Rappelons-nous nos collèges, nos professeurs, nos livres, nos leçons, et nous verrons que, dans notre enfance, un œil clairvoyant aurait pu discerner tous les différens systèmes qui ont depuis divisé les esprits, désuni les cœurs, et livré notre patrie à des discordes jusqu'à présent interminables. Les idées diverses données à cette enfance sont devenues des *opinions*; les *opinions*, des *habitudes*; et les *habitudes*, des *partis*.

« L'habitude, ainsi que l'a dit un de nos philoso-
» phes, est une violente et traîtresse maîtresse d'école;

» elle établit peu à peu chez nous le pied de son auto-
» rité, et ce qui est hors des gonds de l'habitude nous
» paraît hors des gonds de la raison. » Rien n'est si dangereux ni si difficile que de changer les *habitudes* d'un peuple ; il y tient presque autant qu'à sa vie.

Combien de sang n'a-t-il pas fallu verser pour que la raison chrétienne déshabituât les nations des folies païennes ! Le législateur de la Russie fut plusieurs fois au moment d'être massacré par les Moscovites, parce qu'il voulait les éclairer, les civiliser ; ils s'exposaient en foule à l'échafaud pour ne pas quitter leurs longues barbes et leurs mœurs grossières. Les hommes qui vendirent en France, dans le quinzième siècle, les premiers livres imprimés, furent maltraités, emprisonnés et accusés de magie. On ne saurait croire combien il faut d'efforts dans un climat rigoureux pour persuader aux Tartares de quitter leurs tentes et de bâtir des villages et des villes ; encore aujourd'hui, lorsqu'ils veulent maudire leurs ennemis, ils leur souhaitent de *vivre enfermés dans des enceintes de pierre*.

Nous respectons tout ce qui n'est pas nouveau ; nous pleurons à la vue de la chambre où nous avons passé souvent assez tristement les premiers jours de notre enfance : prenons-nous des livres ? nous critiquons les modernes, nous admirons les anciens : on dirait que l'antiquité est couverte d'un voile sacré qui ne nous laisse voir que la beauté de ses formes, et qui nous cache ses défauts.

Horace remarquait, en parlant de Névius, « que son
» nom était dans la bouche de tout le monde, quoique
» ses ouvrages ne se trouvassent dans les mains de per-
» sonne ; et que tout vieux poëte était révéré, non

» parce qu'il était bon, mais parce qu'il était an-
» cien. »

La force fait craindre les lois, mais c'est leur antiquité seule qui peut les faire respecter. Aussi rien n'est plus solide qu'un antique gouvernement ; il faut de grandes passions, de grands hasards, de longues erreurs pour l'ébranler. Sa durée passée est une forte probabilité pour sa durée à venir.

Ce qui est en même temps très-singulier et très-vrai, c'est que les hommes sont toujours gouvernés et poussés à la fois par deux mobiles bien opposés entre eux, *l'amour de la nouveauté et la force de l'habitude*. L'attrait de l'une les porte au changement ; les chaînes de l'autre les retiennent et les rappellent.

C'est faute d'avoir assez réfléchi à cette double disposition de la nature humaine, que tant de législateurs se sont trompés et ont vu périr leur ouvrage.

Lorsqu'une révolution ne fait que réformer quelques abus et changer une partie des institutions, elle satisfait l'amour de la nouveauté sans contrarier la force de l'habitude, mais si on change à la fois, comme on l'a vu dans certain pays, les lois, le gouvernement, le culte, les usages ; le peuple, bientôt rassasié de la nouveauté qu'il désirait, et gêné dans toutes ses habitudes, se fatigue, s'agite, fermente et tend à de nouveaux mouvemens qui le ramènent en tout ou en partie à son ancien état.

Les Romains, les Anglais, les Américains sont de grands et irrécusables témoins de cette vérité politique ; les révolutions romaines et américaines, ayant laissé intactes la plupart des coutumes et des lois, ont été solides et durables ; tandis que les niveleurs en Angleterre ont vu renverser, en peu de temps, l'édifice qu'ils avaient follement construit sur les débris des vieilles lois et des anciennes coutumes; et Montesquieu nous fait justement remarquer avec quelle promptitude et quelle énergie tous les anciens ressorts du royaume comprimés se relevèrent et firent tomber le poids qui les avait courbés.

Concluons de tout ceci qu'il faut respecter les habitudes d'une nation, parce qu'elles sont encore plus fortes que ses lois. Si ses habitudes sont bonnes, elles font sa vigueur; si elles sont vicieuses, on ne doit les attaquer qu'avec beaucoup de prudence, de temps et de ménagement; il faut y porter, non le feu qui brûle, mais la lumière douce qui éclaire.

Si, après avoir parlé de la morale des peuples, nous réfléchissons à celle des individus, il me semble que l'*habitude* nous offre une question bien digne d'examen.

Vaut-il mieux élever l'enfance par la force de la raison ou par celle de l'autorité? On penche aujourd'hui vers le premier système; le second prévalait autrefois : je ne sais, mais il me semble que, dans un âge si tendre, on est plus susceptible d'obéissance que de persuasion, la raison est un peu incertaine et contestable, le sentiment est positif : je voudrais qu'on ordonnât à l'enfant d'aimer Dieu, ses parens, son prochain, son pays et la vertu; qu'en obéissant à cet ordre il en prît l'habitude; quand cette habitude aurait gravé ces devoirs dans son cœur, la raison pourrait parler sans risque et très-utilement à son esprit. La jeunesse façonnée à la morale par de bons sentimens et par des habitudes acquises, peut raisonner avec moins de danger, et se défendre contre le sophisme qui ne l'attaque que trop souvent sous le nom et sous les armes de la raison.

Je crois que l'homme, ainsi formé, respectera la Divinité en dépit de toutes les objections du pyrrhonisme ; qu'il aimera ses parens malgré leurs défauts ; qu'il sera attaché à son pays et à son gouvernement, quand même il aurait à s'en plaindre ; qu'il fera du bien aux hommes, quoiqu'il éprouvât leur ingratitude et leur méchanceté ; et que, si le tourbillon du monde, l'attrait des plaisirs, l'écartent quelquefois de la vertu, il tendra sans cesse à y revenir, et qu'il pourra être égaré, mais non pas corrompu.

L'essentiel est, ainsi que nous l'avons dit, de donner à l'ame un bon pli, et de faire en sorte que, pour elle, le mal soit un accident, et le bien une habitude.

Pour faire cette impression sur l'ame, prenons l'instrument le plus fort et le plus sûr. On peut me contester ce que j'ai pensé, non ce que j'ai senti. Réfléchissons impartialement, et nous serons convaincus qu'en fait de *première* éducation, *la raison dessine et le sentiment grave*. On peut effacer les traits de l'une ; ceux de l'autre sont indestructibles.

On voudrait en vain mettre en doute la puissance presque irrésistible de l'habitude : sa force est à la fois physique et morale ; elle s'empare de toute notre existence, et modifie notre corps comme notre caractère. Par elle, le nègre brave les feux du Tropique, et le Lapon les glaces de l'Ourse ; le cénobite supporte, par elle, les macérations ; le fakir, les flagellations ; le laboureur, les fatigues ; elle étourdit le soldat sur le bruit et sur les menaces de la mort ; elle fait, pour le riche, un besoin du luxe, une nécessité de la mollesse ; elle rend le sybarite sensible au frottement d'un drap, ou à celui même d'une feuille de rose.

L'habitude de certaines affections de l'ame donne aux muscles du visage un mouvement, une contraction qui se conserve et qui fait lire le caractère sur la figure.

Voyez cette tête haute, ce sourcil arqué, cette lèvre relevée, vous connaissez l'orgueil et le dédain; ces yeux sombres, cette bouche pincée, ces sourcils froncés vous annoncent l'humeur et la brusquerie; ce sourire contraint, ces yeux à demi ouverts, ces regards furtifs et qui évitent la rencontre des vôtres, vous dévoilent la fausseté.

Vous reconnaîtrez, à d'autres habitudes des muscles, celle de la colère, de la peur, de la gaieté, de la mélancolie, et, pour un observateur attentif, la physionomie est le portrait du caractère.

L'habitude nous poursuit dans toutes les positions; elle ne nous quitte quelquefois pas même à l'approche de la mort. Le célèbre du Marsais avait consacré sa vie à l'étude de la grammaire : il était mourant; une députation de l'Académie vint savoir de ses nouvelles, il répondit : « Dites à l'Académie que je m'en vais ou » que je m'en vas, car l'un et l'autre peuvent se dire; » quelques instans après il expira. Le maréchal prince de B..., académicien distingué, était si habituellement livré à l'étude de notre langue, qu'on l'a vu quelquefois, au milieu de graves occupations, recevoir un billet de compliment ou d'invitation, et en corriger la ponctuation et l'orthographe avant de le jeter dans sa cheminée.

Le duc de N... était amoureux d'une dame depuis vingt ans, et lui consacrait régulièrement la fin de toutes ses journées. Elle devint libre; il l'épousa : on peut concevoir leur bonheur. Après la cérémonie du mariage ils dînèrent tête à tête. Le dîner fini, la duchesse s'aperçut que son mari était rêveur et distrait; elle lui demanda ce qui l'occupait si fortement : « Je » songeais, répondit-il naïvement, à une chose qui » m'embarrasse : où pourrai-je aller dorénavant passer » mes soirées ? »

Cette anecdote ne peut lui faire aucun tort ; elle prouve seulement l'étrange force de l'*habitude*, car tout le monde sait qu'il fut toujours aussi bon mari qu'il avait été tendre et fidèle *amant*.

Cette habitude nous maîtrise tellement, qu'elle nous gouverne lorsqu'à peine nous paraissons exister ; elle veille quand l'ame sommeille, elle agit par des songes au moment même où notre corps se livre au plus profond repos : un de nos plus aimables poëtes nous dit :

..... En songe, un orateur
En quatre points encor lasse son auditeur ;
Bercé par le rouet d'une rauque éloquence,
En songe, un magistrat s'endort à l'audience ;
En songe, un homme en place, arrangeant son dédain,
Pour prendre des placets étend encor la main ;
En songe, sur la scène un acteur se déploie ;
L'auteur poursuit sa rime, et le chasseur sa proie ;
Le grand voit des cordons, l'avare de l'argent,
Et Penthièvre ouvre encor sa main à l'indigent.

On ne peut en douter, tout finit par être pour nous *habitude* : l'amour est l'*habitude* du désir, l'amitié est l'*habitude* de l'attrait et de la reconnaissance, la constance est l'*habitude* du bonheur.

Notre travail continuel doit donc être de bien examiner nos penchans, nos affections ; de couper dans sa racine ce que nous y voyons de mal, et de fortifier par l'*habitude* ce que nous y trouvons de bien.

Dans cette étude, l'amour-propre bien entendu, l'honneur, le désir de la louange, la crainte du blâme, nous aideront puissamment.

Charron nous l'apprend : « On commence, dit-il, » à pratiquer la vertu par amour-propre, on continue » par honneur; on persévère par habitude. »

Mais si par malheur nous avons laissé prendre l'empire à des penchans funestes, à des passions coupables, n'existe-t-il plus de ressource pour nous? et l'*habitude*, fermant la porte à tout retour, nous dit-elle, comme dans l'enfer du Dante : *Ici on laisse toute espérance?* Non; mais je n'y vois qu'un remède, c'est le vif aiguillon du repentir. Aussi gardons-nous bien de repousser cette arme secourable; craignons surtout de nous endurcir contre sa douleur salutaire; empêchons que l'*habitude* n'émousse sa pointe; le malheur de l'homme vicieux est de se rendre, par *habitude*, insensible aux remords, comme Mithridate aux poisons.

DE LA VIEILLESSE.

La vieillesse, selon Cicéron, *est à la fois l'objet de nos désirs et de nos murmures.* Chacun s'afflige de se trouver vieux, et tout le monde aspire à le devenir. Tel est le sort des mortels, ils sont effrayés de leur but, et ils voudraient, en y courant, le voir toujours reculer devant eux.

La vieillesse ressemble un peu à la vertu : on la respecte ; mais on ne l'aime pas ; elle annonce la fin du banquet de la vie ; c'est alors, nous dit Voltaire, que

> L'esprit baisse ; nos sens glacés
> Cèdent au temps impitoyable,
> Comme des convives lassés
> D'avoir trop long-temps tenu table.

Cependant, à cette époque de la vie où la vérité sévère remplace les douces illusions, lorsque nos souvenirs, qui sont les vrais précurseurs de Minos, d'Éaque et de Rhadamanthe, ne nous rappellent que de nobles pensées, de belles actions et de bons ouvrages, nous goûtons d'avance le bonheur de l'Élysée ; nous sentons que notre mémoire sera honorée, parce que notre existence a été utile ; et nous jouissons d'une considération qui vaut et remplace bien des plaisirs.

Aussi lorsque vous voyez un vieillard aimable, doux, égal, content, et même joyeux, soyez certain qu'il a été dans sa jeunesse, juste, bon, généreux et tolérant; sa fin ne lui donne ni regret du passé, ni crainte de l'avenir, et son couchant est le soir d'un beau jour.

Les vieillards chagrins sont ceux que leur mémoire tourmente, et qui regrettent une vie mal dépensée.

Dans les pays où la vertu règne, on honore la vieillesse : les peuples corrompus la négligent, la méprisent, la tournent en ridicule sur leurs théâtres. Cicéron, qui tenait encore aux anciens temps, fut le consolateur et le panégyriste de la vieillesse. Juvénal en fit l'objet de sa satire.

Ce poëte mordant se plaît à peindre l'œil éteint, le menton tremblant, le dos voûté, la marche engourdie du vieillard, le supplice qu'il éprouve en s'efforçant vainement de broyer le pain qui le nourrit. Il le représente, au spectacle, suivi d'un valet qui *s'égosille à l'avertir qu'on chante*. Son triste pinceau vous retrace la goutte qui déforme ses pieds, la pierre qui déchire ses reins ; il n'attribue qu'à la fièvre le reste de chaleur qui l'anime. Enfin vous le voyez simple et crédule, victime des charlatans qui hâtent sa mort, ou dupe d'une gouvernante qui lui dicte un testament.

Il n'a pas même pitié de la caducité ; il rit de cette seconde enfance qui confond tous les objets. Sans égard pour ses cheveux blancs, il offre à vos regards le père de famille,

> Qui méconnaît ses parens attristés,
> Cet ami qui soupait la veille à ses côtés,
> Ce fils qu'il éleva, ses filles, et sa femme
> Qu'il appelle monsieur, et son valet madame.

Enfin, en vous rappelant la douleur du père d'Achille, ou les malheurs du vieux Priam, il vous annonce que chaque année de plus vous expose à perdre les objets les plus chers, à voir tout tomber autour de vous ; on dirait qu'il veut vous faire renoncer à vivre, dans la crainte de vieillir.

Voyez ce qui résulte, dans les siècles dépravés, de cet oubli des convenances, de ce mépris absurde pour ce qu'on devrait respecter le plus ! L'expérience devient inutile ; la raison ne peut plus corriger la folie ; les jeunes gens raillent leurs pères, au lieu de les écouter ; la vertu rougit devant le vice ; et le vieillard, triste de son insolement et honteux de ses années, quitte le costume qui lui convient, la gravité qui le décore, pour déguiser son âge qu'on humilie ; ses cheveux blancs se cachent sous une perruque blonde, son menton se garnit d'une grosse cravate, son frac étroit serre et gêne ses membres fatigués, et la crainte du mépris le force à devenir ridicule.

Oh ! que je regrette ce temps où j'ai vu de vénérables magistrats, de respectables guerriers, offrant à notre respect les leçons du passé, les traces du temps, et conservant leur ton et leurs vêtemens antiques ! Ils frappaient nos esprits de la majesté de l'histoire ; nous n'osions nous asseoir devant eux, et nous les prenions avec raison pour nos maîtres et pour nos modèles.

Le temps licencieux de la régence commença, dans ce genre, les modernes saturnales, et les vieux ministres de Louis XIV auraient pu dire au régent, comme Sully à Louis XIII, en présence d'une jeune étourdie qui critiquait sa gravité : *Lorsque le feu roi m'appelait à sa cour pour me consulter, il en chassait préalablement les bouffons et les baladins.*

Mais sans nous arrêter plus long-temps sur un point

qui ne peut être raisonnablement contesté (le respect qu'on doit à la vieillesse), examinons si elle est en effet aussi malheureuse qu'on se le figure, si ses inconvéniens n'ont pas de compensation, et si Dieu, que nous accusons avec autant de légèreté que d'ingratitude, a privé réellement l'hiver de nos ans de toute douceur et de tout plaisir.

Pour moi, je soutiens que sa bonté féconde a répandu des fleurs sur toutes les saisons de la vie ; il ne nous faut qu'un peu de bon esprit pour les bien connaître et les cueillir à propos ; mais il ne faut pas chercher du lilas en été et des œillets en hiver : chaque chose a son temps, et on dit avec raison que celui *qui n'a pas l'esprit de son âge, de son âge a tout le malheur.*

Un *Caton* de vingt ans et un *Adonis* de cinquante sont également ridicules ; nous devons nous regarder vieillir, ne viser qu'aux succès qui conviennent à l'époque où nous nous trouvons, et ne pas oublier les changemens que le temps fait en nous, et que nous remarquons si vite chez autrui.

Il faut nous préserver du ridicule de cette coquette que peint La Bruyère, *qui regarde le temps et les années seulement comme quelque chose qui ride et enlaidit les autres femmes; elle oublie qu'on lit son âge sur son visage, et que la parure, qui embellit la jeunesse, éclaire les défauts de la vieillesse; la mignardise l'accompagne dans la douleur, dans la fièvre, et elle meurt parée en rubans couleur de rose.*

On reproche à la vieillesse *de nous priver des plaisirs, de nous éloigner des affaires, et de nous rapprocher de la mort.* Cicéron y ajoute sans nécessité un autre grief compris dans ceux-ci, *celui d'affaiblir notre corps.*

Nous répondrons avec lui, mais en peu de mots : d'abord, qu'elle calme les passions, sans éteindre les sentimens ; elle ne nous fait perdre des plaisirs que leurs excès ; on a moins d'amour, mais plus d'amitié ; on compose moins, mais on juge mieux ; on ne court plus, mais on se promène ; on cesse de disputer, mais on cause ; on n'est plus matelot, mais pilote ; le conseil remplace le champ de bataille ; au lieu d'apprendre de nouvelles choses, on enseigne les anciennes ; et l'espérance, qui nous guidait sur la terre, nous tourne doucement vers les cieux, notre raison reçoit des hommages plus durables que ceux qu'on rendait à notre figure, et le fruit que nous portons est aussi recherché que la fleur de notre printemps.

L'éloignement des affaires n'est pas un reproche plus fondé. D'abord on pourrait mettre en question si c'est un malheur, et si on a lieu de regretter, dans un port tranquille, les tempêtes de la vie.

D'ailleurs, combien d'exemples fameux n'a-t-on pas à citer pour prouver que la vieillesse n'est pas toujours inactive et sans gloire ? Voyez, chez les anciens, *Nestor*, l'oracle du camp des Grecs ; *Fabius* et *Caton*, soutiens de Rome ; *Sophocle*, à cent ans, excitant l'enthousiasme et triomphant de l'envie ; *Solon*, dictant des lois à sa patrie ; et chez les modernes, *Villars*, vainqueur à Denain ; *l'Hôpital*, sage au conseil, fier et ferme dans l'exil ; *Frédéric*, ombrageant sa vieillesse de lauriers belliqueux et de palmes littéraires ; *Fontenelle* et *Voltaire*, après un siècle de triomphes, rajeunissant encore le Parnasse français.

Mais, dira-t-on, c'est le voisinage de la mort qui est affreux dans la vieillesse. La mort ! eh quoi ! n'est-ce pas le but commun, le sort universel ? Ne meurt-on pas à tout âge ? Dans d'autres saisons on y tombe violemment comme dans un précipice ; après douze ou quinze lustres on y marche par une pente douce ; jeunes, c'est un vol qu'on nous fait ; vieux, c'est une dette que nous payons. Nos sens émoussés sentent moins la douleur de cette séparation, les infirmités mêmes nous y ont peu à peu accoutumés. Notre corps est un logis que le temps use et gâte petit à petit, pour que nous le quittions avec moins de regrets. Le jeune homme court à la mort ; elle vient au-devant du vieillard.

Je pense comme Sénèque qui disait : *Je ne trouve rien de vieilli en moi que les vices ; quitte de ce fardeau, mon ame jouit de ne presque plus avoir rien de commun avec mon corps ; elle s'élance libre et dégagée. A l'entendre, c'est la fleur de sa jeunesse.*

N'en doutons point, tous ces reproches faits au dernier âge sont injustes ; ils partent d'un esprit faux et d'un cœur ingrat. Le système des compensations est vrai quand on ne veut pas le pousser trop loin. Tout est mêlé de bien et de maux dans la vie ; c'est un tableau où la lumière est toujours à côté de l'ombre.

La vieillesse chagrine est le résultat d'une jeunesse mal cultivée : la saine vieillesse qui termine une sage existence, c'est le bon fruit dans sa maturité.

On se plaint des vols que nous fait le temps, mais je ne vois pas que la vieillesse éteigne la piété, refroidisse l'amitié ; elle ne nous enlève ni le désir de l'estime, ni l'amour des lettres, ni les charmes de la conversation ; elle nous dégoûte seulement de ce que nous ne devons pas aimer.

A en croire certaines gens, rien n'est pire que l'épithète de vieux; il n'y a de bon que ce qui est jeune et nouveau. Cependant on peut les forcer à reconnaître que les vieux livres sont encore les meilleurs; qu'une vieille amitié lie plus fortement qu'un jeune amour; que rien n'élève et n'attendrit autant l'ame que les vieux monumens et les vieux chênes. Une vieille coutume est plus respectée qu'une nouvelle loi; les vieux maux sont ceux qu'on supporte le plus facilement. On préféra toujours le vieux vin au nouveau; et on aime presque autant la naïveté du vieux langage, que la grace du parler de l'enfance.

J'ai quitté souvent dans ma jeunesse les plus aimables coquettes de Paris pour passer la soirée chez la vieille Mme *Geoffrin* et chez la vieille Mme *du Deffan*. Elles me faisaient oublier, plus que les autres, la marche du temps, en le remplissant mieux.

La vieille comtesse de *Romanzof*, en Russie, me charmait par sa mémoire, par sa vivacité, par ses récits : elle avait vu bâtir la première maison de Pétersbourg, elle avait été témoin du passage de la barbarie à la civilisation; elle laissait entendre que Pierre-le-Grand l'avait aimée, et que même il n'avait pas été trop mal reçu. En racontant ses voyages, elle me faisait assister au dîner de Mme de Maintenon et de Louis XIV. J'entrais avec elle dans la tente du duc de Marlborough, je la suivais à la cour de la reine Anne : c'était l'histoire vivante, et je ne me lassais pas plus de l'entendre, qu'elle de parler.

En vain cherchera-t-on dans toutes les cours de l'Europe un jeune homme aussi aimable que le prince de Ligne l'était à quatre-vingts ans. Rien ne s'était aigri dans ce vase précieux, tout y conservait la fraîcheur de la nouveauté; son cœur s'était arrêté à vingt ans, et son esprit à trente : toute sa vie n'a été qu'une longue jeunesse.

Il existe donc quelques hommes privilégiés, comme certains climats où règne un éternel printemps; et leur heureuse vieillesse ressemble aux îles fortunées, dont les arbres, toujours verts, portent en tout temps, à la fois, des feuilles, des fleurs et des fruits.

On serait d'abord tenté de croire que la vieillesse, en affaiblissant les organes, diminue le courage; mais l'expérience prouve le contraire : car, ainsi que le dit un ancien, *une longue vie nous apprend à mépriser la mort.*

On quitte avec moins de regrets des jouissances qu'on doit si peu garder; on brave aisément une si faible perte. Un jour de bataille, le vieux soldat rit des longues espérances des jeunes gens, et leur dit : *Devant le canon nous sommes tous du même âge.*

Lorsque tout Athènes tremblait et se taisait en présence de la garde du tyran *Pisistrate*, le vieux *Solon* seul la bravait, et défendait la liberté mourante. Un Athénien lui demanda ce qui pouvait lui inspirer tant d'audace, il répondit : *Ma vieillesse.*

C'est à la fin de notre carrière qu'on sent, comme Charron, *qu'un bon mourir vaut mieux qu'un mal vivre.*

L'aveugle jeunesse regarde la vie comme une propriété; et la vieillesse sent bien que c'est un usufruit; elle y tient moins, et pour cela même en jouit peut-être mieux.

D'ailleurs il y a plus de gens qu'on ne pense qui trouvent que notre existence est assez longue, et que sa fin est le commencement d'un autre bonheur. Ils disent, comme l'auteur de la sagesse : *Que servirait une plus longue vie pour simplement vivre, respirer, manger, boire, voir ce monde ? Faut-il tant de temps pour avoir tout vu, tout su, tout goûté ? Si long-temps pratiquer, et toujours recommencer, à quoi bon cela ? Qui ne se soûlerait de toujours faire même chose ? Si cela n'est fâcheux, c'est au moins superflu.*

Je sais bien que beaucoup de vieillards tiennent fortement à la vie; elle est pour eux une habitude dont ils ne veulent pas se défaire; mais cet attachement même à leur existence en prouve évidemment le bonheur, et démontre mieux que les plus forts argumens que, jusqu'au dernier jour, il existe des liens de plaisirs qui nous attachent au monde.

Non-seulement la vieillesse jouit du présent, mais elle projette encore pour l'avenir. Ne riez pas de ses rêves, elle vous répondrait avec le vieillard de La Fontaine :

> Mes arrière-neveux me devront cet ombrage.
>   Eh bien ! défendez-vous au sage
> De se donner des soins pour le plaisir d'autrui ?
> Cela même est un fruit que je goûte aujourd'hui;
> J'en puis jouir demain et quelques jours encore,
>   Je puis enfin compter l'aurore
>   Plus d'une fois sur vos tombeaux.

L'égoïste ne connaît pas cette jouissance : aussi sa vieillesse est triste; il n'a ni compagnon, ni successeur, ni espoir; il remplit seul maussadement son cercle étroit, comme le limaçon sa coquille. Le passé est pour lui un vide; le présent, un désert; et l'avenir, le néant.

Je sais bien qu'on rencontre des vieillards insupportables par leur caduque vanité, par leur ennuyeux bavardage, et par leur humeur épineuse; entachés d'avarice, et craignant la mort, parce qu'ils sont, ainsi que le dit un de nos vieux moralistes, *acoquinés à la vie.*

Mais ne rencontrons-nous pas une foule de jeunes gens avec les mêmes défauts? ils vous choquent davantage dans le vieillard, parce que vous vous attendez moins à les lui trouver; ses cheveux blancs vous promettaient la sagesse, et ses paroles vous montrent la folie : beaucoup d'hommes ne sont que de vieux enfans.

La vie est un voyage : peu de voyageurs en rapportent une utile instruction; le plus grand nombre n'a vu par-tout que des postes, des auberges, des bals, des spectacles et des filles.

Nous rendons tous, sans le savoir, un juste hommage à la vieillesse, en louant le temps passé aux dépens du temps présent. Ce sont les erreurs et les folies de notre jeunesse qui s'inclinent avec respect devant le souvenir des leçons et des exemples de nos vieux parens; et l'idée de l'âge d'or ne nous est peut-être venue que du temps où notre enfance écoutait les préceptes sages et purs de la vieillesse.

Je crois pouvoir affirmer sans paradoxe, lorsque la vieillesse n'est pas folle, et semblable à une seconde enfance, que, des quatre âges de la vie, le dernier est le plus heureux.

D'abord il s'occupe plus de la divinité, parce qu'il sent plus le besoin d'y croire. Le vieillard est déjà presque plus voisin du ciel que de la terre; l'immortalité de l'ame est la consolation de la mort des sens.

C'est ce que disait si bien à ses enfans le vieux Cyrus

au bord du tombeau : il ne voyait plus son trône à Babylone, mais dans le séjour d'Oromase : et de toute sa gloire, le seul souvenir qui le satisfît était celui de ses vertus.

Toutes les opinions des sages, anciens et modernes, se réunissent pour nous prouver que le seul moyen de bonheur pour l'homme se trouve dans la modération ; c'est le résultat de leur philosophie. Eh bien ! Tandis qu'ils s'efforcent vainement de nous porter à cette vertu qui évite les excès, modère les désirs et calme les passions, la vieillesse le fait tout naturellement.

Existait-il, parmi les sages de la Grèce, un plus parfait modèle de raison et de bonheur que ce vénérable *Ducis*, qui cultivait en paix les lettres et ses champs, au bruit des tempêtes de l'Europe, et qui restait calme, vertueux, aimable et tolérant, au milieu du choc des passions, du débordement des vices, du bouleversement des empires? Ah! c'était bien à lui qu'on pouvait appliquer dans sa douce retraite ces vers de *Raçan* :

> Roi de ses passions, il a ce qu'il désire,
> Son fertile domaine est son petit empire ;
> Sa cabane est son Louvre et son Fontainebleau,
> Ses champs et ses jardins sont autant de provinces ;
> Et, sans porter envie à la pompe des princes,
> Il est content chez lui de les voir en tableau.

DE LA FOLIE.

La Folie avait raison lorsque, par la bouche d'Érasme, elle disait « qu'on ne peut la diviser et la borner, puis-
» qu'elle se trouve par-tout; ni la définir, parce qu'elle
» varie sans cesse, et que la meilleure définition n'en
» donnerait qu'une ombre et qu'une image imparfaite. »

Ce qu'on pourrait dire de mieux, pour s'en faire une idée juste, c'est que la folie est le contraire de la sagesse, comme l'erreur est l'opposé de la vérité; mais on n'en serait guère plus avancé pour cela, puisque les hommes ne s'accordent point sur ce qu'on doit appeler vérité ou sagesse. Chacun les définit différemment, suivant ses passions, sa religion, sa philosophie ou son opinion politique.

Le Brame ne daigne pas manger avec l'adorateur du feu; le Mahométan donne avec mépris le nom de chien au Chrétien; nous appelons les Juifs déicides; ils nous traitent d'idolâtres; le Grec, schismatique à nos yeux, croit que le Romain n'a qu'un culte corrompu; la tolérance est un crime dans un pays, une vertu dans d'autres; le républicain s'indigne de la servitude des cours; le royaliste déteste l'esprit niveleur et factieux du républicain; le militaire dédaigne le commerçant, il ne rêve qu'à la gloire, et brave la fortune comme la mort; le commerçant ne trouve de solide que l'or, et abhorre la folie guerrière; l'homme de lettres envie l'éclat, et prend en pitié la frivolité des gens du monde, qui, de leur côté, se moquent de la vanité des auteurs, des disputes des savans, de la pédanterie des légistes.

Consultez-vous les philosophes pour mieux connaître la vérité et la sagesse ? l'un vous parle de tourbillons, de plein ; l'autre, de vide et d'attraction. Comment vous décider entre la métaphysique de Platon et celle d'Aristote ? Seriez-vous dans le dogme avec Zénon, dans le doute avec Carnéade ? Adoptez-vous les atomes d'Épicure et l'inaction de sa divinité ; l'eau de Thalès, l'infini de Parménide, les nombres de Pythagore, la sympathie et l'antipathie d'Empédocle ? Croirez-vous aux monades de Leibnitz, aux esprits de Schweidembourg, à la contemplation intime de Kant, aux visions de saint Martin, à l'influence irrésistible des protubérances de Gall, à la prévision prophétique des somnambules de Mesmer ? Vous contenterez-vous de l'adroite doctrine de Molina ? Vous soumettrez-vous à la rigueur subtile de Jansénius ? Croirez-vous aux revenans avec la superstition, au néant avec l'athéisme ? Direz-vous, avec les stoïciens, que la goutte n'est pas une douleur ? Croirez-vous à la volupté d'Épicure, au cynisme de Diogène ? où plutôt ne conviendrez-vous pas, comme Salomon, *que tout est folie dans ce monde ?* comme Socrate, *que la seule chose que nous puissions savoir, est que nous ne savons rien ?* comme Cicéron, *qu'on ne peut rien imaginer d'extravagant et d'absurde, qui n'ait été dit par quelque savant et cru par quelque peuple ?* et enfin ne direz-vous pas, comme notre naïf et sincère Montaigne : *Ah! que celui qui fagoterait habilement un amas de toutes les âneries de l'humaine sapience, dirait merveilles!*

Croyez-moi, rangeons-nous à l'avis de ces derniers; et, puisqu'on ne peut éviter avec certitude l'erreur et la folie, choisissons au moins celles qui nous feront du bien, et qui ne peuvent faire de mal à personne. Or, je crois que, dès qu'on connaît son ignorance et sa folie, elles ne sont plus dangereuses; cette connaissance tue l'orgueil et fait naître l'indulgence; c'est peut-être le plus grand pas que l'homme puisse faire du côté de la raison. Cette considération est ce qui m'engage à vous prouver que nous avons tous notre coin de folie.

Vous qui me lisez, vous en avez votre part, petite ou grande; et c'est, sans vous offenser, ce que je désire vous persuader, pour votre bien et pour le nôtre.

La pire des folies est celle qui vous porte à croire que vous avez trouvé la sagesse : en effet, un fou, qui se croit sage, méprise ou hait tout ce qui ne pense pas comme lui; il veut, pour le bien public, forcer son prochain à se soumettre à son opinion; tout homme qui émet un avis opposé au sien est un ennemi de l'ordre, de l'état et de Dieu : dans sa hautaine folie, dans sa sottise glorieuse, il dit :

> Qui méprise Cotin n'estime pas son roi,
> Et n'a, selon Cotin, ni dieu, ni foi, ni loi.

Cet orgueil irrite les orgueils contraires; on s'aigrit, on se bat, on s'emprisonne, on se déchire; et ce monde devient un véritable enfer, par l'extravagante prétention de forcer la chose la moins comprimable après l'eau, la pensée.

Voyez au contraire ce qui arriverait s'il nous plaisait de croire (ce qui est assez probable) que cette terre habitée par nous n'est autre chose que *les Petites-Maisons de l'univers!* Reconnaissant alors notre ignorance et notre folie, comme nous serions tous indulgens les uns pour les autres! Les fous méchans et furieux seraient les seuls qu'on éviterait; mais, en les enchaînant, on les plaindrait encore. Quant aux folies vulgaires, chacun rirait de celle d'autrui, mais avec un petit retour sur soi-même qui empêcherait de mépriser les autres, de peur qu'ils nous le rendissent; et vous verriez la concorde régner par-tout, parce que personne ne se flatterait d'avoir le privilége de la raison, et le droit de faire adopter sa manière de voir et de sentir.

Puisque tout homme a, selon moi, sa part de folie, j'avoue la mienne: elle consiste à penser qu'on pourrait amener les hommes à la paix et à la tolérance. Je suis en cela moins exigeant que le divin législateur; il a dit aux hommes: *Aimez-vous;* moi je leur dis: *Supportez-vous.*

Mais, pour se supporter, je le répète, en dépit de l'orgueil humain, il faut d'abord qu'ils avouent qu'ils sont tous plus ou moins ignorans et fous. On a dit que le *doute était le commencement de la sagesse*; eh bien! j'adopte cette maxime; et, pour nous accorder, s'il vous en coûte tant d'avouer que vous avez une grande dose d'ignorance et un grain de folie, doutez seulement, avant de prêcher et d'affirmer, si vous voyez clairement la vérité; doutez si vous êtes dans le chemin de la droite raison; et si vous possédez la vraie sagesse : ce doute suffira pour vous rendre plus modestes, plus justes et plus tolérans.

Ce doute salutaire nous garantira encore de beaucoup de prétentions et de faussetés. Nous ne chercherons plus à jouer tant de rôles, n'étant pas bien sûrs de la beauté de celui qui nous tenterait : nous serons plus francs, plus naturels, et par cela même plus aimables.

Nous aurons enfin plus de modération dans nos désirs ; car, ne croyant pas connaître avec certitude ce qui peut faire notre bonheur, nous demanderons aux dieux, comme faisait un philosophe, « non ce qui nous » paraît souhaitable, mais ce qu'ils croiront nous être » utile. » Et si les doctes du jour se moquent de notre incertitude, de notre simplicité, et du peu de progrès que nous faisons dans la science, nous leur répondrons avec Montaigne, « que nous préférons l'ignorance abé- » cédaire qui précède la science, à l'ignorance docto- » rale qui la suit. »

Et pourquoi serait-il donc si difficile de prouver aux hommes leur ignorance et leur folie ? Qu'ils ouvrent les yeux, qu'ils regardent ce qui les entoure, et qu'ils examinent avec un peu de mémoire et de bonne foi, ils seront bientôt de mon avis, et se trouveront le même défaut de lumière et de sagesse que je confesse, pour ma part, en toute humilité comme en toute vérité.

Mes chers confrères en imperfection et en inconséquence, je vous interroge, répondez-moi : N'avez-vous jamais flatté le pouvoir, encensé la fortune, dédaigné la pauvreté ? Avez-vous toujours agi par conviction et sans passion ? Est-ce l'habit ou le mérite, la richesse ou la vertu qui ont attiré vos égards ? Avez-vous toujours dit la vérité à votre ami en faveur, et ne l'avez-vous jamais négligé dans la disgrace ? Avez-vous rendu justice à vos rivaux, et l'envie ne vous a-t-elle jamais irrités contre le succès ou la supériorité d'autrui ? N'avez-vous pas imité, quelquefois avec excès, ce que vous blâmiez avec fureur dans un parti contraire ? Avez-vous toujours entendu parfaitement les questions que vous tranchiez, et qui divisent le monde depuis deux ou trois mille ans ? Vos opinions ont-elles toujours été dictées par l'amour du bien public et non par intérêt privé ? N'est-ce pas la vanité qui a fait combattre les uns pour l'égalité, les autres pour l'hérédité des rangs ? Vos femmes politiques n'auraient-elles pas donné souvent des sujets excellens de comédie, d'une part à un nouveau Vadé, de l'autre à un nouveau Molière, toutes les fois qu'elles ont tenu le *dé*, non pour *coudre*, mais pour *professer* ? Est-ce la raison ou la mode qui vous fait juger des réputations ? Savez-vous, voulez-vous, comme Anacharsis, régler les premiers rangs *selon les vertus*; et les derniers *selon les vices* ? N'avez-vous jamais gâté la valeur par des excès, et la victoire par des rigueurs ? N'avez-vous pas souvent oublié, les uns vos fautes, les autres votre origine ? et, dans d'autres genres, n'en vois-je pas parmi vous qui aliènent leurs champs pour acheter des tableaux qui ne sont que des copies, et qu'ils croient des originaux ? d'autres qui engagent les bijoux de leurs femmes, pour acheter une médaille de l'impudique Faustine ou de l'imbécille empereur Géta, qui faisait servir sur sa table tous ses mets par ordre alphabétique ? N'en avons-nous pas vu qui vendaient leurs bois pour acquérir des tulipes noires ou vertes, et d'autres qui mettaient aux oreilles d'une courtisane trompeuse la dot de leurs femmes ou de leurs filles ?

Quelles sont ces nombreuses et graves assemblées où règne le plus profond silence; où l'attention fixée ne saurait être détournée par aucun bruit ? On y reste la moitié du jour, et toute la nuit, occupé du même objet. Est-ce une académie de savans, un sénat qui doit nous donner des lois, un conseil de ministres qui va guérir nos maux et fixer nos destinées? Non, c'est une assemblée d'insensés qui font dépendre leur bonheur de l'apparition sur un tapis vert d'une *couleur noire* ou d'une *couleur rouge*. N'avez-vous jamais fait partie de ces cercles funestes, et n'y avez-vous pas quelquefois risqué le bien de vos créanciers, le repos de votre famille et de votre honneur?

Si vous me répondez avec sincérité à toutes les questions, vous reconnaîtrez que vous êtes de vrais fous; je vous embrasserai comme confrère; et, pour vous consoler de cet aveu qui vous embarrasse, je vous dirai quelques mots en faveur de la *folie*, car elle est, comme tout ce qui existe dans le monde, mêlée de bien et de mal : elle a ses plaisirs et ses peines, ses avantages comme ses inconvéniens; tout dépend du choix, du genre des folies, et il en est telle qui fait rêver le bonheur, et dont je ne voudrais pas guérir.

Séparons d'abord, avec soin, de la *folie*, ce qu'on prend mal à propos pour elle, c'est-à-dire, l'imbécillité ou la fureur, qui sont deux maladies, et même ces folies cruelles et tyranniques qui portent les hommes à se persécuter, à se mépriser, à s'égorger pour des opinions. Reléguons les unes dans les hôpitaux; fuyons les autres; il faut abandonner la guérison des premières aux médecins, et celle des secondes au temps.

Ne parlons que de la *folie* commune : l'amour-propre et la fortune lui ont donné le jour; c'est elle qui excite nos désirs, qui décide nos penchans; c'est elle qui embellit ou enlaidit, grandit ou rapetisse tout à nos yeux;

Sa baguette transforme pour nous le plaisir en bonheur, le hasard en justice, la faveur en mérite, la mode en talent et en beauté, l'espoir en jouissance, la chimère en réalité; en un mot, c'est la décoratrice, l'enchanteresse et la reine du monde.

Puisque nous sommes tous ses sujets, pourquoi nous révolter contre elle? Elle rit de nos menaces, de nos déclamations, et nous gouverne à sa fantaisie. Au lieu de fronder sa cour, regardons-la comme un grand spectacle que les dieux nous ont donné, et où nous sommes acteurs et spectateurs tour-à-tour.

Ne prétendez-vous que vous y divertir, combien de scènes amusantes vous offriront cet ami de la liberté qui déclame au *forum* contre le despotisme, et qui, bourrant ses gens et grondant sa femme, est un tyran dans sa maison; cette vieille coquette qui, à force de répéter qu'elle est encore jeune, a fini par se le persuader; ces esprits forts qui se moquent des miracles, et qui croient aux tireuses de cartes; ce philosophe cordonnier qui prêche l'égalité, et qui chasse son fils, parce qu'il veut épouser la fille d'un savetier; ce comédien qui est assez fou pour croire jouer un rôle politique, et ce parterre assez puéril pour y prendre garde, et pour juger de l'opinion de l'acteur au lieu de son talent; ce médecin qui oublie fort heureusement de tuer ses malades, pour opérer le salut de l'état par un mauvais mémoire diplomatique; enfin, cette petite maîtresse qui se brouille avec sa marchande de modes, parce qu'elles ne sont pas de la même opinion sur le Code pénal.

Notre folie est non-seulement divertissante, elle est parfois encore très-utile à ceux qui savent en tirer parti. Admirez avec quelle facilité on nous mène, on nous tourne, on nous retourne, en connaissant notre faible et en touchant à propos notre marotte! Jamais soldat n'a suivi le commandement avec plus de célérité; jamais marionnette n'a obéi plus docilement au fil qui la tient suspendue.

Voyez comme la faveur nous attire, comme la disgrace nous éloigne; avec quelle agilité nous courons après celui qui nous prête, et nous fuyons celui qui nous emprunte! Remarquez-vous la fierté qui nous redresse devant la critique; la fausse modestie qui nous courbe devant la louange? Combien nous nous empressons d'offrir nos services au grand qui n'en a pas besoin; comme nous marchons lentement au secours du faible et du malheureux qui les sollicitent! Quand nous demandons conseil, avec quelle naïveté nous allons au-devant de l'approbation, avec quelle humeur nous tournons le dos à la vérité! Comme nous vantons les femmes vertueuses, en les évitant; comme nous dénigrons les femmes galantes, en courant après! Quand on parle des défauts d'autrui, que de flambeaux nous prenons pour les éclairer; quand on veut montrer les nôtres, que de voiles nous cherchons pour les couvrir! Combien nos scrupules sont inébranlables contre l'ambition des autres; avec quelle faiblesse ils chancellent au moindre signe que nous fait la gloire ou la fortune!

Réfléchissez à toutes nos faiblesses, et vous verrez que tout peuple peut se gouverner avec un fil, si vous y attachez un peu d'espoir de gloire pour les guerriers, de fortune pour les courtisans, de pain pour l'agriculteur, de protection pour le commerce, de considération pour les lettres et pour les arts, de respect pour la croyance, et de liberté pour les philosophes.

Ainsi, faites une petite provision de feuilles de chêne, de laurier, d'olivier, d'épis, d'écus et de cordons, en y joignant le bandeau de la tolérance, et vous aurez trouvé le secret de gouverner les hommes sans danger, sans obstacle et sans efforts.

Les marottes des hommes de différentes classes d'une nation deviennent ainsi des appuis, lorsqu'on s'en sert habilement; autrement elles peuvent devenir des massues, et l'histoire nous l'a prouvé. On n'a pas méprisé la folie dans tous les temps et dans tous les pays, comme on le fait chez nous aujourd'hui. En France, elle avait, avec les *ânes*, sa fête et ses hymnes, qu'on célébrait et qu'on chantait dans les temples; la Grèce l'avait sans honte placée au nombre des dieux; en Turquie et dans tout l'Orient, les fous sont révérés à l'égal des saints. Cicéron dit « qu'on ne pouvait prophétiser et prononcer » des oracles que dans le délire ou dans le sommeil. »

Autrefois on trouvait en Europe, dans toutes les cours et chez tous les grands, des fous dont beaucoup d'ambitieux pouvaient envier le bonheur et la fortune : ils avaient le privilége rare de dire des vérités impunément : c'est peut-être le danger de ce droit qui en a fait tomber la mode.

On se rappelle que le fameux Triboulet, le même qui proposait son bonnet à Charles-Quint s'il traversait la France, et à François Ier s'il l'en laissait sortir, étant un jour témoin d'une grande délibération des ministres et des généraux sur les moyens de pénétrer en Italie, s'écria : « Ces messieurs examinent bien tous les » moyens d'entrer dans ce pays; mais, par Dieu, je » voudrais qu'ils avisassent aussi un peu aux moyens » d'en sortir. »

On voyait encore, il y a trente ans, en Russie, quelques seigneurs qui avaient conservé l'usage d'entretenir près d'eux cette sorte de bouffons favoris. Celui du prince Potemkin s'appelait Mosse : il était original, assez instruit ; et, au milieu de ses facéties, il lui échappait souvent des traits aussi caustiques que hardis.

- Un jour le prince jouait aux échecs avec l'ambassadeur de France, en présence de plusieurs officiers et d'un assez grand nombre de personnes de la cour ; il était, à cette époque, assez mécontent de la politique du cabinet de Versailles, qui contrariait ses vues ; il voulut, pour se divertir, embarrasser l'ambassadeur français ; il appela son fou (Mosse), et lui dit : « Je voudrais
» savoir ce que tu penses des nouvelles que nous rece-
» vons de Paris ; on y va convoquer les états-généraux
» du royaume : parle, et dis-nous ce qui en résultera. »

Mosse alors, sans se faire prier, se mit à parler, à pérorer, à déclamer pendant un quart d'heure avec une extrême volubilité ; développant à loisir son indigeste et comique érudition ; confondant les faits, les règnes, les dates, les Albigeois, les protestans, les jansénites, mais citant des anecdotes vraies, et faisant, de tout son discours, un tableau grotesque et satirique qui présentait, en ridicule, notre cour, notre clergé, nos parlemens, notre noblesse et notre caractère national ; et la conclusion de toutes ces épigrammes était la prédiction d'un bouleversement général et d'une folie universelle qui gagneraient l'Europe, à moins qu'on ne mît à la tête des affaires des sages comme lui, à la place des fous qui les gouvernaient.

Pendant cette belle sortie contre la France, les assistans regardaient malignement le ministre français, et le prince riait sous cape de l'embarras où il le jetait, en lui faisant entendre tant de sottises contre son pays, ou en le compromettant avec un fou.

L'ambassadeur ne perdit pas la tête, et voulut prendre sa revanche. Il n'ignorait pas à quel point on était alors forcé d'être silencieux et circonspect à Pétersbourg, sur la politique et sur les opérations du gouvernement, qui ne souffrait pas qu'on en parlât. Au lieu de se fâcher contre le harangueur, il lui dit : « Mon » cher Mosse, vous êtes un savant homme ; mais depuis » vingt ans vous n'avez pas vu la France, et votre mé- » moire, bien que prodigieuse, vous trompe, car vous » venez de faire un rude mélange d'erreurs et de vérités; » mais pourtant votre beau discours me fait croire que » vous seriez bien autrement éloquent et intéressant, » si vous vouliez nous parler de la Russie que vous con- » naissez bien mieux, et de la guerre qu'elle soutient à » présent contre la Turquie. » A ces mots le prince fronça le sourcil et fit au fou un geste menaçant ; mais l'intrépide Mosse, qui était en train, et que les éloges encourageaient, prit la parole avec feu, et ménagea encore moins la Russie que la France ; il s'étendit avec complaisance sur les inconvéniens de l'esclavage du peuple, du despotisme de la cour, sur l'incomplet de l'armée, le vide du trésor, le discrédit de la banque : « Que penser enfin, dit-il, d'un gouvernement qui voit » ses affaires en si piteux état, et qui va dépenser tant » d'argent et tant d'hommes pour acquérir quelques » déserts et gagner la peste? Pourquoi veut-on se rui- » ner, se saigner à ce point, et armer peut-être toute » l'Europe? Vous ne le devinez pas, je vais vous le dire; » c'est pour amuser un grand prince, ici présent, qui

» s'ennuie; et pour lui donner le plaisir d'ajouter le
» grand cordon de Saint-Georges aux trente ou qua-
» rante cordons dont il est déjà bariolé, et qui ne lui
» suffisent pas. » A ce trait, le ministre de France rit aux éclats, les assistans s'étouffent pour ne pas l'imiter, et le prince, furieux, renverse la table et jette les échecs à la tête de Mosse qui s'enfuit. L'ambassadeur alors représenta au prince qu'ils seraient tous deux moins sages que Mosse s'ils se fâchaient de sa folie, et la soirée se termina, en riant, aussi amicalement qu'elle avait commencé.

Nous sommes convenus à présent, j'espère, premièrement, que nous avons tous, plus ou moins, notre part de folie; secondement, que la folie a son bon comme son mauvais côté, et qu'elle peut être souvent agréable et utile. Maintenant, ce qu'il faut examiner, c'est le moyen de nous délivrer, autant que nous le pouvons, des inconvéniens de la folie, et de n'en conserver que les avantages.

Le travail est plus simple qu'il ne le paraît au premier coup-d'œil : ne cherchons pas à guérir des folies qui nous trompent en nous caressant, mais qui nous plaisent sans nous nuire, et qui nous font rêver le bonheur sans troubler le bonheur d'autrui.

Croyons à la constance de tous nos amis, à la fidélité de nos maîtresses; livrons-nous, en obligeant, à l'espoir de la reconnaissance; ne doutons pas de la justice de l'opinion publique, en travaillant à la mériter; espérons que la nature nous conservera constamment la force et la santé, ou que le médecin nous les rendra; ne refusons pas la volupté sans excès, et laissons-la nous abuser sur sa durée, livrons-nous sur-tout avec confiance à l'étude, aux arts, aux lettres : je sais que les Muses, en nous promettant la gloire, ne donnent souvent que le plaisir de l'espérance ; mais c'est bien le cas de dire avec Delille :

>Promettre, c'est donner ; espérer, c'est jouir.

Leur bienfait le plus réel est de nous rendre meilleurs et plus heureux.

Voilà les douces folies que nous pouvons, que nous devons garder ; sans elles, l'existence serait un fardeau, par elles, la vie est un rêve agréable.

Mais fuyons les autres folies qui nous aveuglent, qui nous dépravent, et qui nous font creuser de nos propres mains l'abîme du malheur sous nos pas.

Corrigeons-nous de l'avarice, de l'ambition, de la haine, de l'envie, de l'intempérance, de la colère, de la peur, de l'intolérance, enfin de toutes ces *folles* passions qui nous tourmentent et qui portent à tourmenter les autres.

Mais, me direz-vous, nous y travaillons. Donnez-nous du temps : moins jeunes, nous serons moins passionnés. Je vous répondrai comme Horace à ce fou qui attendait au bord d'une rivière que toute cette eau, qui courait, fût écoulée : « Mon ami, qu'espères-tu ? cette » onde coule et coulera toujours. » L'un de vous me dira peut-être : Prenez un peu de patience, j'ai déjà fait de grands pas, je suis guéri de ma colère ; l'autre, de mon ambition ; d'autres, de telle ou telle erreur. Ne vous endormez pas sur cet oreiller ; travaillez toujours, et croyez, comme Horace et comme moi, que nous avons tous tant de folies différentes, qu'en en retranchant une seule, *nous ne faisons qu'ôter une épine d'un buisson.*

RIEN DE TROP.

La Fontaine a raison :

> ...... Rien de trop est un point
> Dont on parle beaucoup et qu'ou n'observe point.

Tout le monde convient de l'utilité de la modération, du danger des excès, de la folie des passions. On estime sage celui qui voit les choses telles qu'elles sont, et qui les apprécie à leur juste valeur ; on regarde comme un insensé l'homme qui voit tout avec un microscope ou avec un prisme qui embellit ou enlaidit, grandit ou rapetisse tout, suivant son désir ou son dégoût, sa crainte ou son espérance. On sait que le bonheur est inséparable de la modération dans les qualités, dans les peines, dans les plaisirs, dans les désirs et dans les sentimens ; et cependant chacun exagère ses biens, ses maux, ses haines, ses affections, ses éloges, ses critiques, ses volontés, ses espérances, ses frayeurs.

Personne ne veut être tendre, mais passionné ; considéré, mais célèbre ; à son aise, mais opulent. On ne se contente pas du bien, on veut le mieux ; on ne se borne pas à s'affliger, on se désole ; on n'approuve pas, on flatte, on exalte, on divinise ; ce n'est pas assez de critiquer, on déchire ; ce qu'on aime est parfait ; ce qui déplaît est affreux, détestable. On est ou enivré ou dégoûté, vain ou humilié, téméraire ou pusillanime :

ceux qui pensent comme nous sont des gens de bien; les autres, des valets ou des factieux. Jamais nous ne sommes dans le milieu, toujours au-delà des bornes; et, tout en faisant l'éloge de la modération, nous la fuyons de toutes nos forces. La médiocrité, que les philosophes disaient d'or, cette médiocrité qui seule rend sage et heureux, est ce que nous craignons et ce que nous méprisons le plus.

Tous les moralistes, puisqu'ils prétendent être les médecins de nos ames, ne devraient jamais se lasser de rebattre ce point. L'exagération est notre péché originel, notre défaut radical, le principe de nos vices, la source de toutes nos erreurs, la cause de tous nos chagrins; et, quand elle ne nous rend pas méchans, vindicatifs, cruels et malheureux, elle nous rend très-ridicules.

Un magicien qui aurait un miroir capable de dépouiller les objets de leurs illusions, et de les faire voir aux hommes tels qu'ils sont, changerait le genre humain et la face du monde; mais, avant d'y parvenir, il ferait bien de s'assurer du secours des esprits infernaux, et de bien prouver sa puissance; car il commencerait par se faire un terrible nombre d'ennemis en disant la vérité: il y a bien peu de gens pour qui elle ne soit pas une sorte d'injure.

On ne peut guère nous faire voir nos portraits bien ressemblans sans nous montrer injustes, inconséquens et fous, et c'est ce qu'on n'aime pas à reconnaître publiquement, quoique parfois, entre quatre rideaux, et dans des intervalles de raison, on s'en aperçoive assez bien.

Ce magicien ferait même, je crois, prudemment, en

imitant les auteurs comiques, de laisser notre image sous une gaze, et de ne nous montrer que celle des hommes qui nous ressemblent, afin de ne nous frapper qu'indirectement et par contre-coup.

La plus dangereuse et la plus commune de nos exagérations est celle qui ne nous fait voir que des vices et des défauts dans nos rivaux, dans nos ennemis, et qui nous aveugle totalement sur leurs bonnes qualités les plus évidentes.

Éraste est un vieux guerrier qui a toute sa vie été attaché aux principes, aux coutumes, et même aux préjugés des temps anciens: c'est un courtisan probe, instruit, un gentilhomme loyal, estimé à la ville et chéri dans sa province; mais il croit que la gloire et la tranquillité de l'état sont liées inséparablement à l'existence des anciens usages, et il se fait un point d'honneur de les défendre. Tout ce qui est étranger à l'ordre qu'il a vu régner autrefois lui paraît confusion et folie. Sujet soumis, militaire distingué, bon maître, respectable père de famille; on ne peut lui reprocher aucune déviation des règles de la justice et de l'honneur; mais il juge avec humeur tout ce qui est nouveau; il ne raisonne pas en politique; il se passionne, et tout système qui est à la fois sentiment et religion doit être inflexible par sa nature: car on efface souvent ce qui est tracé dans l'esprit, et jamais ce qui est gravé dans le cœur.

Eh bien! parlez de lui à Damon: c'est un jeune homme enthousiaste dès son enfance d'Athènes et de Rome, et qui ne peut séparer l'idée du bonheur de celle de la liberté; il méprisera la vieille vertu d'Éraste. Comment, dira-t-il, voulez-vous que j'estime un homme encroûté de préjugés, un égoïste qui veut nous enchaîner dans les ténèbres, pour nous conduire à son gré par des lisières, et qui sacrifierait les droits et le bonheur de l'humanité, pour rétablir les priviléges de sa caste ?

Où je n'aperçois pas le noble amour de la liberté, je ne vois que de l'intérêt personnel, de la vanité ; et aucun sentiment honnête ne peut se concilier avec ceux de la servitude.

Je suis sûr qu'Éraste, que vous vantez, est un tyran dans son village et dans sa famille, et que les vieux droits de son donjon lui paraissent plus sacrés que la gloire de son pays.

Vous avez beau faire, vous ne convaincrez pas Damon de son injustice ; et croyez-vous qu'à son tour Éraste sera plus raisonnable en parlant de Damon ? Vous vous trompez : vainement vous lui direz que ce jeune homme est bon fils, mari fidèle, ami sûr, qu'il a autant de vertus que d'esprit, qu'il est vaillant, humain, généreux, serviable, et que la douceur de son caractère le fait aimer par tout ce qui le connaît.

C'est un mauvais sujet, dira le vieux baron ; je le désavoue pour parent, l'honneur me défend toute liaison avec lui. Quelles bonnes qualités peut-on supposer à un factieux, à un innovateur ? Ne m'en parlez plus, c'est un jacobin.

— Mais de sa vie il n'a été dans un club : il sert bravement son prince. Si ses passions sont vives, elles sont nobles ; il ne rêve que la gloire et le bonheur de son pays, et serait incapable de troubler l'ordre public pour soutenir des opinions libérales qu'il a puisées dans nos livres classiques.

— Finissons ce propos ; je ne veux plus qu'on m'en parle. Il a, dites-vous, des idées libérales : eh bien ! je n'ai rien de commun avec ces idées-là ; c'est de la philosophie, de l'idéologie, et voilà tout. Adieu.

La sottise et la passion de nos jugemens sont encore bien plus excessives lorsque nous parlons des hommes que la fortune a élevés à d'importans ministères ou à de hautes dignités.

Ils ont presque également à redouter la flatterie qui les encense pour les enivrer de ses poisons, et l'envie qui les épie pour les déchirer. Ceux qui espèrent ou obtiennent leurs faveurs en font de grands hommes, des demi-dieux : c'est Sully, Colbert, l'Hôpital, qui sont ressuscités ; ils obscurcissent, à force de fumée, leur mérite réel, et les élèvent sur des échasses qui les font tomber.

D'un autre côté, les rivaux de leur pouvoir et de leur crédit aiguisent contre eux tous les poignards de la satire et de la calomnie.

Écoutez un membre de l'opposition lorsqu'il peint un ministre : c'est toujours un homme inepte ou corrompu ; sa sévérité est taxée de despotisme ; sa bonté, de faiblesse. Est-il économe, c'est un avare ; généreux, c'est un dilapidateur ; soutient-il l'autorité, c'est un ambitieux partisan du pouvoir arbitraire ; se montre-t-il indulgent et populaire, il est faible et idéologue ; s'il vous résiste, c'est un entêté ; s'il vous cède, il est inconséquent et pusillanime.

On pourrait lui répondre, comme Figaro : Aux qualités que vous exigez dans un domestique, *connaissez-vous beaucoup de maîtres capables de vous servir ?*

Les tribuns du peuple étaient parvenus, par leurs

intrigues, leurs déclamations et leurs calomnies, à enflammer les Romains d'un tel courroux contre le sénat, qu'il pouvait en résulter un bouleversement général. Pacuvius usa d'un moyen assez adroit pour apaiser cette agitation.

Il parut d'abord partager l'animosité des factieux, et proposa de chasser les sénateurs qui déplaisaient; à condition que chacun d'eux serait remplacé par un homme de bien, à l'abri de tout reproche; et universellement estimé.

Pour commencer cette opération, on lut la liste des sénateurs. Au premier nom de sénateur qui sortit de l'urne, tous les citoyens éclatent en plaintes et en invectives contre lui. Fort bien, dit Pacuvius, il paraît que cet homme n'est pas pur, c'est un mauvais citoyen : renvoyons-le, et nommons quelqu'un pour le remplacer.

On fit alors un grand silence; mais toutes les fois qu'une voix s'élevait pour proposer un remplaçant, mille voix éclataient contre lui, et lui imputaient mille défauts pour le faire rejeter.

Après plusieurs épreuves semblables, le peuple, voyant qu'on ne pouvait s'accorder sur aucun choix, se lassa de cette discorde, et décida que les choses resteraient telles qu'elles étaient, puisque le remède paraisssait pire que le mal.

L'exagération en amour, en amitié, en générosité, en bienfaisance, a souvent de fâcheuses suites ; elle mène à la jalousie, à la faiblesse, à la prodigalité, à la ruine; mais pourtant, en ce genre, le trop vaut mieux que le trop peu : ce sont des maux qui font du bien. On supporte les peines produites par le plaisir, on pardonne aux défauts qui doivent leur naissance à quelques vertus.

Ce sont les sentimens fâcheux, tristes et pénibles qu'il faut sur-tout modérer et réprimer, lorsqu'on ne peut pas les détruire.

La colère, l'envie, la vengeance, la haine, voilà les vrais fléaux de l'humanité, les torches qui embrasent la terre ; et ceux qui se servent de leurs funestes glaives en sont eux-mêmes les premiers blessés.

Fera-t-on à son ennemi le mal qu'on projette ? c'est une chose douteuse : mais vouloir faire le mal, mais haïr, c'est déjà une peine certaine qu'on éprouve.

Aimer est un bonheur, haïr est un tourment.

L'amour est la loi du ciel, la haine est celle de l'enfer.

Plutarque dit que « Caton et Phocion ne prenaient
» inimitié quelconque à l'encontre de leurs citoyens,
» pour aucuns différends qu'ils eussent avec eux rela-
» tivement au gouvernement ; ainsi se rendirent seu-
» lement implacables où il était question d'attaquer et
» d'offenser leur pays. Il ne faut, disaient-ils, ré-
» puter ennemis que ceux qui sont les bosses et les
» pestes d'une cité. Quant à ceux qui ne sont que dis-
» cordans, il les faut ramener à une bonne harmonie,
» en roidissant et relâchant tour-à-tour ; ainsi que fe-
» rait un bon musicien, et non pas en se mettant en
» courroux contre eux avec outrage et injures. »

Lorsque Catherine II apprenait que quelques fautes avaient été commises par ambition, intérêt, faiblesse, erreur, légèreté, loin de se livrer à la colère qu'on voulait lui inspirer, elle disait : « C'est de *l'hommerie*;
» il faut redresser et non couper. J'aime à louer tout
» haut, à gronder tout bas. »

J'ai vu beaucoup de gens dans le monde qui exigent pour toutes les places et pour toutes les affaires trop de mérite et de talens ; ils méprisent à tort l'honnête médiocrité ; la probité, l'exactitude, l'activité, ne sont rien pour eux si elles manquent de brillant et d'éclat : se montrer si difficile, c'est être exagéré, injuste et malhabile.

Je pense, comme ce philosophe grec, « qu'on ne
» doit rien trop mépriser, qu'on peut tirer parti de
» tout, et qu'il est bon de se rappeler même quelque-
» fois que les anciens faisaient avec les os d'ânes les
» meilleures flûtes. »

Ce qui est étrange, c'est de voir à quel point des hommes d'esprit, qui croient le mieux calculer les mesures à prendre pour arriver au bonheur, se trompent, par exagération, sur les moyens d'y parvenir.

Un sentiment naturel et raisonnable nous dit qu'un homme riche et bien né doit, pour être heureux et pour se faire aimer, jouir de quelque crédit, de quelque considération, et occuper dans le monde un rang, une place, un emploi, qui le mettent à portée d'acquérir une bonne renommée, de servir son pays, et d'être utile à ses concitoyens.

Rien n'est plus juste ; mais l'amour-propre, le plus aveugle et le plus violent des amours, arrive, exagère ce désir de considération, fait souhaiter, solliciter, obtenir, entasser cordon sur cordon, emploi sur emploi, dignité sur dignité : la maligne fortune seconde notre homme ; il arrive au haut de la roue, et y trouve avec surprise la satire au lieu de l'éloge, et la haineuse envie à la place de l'estime et de l'amitié qu'il désirait.

Il devient comme ce Métiochus, dont on disait :

» Métiochus est capitaine, Métiochus dresse les che-
» mins, Métiochus cuit le pain, Métiochus moud la fa-
» rine, Métiochus fait tout, Métiochus aura mal an. »

Que voulez-vous, le peuple est ainsi fait; il respecte ce qui est à une certaine élévation ; il hait et tire à terre ceux qui veulent monter trop haut.

Nous devons nous armer d'une bonne cuirasse, lorsque, plaçant notre bonheur hors de nous, nous voulons le faire dépendre des autres. Le monde est économe d'éloges et prodigue de critiques; notre œil rapetisse toutes les qualités d'autrui, et grossit tous ses défauts. Horace nous en avertit :

> Un homme est un peu lourd, nous le disons stupide ;
> S'il est fier, insolent ; et s'il est doux, timide.

Quand la raison nous dit *rien de trop*, l'amour-propre est le mauvais génie qui vient toujours nous pousser et nous empêcher de suivre cette sage maxime.

Il est vraiment curieux d'entendre les raisonnemens de tous ces nains ambitieux, de tous ces nouvellistes de profession dont la nullité vaniteuse est sans cesse tourmentée du chagrin de voir que la terre tourne sans leur avis, et que les affaires marchent sans leurs conseils.

Ils ressemblent à ce boulanger qui trouvait détestable tout pain qu'il n'avait pas cuit. Rien n'est bon pour eux que lorsqu'ils mettent la main à la pâte; et comme, Dieu merci, cela ne leur arrive guère, leur orgueil blessé les rend pessimistes et alarmistes.

A leur sens tout va de mal en pis ; ils sonnent à tout moment l'alarme, ils ne prévoient que des catastrophes, et, à les entendre, tout est toujours perdu sans ressource.

Je me rappelle, à ce propos, que dans le temps de la guerre de la Bavière, qui fut si promptement terminée par la paix de Teschen, j'entendis un jour, sur la terrasse des Tuileries, le dialogue suivant entre deux de ces graves politiques qui dessinent leurs plans et leurs cartes sur le sable, qui font mouvoir leurs armées avec leurs cannes, et tracent, en crachant, le cours des fleuves :

— Mon ami, je l'avais prédit, la fatale époque est arrivée. On n'a pas voulu me croire, on a fait tant de sottises ! le mal est sans remède, tout est perdu.

— Je conviens que tout va mal ; mais cependant je ne vois rien encore d'assez funeste pour se décourager à ce point.

— Comment ? vous ne le voyez pas ? Mais d'où venez-vous donc ? Ignorez-vous que les Russes vont se brouiller avec les Turcs ?

— Je le crois ; après.

— Vous savez qu'il existe des mouvemens d'insurrection en Amérique contre l'Angleterre, et qu'il est à croire que l'Espagne, la France et la Hollande finiront par prendre parti pour les insurgés ?

— Cela se peut ; mais.....

— Vous a-t-on dit que l'Autriche est attaquée par la Prusse ?

— Oui, je viens de l'apprendre, et je vois avec peine la tranquillité générale troublée ; mais, enfin, l'Europe a vu souvent de semblables querelles, et.....

— *La tranquillité troublée..... on a vu souvent....* Votre flegme m'impatiente : comment, vous ne voyez pas clairement tout ce que ces événemens nous annoncent ?

— Eh! oui, la guerre, et beaucoup de pertes d'hommes et d'argent.

— Vous ne prévoyez que cela ?

— C'est bien assez, une guerre générale.

— Ce n'est rien encore : votre sang froid m'excède!

— Ma foi, quand je prévois un embrasement général qui menace tant de pays, qui met en danger tant de trônes, qui fera couler tant de sang, il me semble que c'est bien assez.

— Pauvre tête? tout cela ne vous découvre qu'un incendie universel ?

— Eh! que diable voulez-vous donc que j'y voie de plus ? Qu'y voyez-vous vous-même ?

— Ce que j'y vois! ce que j'y vois!.... Eh! morbleu, la fin du monde!

— La fin du monde ? vous vous moquez.

— Oui, monsieur, la fin du monde; et il y a des exemples de cela, il y a des exemples de cela.

A ce trait j'éclatai de rire, et je m'éloignai à grands pas du sinistre prophète, qui fut, je crois, fort étonné de voir un homme si indifférent à la destruction de notre globe.

L'humeur et la peur sont les plus mauvais conseillers du monde : elles font tout voir en noir; et où tout est noir on ne distingue plus rien.

Méfions-nous sur-tout des exagérations de la crainte. Écoutez-la : si l'ennemi vous menace, on doit être écrasé ; si l'administration est relâchée, nous sommes en dissolution; si elle est ferme, on va tomber sous la tyrannie; s'il existe des mécontens, le bouleversement est certain.

Heureusement il n'en est pas ainsi ; les grandes

masses politiques se soutiennent, et, comme le dit Montaigne,

« La société des hommes se tient et se coud à quel-
» que prix que ce soit ; en quelque assiette qu'on les cou-
» che, ils s'appilent et se rangent en se remuant, et
» s'entassant : comme les corps mal unis qu'on empo-
» che sans ordre trouvent d'eux-mêmes la façon de se
» joindre et s'emplacer les uns parmi les autres, sou-
» vent mieux que l'art ne les eût disposés. »

Philippe de Macédoine fit bâtir une ville qu'il peupla des hommes les plus méchans, et voulut voir ce qu'ils deviendraient. Eh bien ! pressés par la nécessité, ils finirent par établir entre eux de bonnes lois et une bonne police.

Pour être heureux, il faut d'abord être tranquilles ; et, pour devenir tranquilles dans la vie publique comme dans la vie privée, le seul moyen est de ne rien exagérer.

Calmons donc nos désirs, nos craintes, nos regrets, nos espérances. La vérité n'est jamais dans les extrêmes, mais dans un milieu : ainsi la modération seule peut en approcher.

Rien de trop, que ce soit notre adage ; et, si nous nous en écartons, que ce soit en bien et non en mal, en espoir et non en frayeur.

Il est étonnant que la sottise ait sur ce point tant d'avantages sur l'esprit. Un sot est toujours content de lui, de sa fortune, de son mérite ; il croit tout ce qu'il espère : Dieu n'a fait le monde que pour lui ; rien n'est si doux que son lit, et si solide que son siége ; il croit tout prévoir, tout dominer, remédier à tout : tandis que l'homme d'esprit s'exagère l'insuffisance de ses moyens, l'instabilité du sort, il ne jouit ni de son mérite qu'il amoindrit, ni de son bonheur dont il doute.

On dirait que Dieu, dans sa justice, a ordonné à la Fortune de ne protéger que les sots, pensant que les habiles n'en avaient pas besoin.

Trop de désir de perfection nous nuit quelquefois. Corrigeons-nous, modérons-nous, mais ne plaçons pas trop haut notre modèle idéal du bien; nous ne pourrions y arriver, et nous nous découragerions comme Montaigne, qui avouait ce tort, en disant: « Si j'ai » un escarpin de travers, je laisse encore de travers ma » chemise et ma cape; je dédaigne de m'amender à » demi. Quand je suis en mauvais état, je m'acharne » au mal, je jette le manche après la cognée, et je ne » m'estime plus digne de mon soin. »

LE MALHEUR.

Le malheur est une chose sacrée; on ne devrait permettre qu'à la bienveillance et à l'amitié d'approcher des malheureux pour adoucir leurs peines; il faudrait sur-tout éloigner l'infortuné des regards de l'envie, car le malheur d'autrui est la seule volupté de l'envieux.

Mais, si une tendre compassion doit seule faire entendre sa voix à l'homme qui souffre, il est permis à la philosophie de nous parler d'un ton plus ferme, pour nous armer d'avance contre le malheur, et pour nous préparer à le supporter avec courage. Nos maux ne sont forts que par notre faiblesse; ils nous accablent lorsqu'ils nous surprennent; ils nous semblent terribles quand notre imagination les a grossis. La plupart de leurs pointes disparaissent aux yeux du sage qui s'y est préparé, et qui les a mesurées de loin avec le compas de la raison.

Le vrai malheur est aussi rare que le vrai bonheur: tout dans l'homme est imparfait; il n'y a rien de pur, tout est mêlé d'alliage dans son essence. Le bonheur suprême est au-dessus de la vie humaine, et le malheur complet fait cesser la vie.

Les deux seuls malheurs véritables que je connaisse sont la perte de l'objet qu'on aime le plus, et la perte du repos de sa conscience. Eh bien! le Ciel a chargé le temps d'adoucir l'une, et le repentir de réparer l'autre.

Le cœur a bien des secrets pour guérir les blessures qu'il reçoit; sa sensibilité même le rend susceptible de beaucoup de consolation; et lorsqu'elle ne remplace pas l'affection qu'elle regrette par d'autres sentimens, au bout de quelque temps elle trouve de la douceur dans ses propres larmes, des charmes dans ses regrets, et une sorte de volupté dans ses souvenirs. Sénèque disait avec vérité, quoique avec un peu trop d'affectation, que « souvent le chagrin devient la volupté lugubre » d'une ame infortunée. »

La conscience est moins féconde en ressources; elle ne reçoit que des blessures graves, dont la cicatrice même est toujours douloureuse : aussi La Bruyère pensait « qu'on a mille remèdes pour consoler un honnête » homme et pour adoucir son malheur; mais qu'on » n'en trouve pas un pour alléger celui du méchant. »

Cessons donc de parler de ces deux espèces de malheurs, nous n'avons pas le droit de les reprocher aux dieux; ils nous répondraient, premièrement, que les peines du cœur ont été compensées par de vives jouissances, et que, si une seule personne enlève tout notre bonheur, c'est notre faute d'avoir placé toute notre vie sur un objet mortel, et réuni sur un seul être notre affection, que plusieurs devaient partager selon les lois de la raison et de la nature.

Secondement, ils diraient à l'homme coupable, tourmenté par ses remords, et puni par l'opinion et par les lois : nous vous avons interdit le crime; c'était vous défendre le malheur : vous ne pouvez pas plus vous plaindre de vos peines qu'un suicide de sa blessure.

Parlons de cette foule d'autres malheurs, enfans de l'imagination, et sujets perpétuels des lamentations des hommes : vous verrez bientôt leur peu de réalité, et vous conviendrez peut-être qu'au lieu de les attribuer au ciel et à la nature, nous ne devons en accuser que notre folie; ce sont des nuages qu'elle a créés, et qu'un seul rayon de sagesse ferait disparaître.

La première, la plus grande et la plus commune de nos folies, est de vouloir des choses qui se contredisent; de la sensibilité sans douleur, de la lumière sans ombre, un bonheur pur et sans mélange; nous oublions que l'or même a besoin d'alliage pour nous être de quelque utilité.

On trouve beaucoup de contrariétés sur le chemin de la vie; mais il y a deux choses qu'on n'y rencontre presque jamais : c'est le malheur qu'on redoute, et le bonheur qu'on poursuit. On se crée des fantômes qu'on met à la place de l'un, et des chimères qu'on prend pour l'autre.

Lorsque nous désirons sans obtenir, nous sommes contrariés; et, dans notre impatience, nous appelons malheur cette contrariété : ce qui pourrait se nommer un malheur, ce serait l'état d'un homme qui n'aurait pas de désir, car il n'existerait pas de plaisir ni d'espoir pour lui.

On sait le mot de ce riche gourmand blasé, dont l'estomac était devenu trop insensible pour qu'il éprouvât aucun appétit. Un mendiant le rencontra, et, pour le toucher, lui dit : « Je meurs de faim! — L'heureux » coquin! s'écria le vieux podagre; ah! que je lui porte » envie! »

A moins d'être ingrat, on doit regarder les désirs comme le plus doux présent du ciel. Si Dieu voulait nous punir de notre injustice, il n'aurait qu'à exaucer tous nos vœux, de manière à ne nous pas laisser le temps de désirer. L'ennui nous dégoûterait bientôt de la vie.

La sage nature nous a donné des désirs simples, bornés, faciles à satisfaire, et qui se renouvellent sans cesse; grace à elle, notre vie est un mélange continuel de désirs et de plaisirs, d'exercice et de repos; et nous, insensés que nous sommes, au lieu de jouir de cet admirable tableau, nous nous efforçons de le critiquer, et, en le corrigeant à notre gré, nous le détruirions.

Les ombres nous semblent des taches; nous voudrions que tout fût lumière, et nous oublions que toutes ces figures qui nous charment disparaîtraient à nos yeux, si l'ombre ne les faisait plus sortir de la toile.

Nous voudrions n'être pas sensibles à la douleur, et nous ne songeons pas qu'alors nous ne le serions plus au plaisir. Êtres imparfaits et bornés, nous nous plaignons de n'avoir pas un bonheur parfait et sans limites; nous ressemblons à l'enfant qui pleure, parce que sa main ne peut atteindre le firmament et les astres qui y brillent.

Le plaisir nous paraît une dette dont le Créateur s'acquitte envers nous, et la douleur une injustice qu'il nous fait : en un mot, nous nous disons malheureux, tandis que nous ne sommes que déraisonnables et extravagans.

Au lieu de suivre le conseil d'un ancien, et d'imiter les abeilles qui tirent du miel du thym le plus sec, nous changeons en fiel toutes les douceurs que la nature a répandues sur notre existence; nous nous ennuyons de la possession; nous nous impatientons du désir; nous envions le sort d'autrui, qui nous envie à son tour; et nous sommes tellement entêtés de la chimère du bonheur parfait, que nous le supposons toujours existant dans une position différente de la nôtre : aussi personne n'est content de son état, de sa profession ; et Horace avait raison de dire :

> Mécontent de son sort, de désirs tourmenté,
> Chacun maudit la place où le sort l'a jeté.
> Que n'étais-je marchand ! dit un vieux militaire
> Qui va d'un pied boiteux regagner sa chaumière.
> Qu'un guerrier est heureux ! s'écrie avec douleur
> Le marchand menacé par Neptune en fureur ;
> Il se bat, on le tue, il expire avec gloire ;
> On le manque, il triomphe, et chante sa victoire !
> Le juge, qu'un client éveille au point du jour,
> Soupire après la paix d'un champêtre séjour ;
> Le fermier, qu'un procès arrache à son asile,
> Croit que tous les heureux demeurent à la ville.
> Que sais-je ! et qui pourrait nombrer ces mécontens ?
> Scéva, le grand parleur, y perdrait tout son temps.

Véritablement, tous ces malheurs, dont se plaignent la plupart des hommes, donnaient de justes sujets de rire à Démocrite, et je crois que notre planète est un petit théâtre où toutes nos folies, en discours et en actions, divertissent fort les dieux ; presque toutes nos demandes et nos requêtes ne pourraient leur être dignement présentées que par Momus.

Je respecte beaucoup la vraie douleur, j'ai éprouvé souvent, en sa présence, ce que disait un philosophe grec : « Il y a une espèce de honte à être heureux à » la vue de certaines misères ; » mais, si le vrai malheur est digne de toute notre compassion, au moins la sagesse peut nous permettre de rire de tous ces malheurs factices qu'enfantent notre caprice et notre imagination.

Écoutons cette vieille coquette qui achète son teint,

ses charmes et ses dents, et qui se plaint du mauvais goût du siècle, de la chute de la galanterie et de la froideur de la jeunesse !

Ce provincial, qui n'a jamais lu que ses vieux titres, et qu'on n'a vu combattre que contre les lièvres, comme il est malheureux de voir que la cour l'oublie, le néglige, et ne lui donne ni cordons ni commandemens !

Ne serez-vous pas touché du malheur de ce poëte que l'envie fait siffler, que ses madrigaux n'ont pu placer à l'Académie, et qui éprouve le chagrin d'être dédaigné par ceux qu'il flatte ou qu'il déchire ?

N'êtes-vous pas ému de pitié pour le sort de cet écrivain qui, depuis vingt ans, critique les talens des auteurs les plus distingués, ou qui dissèque, dans un journal, les discours des plus célèbres orateurs, et qui ne peut obtenir ni une ambassade ni une place au conseil ?

Comme la douleur de ce financier est touchante ! Il voit un jeune officier se promener dans la riche voiture qu'il a donnée à une danseuse de l'Opéra. Une vestale si peu chaste, une nymphe de Diane si infidèle, quelle perfidie ! Et sur quoi compter dans ce monde ? où trouver la constance et la pudeur ?

Voyez ce jeune homme qui s'arrache les cheveux : quelle injustice il vient d'éprouver ! il a perdu au jeu l'argent de ses créanciers, qui ont l'inhumanité de l'envoyer en prison !

Et ce savant, dont on respecte l'érudition et les doctes écrits, quel outrage lui fait la frivolité des femmes ! Dix fois il a vu de jeunes beautés préférer la grace d'un jeune étourdi à son mérite, et des billets doux à ses livres !

Comment ne pas partager le désespoir de cette jolie

femme ? Elle a supporté avec courage l'absence de son mari et ses blessures; mais un cocher brutal vient de casser la patte à son carlin chéri : manquerez-vous assez de sensibilité pour négliger de la plaindre et de la consoler ?

Cette jeune beauté qui s'ennuie de tout, quoiqu'elle ne s'occupe de rien, et qui est consumée de maux de nerfs et de vapeurs, bien qu'elle passe les nuits au bal et ses jours dans son lit, n'est-elle pas un exemple déplorable des calamités humaines ?

Chez les peuples anciens, et du temps de nos bons aïeux, la bonté passait pour vertu et la sensibilité pour faiblesse; on n'avait pas assez mauvaise idée de son prochain, pour croire qu'un homme pût être indifférent aux chagrins, aux maladies, et à la mort de sa femme, de son fils, de son père, de son frère, ou de son ami. Dans la persuasion de cette disposition générale qui nous livre à la douleur, la religion nous commandait la résignation; la philosophie nous conseillait la fermeté : leur but commun était de nous donner cette égalité d'ame qui est la vraie sagesse; on admirait également l'homme qui résistait à l'ivresse de la prospérité et celui que l'infortune ne pouvait abattre.

Aujourd'hui tout est changé, et il faut qu'on nous suppose un cœur bien dur et bien fermé aux sentimens les plus naturels, puisque, dans le monde, au lieu de nous armer constamment contre notre sensibilité romanesque, et de nous défendre contre cette faiblesse, on en fait une chose rare et estimable, une vertu; on ne la cache plus, on s'en vante; ce n'est pas le plus courageux qu'on admire à présent, c'est le plus sensible devant lequel on s'extasie.

La tristesse devient un ornement de la beauté; le chagrin, un mérite dans l'esprit; la mélancolie, une grace, un charme, une perfection dans le caractère. Les yeux qui pleurent sont les seuls qui intéressent; un auteur n'a plus de génie s'il ne pleure pas, comme Jérémie, sur la destinée, et, comme Young, sur les tombeaux.

L'homme qui n'est pas bien malheureux, et qui ne sent pas douloureusement le poids et les amertumes de la vie, est à peine digne de vivre; il est dur, léger, froid, égoïste; enfin il n'a pas d'ame : et comme le *malheur* est devenu un moyen de succès, la mode veut qu'on se pique d'être *malheureux*, ou tout prêt à le devenir.

Nos cercles brillans ne sont remplis que de graces tristes, d'esprits mélancoliques, de beaux jeunes malheureux, de belles infortunées qui, courant les bals, les thés, les spectacles, les promenades et les fêtes, vous parlent, en dansant, de l'affliction que leur cause la perte d'un ami, vous expriment leur désespoir en chantant, et vous invitent à partager leurs idées mélancoliques sur les peines dont la vie est tissue, sans vous empêcher cependant d'admirer la délicatesse de leur table, la richesse de leurs équipages, la fraîcheur de leurs parures, la vivacité mobile de leur imagination et la grace voluptueuse de leurs formes.

Le contraste de leurs prétentions au malheur, de leur habitude de légèreté, et de leur passion pour le plaisir, est véritablement comique.

Plus leur sensibilité est exagérée et montée sur des échasses, moins elle peut se soutenir; leurs chutes, pour revenir à tout moment au ton de la nature et même au-dessous, sont ridicules, et, en tout, je ne connais rien de si plaisant que leur malheur.

Il arrive même qu'à force de s'affliger pour des riens,

et de se monter sans sujet au diapason du désespoir, celle qui était inconsolable des migraines et des contrariétés de son amie, ne trouve plus de larmes ni de termes pour pleurer sa mort, et l'oublie promptement pour se livrer aux petits chagrins ordinaires qui ne dérangent pas tant, et qui profitent mieux.

On embarrasserait assez les sensibles du jour, si on leur demandait de réfléchir un peu, de parler de bonne foi, d'expliquer pourquoi ils se plaignent tant de la nature, de la vie et de la destinée humaine. Peut-être découvriraient-ils qu'ils ont bien plus à remercier le ciel qu'à l'accuser et que, s'ils sont malheureux, c'est parce qu'ils veulent se forger une félicité et des jouissances imaginaires, tandis qu'ils dédaignent un trésor de vraies et naturelles jouissances que les dieux ont mis à leur disposition.

Me direz-vous que la pauvreté est un mal, et que vous en souffrez? je vous répondrai, en vous montrant un grand nombre de riches, tristes, inquiets, avides, enviés, tourmentés, ennuyés, blasés, et une foule d'artisans laborieux, sains, contens, et qui font retentir les champs et les guinguettes des accens du bonheur et de la gaieté; ou « des philosophes comme Cratès, qui, » n'ayant pour tout bien qu'une méchante cape et une » besace, ne fit jamais autre chose, toute sa vie, que » jouer et rire, comme s'il eût été de fête. »

Est-ce la servitude que vous ne pouvez supporter? Votre courage peut vous en dédommager et l'ennoblir. « Épictète se disait libre dans les fers; Ésope, esclave, » était plus grand et plus heureux que son maître. » J'ai vu des nègres courageux, plus gais et plus tranquilles que l'économe barbare qui les maltraitait.

Êtes-vous assez ambitieux pour vous croire dans le malheur, si vous ne commandez pas? Pensez aux soucis du trône, aux inquiétudes des rois. On a dit que *les peuples souffraient de toutes leurs fautes;* le poëte aurait pu dire, avec autant de raison, *que les rois souffrent de toutes les folies des peuples.* Rappelez-vous qu'*Agamemnon se plaignait de commander à tant de monde.* Vous citerez des monarques dont la fortune a couronné toutes les entreprises et favorisé tous les projets de conquêtes. Souvenez-vous du mot d'Agésilas; on lui vantait le bonheur d'un roi de Perse : « A son âge, dit-il, » Priam était heureux. »

C'est une folie d'appeler malheur la privation d'un bien aussi inconstant que la fortune qui le donne. La faveur, la grandeur, le crédit, ne donnent qu'un plaisir réel, celui de faire du bien et des ingrats; mais *La Fontaine* disait fort bien :

Ni l'or ni la grandeur ne nous rendent heureux.

On n'en sent, pour l'ordinaire, que le poids quand on les possède, et le regret quand on les perd.

Croyez avec Platon « que la vie est un jeu de dés dont » les chances ne sont pas en notre pouvoir; mais que ce » qui dépend de nous, c'est de recevoir ces chances » modérément et de tout disposer de manière qu'elles » puissent nous profiter beaucoup, si elles sont bonnes, » et nous peu nuire, si elles sont mauvaises. »

Ce qu'on appelle biens et maux vient du sort; mais le bonheur et le malheur sont en nous, et dépendent de l'opinion que nous attachons aux choses. Tout a plusieurs faces : l'heureux les regarde du bon côté; les malheureux, du mauvais.

L'homme est si injuste pour la nature, qu'il méprise ses présens, et n'en sent le prix que lorsqu'un accident les lui enlève.

Ce malheureux qui se désole parce qu'il a perdu cent mille francs de rentes, et qu'il ne lui en reste que vingt, qui regrette une charge qu'on lui a ôtée, un crédit qui ne lui attirait que des importuns, des parasites et des ennemis, ne sait pas jouir d'un repas sain et bien apprêté; il est indifférent à la saveur d'un vin vieux et exquis; la beauté des champs, du ciel, de la verdure, des fleurs, ou des chefs-d'œuvre de l'art, ne réjouit pas ses yeux; il écoute, sans en être ému, la mélodie d'une belle musique; il ne goûte point la douce chaleur de son feu; la mollesse de son lit, la commodité de ses meubles, la variété de ses livres, lui sont indifférentes; il n'est pas même consolé par les douces caresses de sa femme, et la joie bruyante de ses enfans l'importune : tous ces trésors sont perdus pour lui.

Eh bien! si tout à coup son estomac se dérange, si sa vue s'éteint, si son oreille s'endurcit, si le sort lui enlève une des personnes de sa famille, comme vous l'entendrez parler avec regret des plaisirs de la table, de la beauté du spectacle de la nature, du charme de la mélodie, du bonheur de voir ce qu'il aime, et de parler à l'objet qu'il a perdu!

Insensé! tu fais comme l'avare : tu te désespères lorsqu'on te prive des biens qui étaient enfouis chez toi, et dont tu ne tirais aucune utilité! Crois-moi, n'imite cet avare que pour compter, comme lui, à tout moment, tes richesses; mais ne les compte que pour en jouir.

Le duc de ***, resté en France pendant nos orages,

avait conservé, par miracle, toute sa fortune, de très-belles terres et un superbe château. Plusieurs de ses amis, ruinés par les lois du temps et de la guerre, étant venus le voir, le félicitaient d'avoir pu sauver tant de richesses, et le trouvaient un peu triste pour tant de bonheur.

Arrivés avec lui au bord d'une pièce d'eau, ils admirèrent la beauté et la grosseur énorme d'un grand nombre de carpes qui venaient manger le pain qu'on leur jetait : « Hélas ! s'écria le duc, en poussant un profond » soupir, j'avais soixante carpes de cette beauté ; on » m'en a volé cinquante, il ne m'en reste plus que dix : » voyez, mes amis, les pertes et les malheurs qu'en— » traîne une révolution ! »

Ce trait de folie, quoique vrai, vous paraît invraisemblable ; rentrez en vous-même et vous verrez que vous attachez mille fois plus de prix aux pertes qu'aux jouissances, et que vous ne seriez pas loin de ressembler à ce pacha, qui n'avait pas touché une femme de son sérail depuis deux ans, et qui perdit le repos et la raison pour une esclave qu'on lui enleva et qu'il ne put retrouver.

Vous avez vu sans doute, comme moi, plus de veuves désolées que d'épouses bien tendres ; beaucoup de femmes aiment mieux leurs maris après leur mort que pendant leur vie ; elles ne savaient pas être heureuses de la possession d'un cœur dont la perte devient pour elles un vrai malheur.

Les trois racines les plus communes du malheur des hommes sont l'oubli du présent, l'occupation inquiète de l'avenir, et l'envie qui rend indifférent sur tout ce qu'on possède, tant qu'on voit d'autres hommes en avoir davantage.

On ne veut pas suivre la maxime d'Épicure, qui disait : « Celui qui arrivera le plus joyeusement à demain, » est celui qui y pensera le moins aujourd'hui; » ou celle d'Aristippe, qui prétendait « qu'en toute infor- » tune, le sage ne doit point s'affliger de ce qui est » perdu, mais se réjouir de ce qui est sauvé. »

L'envieux cesserait de se plaindre, s'il savait qu'il y a un million d'hommes au moins qui envient la position dans laquelle il est, et qu'il croit malheureuse.

Voici, je crois, quelques recettes très-bonnes pour guérir, si vous le voulez, vos maux imaginaires.

Vous est-il advenu quelque disgrace, quelque défaveur par calomnie et par envie? faites comme « Platon, » qui regardait la colère du roi Denys contre lui, comme » un vent en poupe qui le ramenait à l'étude des let- » tres et à la philosophie. » Avez-vous perdu vos états? voyez combien d'empereurs romains n'ont pas laissé d'empire à leurs fils.

Êtes-vous pauvres ? voyez combien Épaminondas, Fabricius, Homère et Delille ont été dignes d'envie !

Votre femme est-elle infidèle ? souvenez-vous qu'Agis n'a pas été moins grand et moins heureux, quoique Alcibiade eût séduit la reine Timéa.

Enfin, pénétrons-nous bien de cette vérité : l'homme est toujours pauvre en pensant à ce qui est au-dessus de lui; et riche, en se comparant à ce qui est au-dessous.

On est malheureux tant qu'on élève trop sa vue et ses désirs : l'esclave est jaloux de l'homme libre; l'homme libre, du citoyen; le citoyen, du riche; le riche, des grands; les grands, des princes; les princes, des rois; et les rois, des dieux : ils voudraient pouvoir être immortels comme eux.

Vous vous plaignez tous de vos malheurs ; je peux, si vous m'écoutez, vous en guérir en un clin-d'œil : *au lieu de regarder en haut, regardez en bas.*

L'envie vous quittera, vous ne serez plus malheureux ; et si vous voulez changer vos malheurs en bonheur véritable, jouissez du présent, remerciez les dieux au lieu de les accuser, et sur-tout grandissez et fortifiez votre ame : « car il est très-vrai, comme le dit La
» Bruyère, qu'une grande ame est au-dessus de l'injure,
» de l'injustice, de la douleur, de la moquerie ; elle
» serait invulnérable, si elle ne souffrait quelquefois
» par la compassion. »

DE L'ENNUI.

L'ennui est le mal contre lequel on cherche le plus de médecins et de remèdes ; mais on ne peut que pallier les effets de son poison par le secours d'autrui. Pour en guérir, il faut porter en soi l'antidote.

L'Académie n'a pas, je crois, défini suffisamment le mot d'*ennui*. Elle dit que c'est une langueur, une inaction de l'esprit causée par la fatigue et le dégoût : cette définition n'explique pas assez le genre et la cause de cette triste langueur; elle confond ainsi l'ennui, le chagrin, le spleen : tandis qu'on voit tous les jours les hommes les moins tristes, les mieux portans et les plus attachés à la vie, se plaindre de l'ennui, et perdre leur temps de mille manières pour le chasser.

Je crois qu'on peindrait mieux cette infirmité produite par la civilisation, cette calamité des gens heureux, en disant que c'est un état de langueur qui résulte du combat de l'activité morale qui demande des émotions, et de la paresse physique qui s'y refuse.

En effet, lorsque le corps est assez actif pour se prêter aux désirs de l'ame, on se livre à la réflexion, à l'étude, aux plaisirs, on s'applique, on s'intéresse, on s'amuse, on ne peut éprouver d'ennui; et si l'ame, au contraire, est sans activité, elle repose comme le corps, elle végète ainsi que lui, et ne s'ennuie pas : aussi l'homme, dont le moral n'est pas développé, travaille, jouit, souffre ou sommeille; mais il ne connaît point ce triste mal dont se plaint la classe élevée, et le laquais dort dans l'antichambre, tandis que son maître s'ennuie dans le salon.

Il paraît difficile de donner ce qu'on n'a pas. Eh bien! l'ennui fait exception à cette règle : un sot le donne à tout le monde sans le connaître.

Pascal croyait cette maladie plus générale; il pensait qu'elle était le fatal effet de la chute de l'homme et de son état d'imperfection.

« L'âme, dit-il, est jetée dans le corps pour y faire
» un séjour de peu de durée, elle sait que ce n'est qu'un
» passage à un voyage éternel, et qu'elle n'a que le peu
» de temps que dure la vie, pour s'y préparer. Les né-
» cessités de la nature lui en enlèvent une grande partie,
» il ne lui en reste que très-peu dont elle puisse dispo-
» ser; mais ce peu qui lui reste l'incommode si fort et
» l'embarrasse si étrangement, qu'elle ne songe qu'à le
» perdre; ce lui est une peine insupportable que de vi-
» vre avec soi et de penser à soi : ainsi tout son soin est
» de s'oublier soi-même, et de laisser couler ce temps
» si court, si précieux, sans réflexion et en s'occu-
» pant de toutes les choses qui peuvent l'empêcher d'y
» penser. »

Si on adoptait cette opinion de Pascal, il faudrait en conclure que l'ennui est la suite inévitable de la chute du premier homme, et une maladie originelle comme son péché. Cependant nous voyons tous les jours des enfans d'Adam, fort amateurs comme lui de l'arbre de la science du bien et du mal, et du fruit défendu, et qui pourtant ne s'ennuient pas trop. D'un autre côté, il est évident qu'avant sa faute et sa punition, Adam, étant seul, s'ennuyait ; c'est même pour le tirer de cette langueur qu'Ève fut créée : aussi depuis ce temps-là, on n'a jamais cessé de regarder la société des femmes comme un des plus agréables et des plus efficaces remèdes contre l'ennui.

Dans le temps de nos bons aïeux, où les mœurs étaient agrestes ou guerrières, on était toujours à cheval ; on menait une vie dure ; on ne comptait qu'un feu par maison ; le luxe et toutes les commodités qu'il apporte étaient inconnus ; les tournois étaient les seuls spectacles, la Bible presque le seul livre ; celui qui la lisait couramment passait pour grand clerc et savant : on ne cherchait pas à tout moment de nouveaux plaisirs, et le mot *ennui* présentait à l'esprit un autre sens ; un brave châtelain ne s'ennuyait pas dans son donjon, et lorsqu'il parlait de son *ennui* ou de ses ennuis, cette expression voulait dire chagrin. Un fat moderne éprouve de l'ennui par les faveurs de sa maîtresse : nos preux chevaliers ne s'ennuyaient que de leurs rigueurs ; et, dans le langage de nos troubadours, *peine* et *ennui* étaient toujours synonymes.

Cet état de dégoût et de langueur, dont se plaignent les heureux de nos jours, n'est senti que dans les lieux et les temps où l'homme est blasé par une foule de plaisirs différens, de mets recherchés, de spectacles divers, de livres nouveaux. Habitués à changer sans cesse d'émotion, à éprouver continuellement des jouissances nouvelles, à nous livrer aux goûts, aux occupations les plus variées, tout ce qui dure nous fatigue ; tout ce qui se répète nous déplaît ; tout ce qui est monotone nous devient insupportable ; et c'est alors qu'on dit avec Lamothe :

L'ennui naquit un jour de l'uniformité.

Pourquoi n'existe-t-il à présent rien de plus rare que la constance ? C'est que l'uniformité fait son essence : on s'endort dans les bras du bonheur, on se réveille au battement de l'aile des plaisirs. Une femme, qui veut garder son amant, doit varier sans cesse ses moyens de plaire ; on en est venu au point de ne pouvoir aimer long-temps la même personne, à moins qu'elle n'ait le secret de ne pas se montrer toujours la même ; et c'est là un des tristes avantages que la corruption des mœurs donne à l'art sur la nature, et à la coquetterie sur la vertu.

C'est peut-être par la même raison qu'on nous voit préférer les graces à la beauté. Nous trouvons, dans la régularité des traits, quelque chose de trop uniforme ; la grace nous pique précisément parce qu'elle est irrégulière. On admire d'un coup-d'œil la beauté, elle ne laisse plus rien à deviner ; la grace se fait aimer peu à peu par des détails variés, imprévus, qui vous plaisent d'autant plus qu'ils vous surprennent, et ses petits défauts d'ensemble sont quelquefois des charmes qui nous attachent.

Si nous voyageons, les belles et fertiles plaines nous ennuient ; elles manquent de physionomie à nos yeux : l'inégalité d'un pays montueux réveille notre imagination ; elle jette de la grandeur, de la variété dans nos pensées. L'esclavage dort dans les plaines, la liberté veille sur les montagnes.

Le mouvement est la vie, la tranquillité du sommeil est l'image de la mort. Le désir est une agitation, quelquefois un tourment ; mais il est incompatible avec le dégoût : la possession repose ; ainsi, quand elle fait cesser le désir, elle amène souvent la langueur. Nous voyons en effet que celui qui désire le plus est celui qui s'ennuie le moins ; et que l'homme qui possède le plus de biens est le plus sujet à s'ennuyer. Cette maladie ne venge que trop la pauvreté de la richesse.

Le mortel envié, dont l'or et le pouvoir satisfont tous les désirs, tous les goûts, tous les caprices au moment de leur naissance, et, sans leur donner le temps de grandir et de parler, est bientôt blasé; et il n'existe presque plus de remède pour cet état.

L'ennui le précède et le suit par-tout; il y succombe, s'il ne cherche pas, pour s'en tirer, des émotions violentes, des dangers même et des chagrins. C'est ce qui fait tant de joueurs et d'ambitieux. Le marquis d'O...... m'en donna un jour la preuve : c'était un très-gros joueur, fameux par ses distractions dans la société, et par les accès de colère que lui donnait une mauvaise carte ou un dé fâcheux. L'agitation, causée par la vicissitude des chances, animait sa vie. Un soir, le rencontrant à la campagne, je fus surpris de l'extrême mélancolie dans laquelle il était plongé; je le crus ruiné, et je lui demandai, avec quelque embarras, la cause de sa tristesse. « Ah! mon cher, me dit-il, plaignez-moi :
» depuis un mois la fortune me poursuit au pharaon,
» au wisk, au trente-et-quarante; j'ai beau changer de
» jeu, je gagne toujours, toujours, sans perdre un seul
» coup, une seule partie; il n'y a rien de si monotone,
» de si ennuyeux; ce bonheur constant et sans varia-
» tion est insupportable, et finirait, je crois, par me
» dégoûter du jeu. » Vous croyez bien que je m'apitoyai peu sur son sort, et que je le quittai en riant, bien persuadé qu'il ne se plaindrait pas long-temps de ce nouveau genre d'ennui.

Les ambitieux ressemblent aux joueurs : j'en ai vu un, le prince Potemkin, premier ministre en Russie et favori de sa souveraine, comblé de pouvoir, de richesses, de gloire, de décorations, et rassasié de plaisirs ; il était dégoûté de tout, parce qu'il avait joui de tout. Un jour il enviait la dignité paisible des prélats, et quittait ses occupations ministérielles pour se livrer aux disputes des églises de Grèce et de Rome. Quelquefois il soupirait pour la retraite et pour les douceurs de la vie monacale. Dans d'autres temps il formait des projets pour se faire duc de Courlande ou roi de Pologne. Au milieu de la paix il ne songeait qu'à faire déclarer la guerre ; et, dans un camp, il ne rêvait qu'à la paix. Fatigué de ses honneurs et pourtant inquiet de ses rivaux, il était ennuyé de tout ce qu'il faisait, et jaloux de tout ce qu'il ne faisait pas.

Alexandre, après la conquête de l'empire de Perse et ses grandes victoires dans l'Inde, s'ennuyait sur le trône de Cyrus, et cherchait vainement des distractions dans les orgies de Babylone ; l'Orient ne suffisait pas à son bonheur. Un philosophe lui dit que le ciel était rempli d'une quantité innombrable de mondes plus grands que la terre. Malheureux que je suis ! s'écria Alexandre, en pleurant, il existe une infinité de mondes dans l'univers, et je n'ai pas encore pu me rendre maître d'un seul ! S'il les avait tous possédés, il n'aurait senti qu'un plus vaste ennui.

Un conquérant n'est qu'un roi blasé qui veut à tout prix de grandes émotions ; c'est un joueur déterminé qui prend un million d'hommes pour jetons, et le monde entier pour tapis.

Le plus superbe trait d'*ennui* que je connaisse, c'est

celui que Montesquieu attribue à Sylla qui, n'ayant plus de proscriptions à ordonner, de rois à vaincre, de Marius à tuer, de Rome à soumettre, abdique audacieusement, *parce que*, dit-il, *le gouvernement paisible du peuple romain et les détails de l'administration de la capitale du monde me semblent trop monotones, sont au-dessous de mon génie, et ne me donnent que de l'ennui.*

Dans ce dialogue de Sylla et d'Eucrate, Montesquieu peint, d'une manière sublime, la langueur qu'une ambition satisfaite jette dans l'ame; en peu de mots il fait connaître Sylla tout entier.

Si, de ces fléaux de l'humanité, nous passons à des conquérans plus doux, nous verrons aussi que les femmes sont inconstantes, plutôt pour remplir leur temps que leur cœur; elles cherchent des triomphes nouveaux pour trouver des émotions nouvelles, et l'ennui fait plus de femmes galantes que le vice.

Un des plus grands torts que je trouve à l'*ennui* dans le monde, c'est d'y faire la fortune des méchans. On craint tant de s'ennuyer, qu'on fuit la probité sérieuse pour chercher la malignité amusante; on respecte l'honnête homme, la femme prudente et sage; mais on les laisse de côté, pour courir après les persifleurs, pour entourer la médisante : on fait des visites de devoir aux bonnes gens, mais c'est le méchant qu'on prie à souper; moins il épargne de monde, plus le monde le fête; et quoique chacun soit exposé à ses traits, on aime tant à rire des petites blessures qu'il fait aux autres, que, pour s'en divertir, on veut bien courir le risque, presque certain, d'en recevoir à son tour : c'est un vieux travers, et qui date de loin; car Horace disait :

A table quelquefois un convive amusant

Distribue à la ronde un sarcasme plaisant;
Il n'épargne au dîner que celui qui le donne.

Le désir d'être émus nous rend même souvent méchans, cruels, et presque féroces. Pour éviter cet ennui, les Anglais font battre des coqs à mort et paient très-cher des boxeurs qui se tuent; les Espagnols font déchirer leurs braves, au grand plaisir des dames, par des taureaux furieux; les Romains s'amusaient à voir des lions dévorer des hommes; les belles Romaines ordonnaient aux gladiateurs d'aller au-devant du glaive homicide, et de tomber avec grace sous ses coups; enfin, c'est dans le dessein de se désennuyer que, dans tous les pays, les hommes du peuple courent en foule pour voir fustiger et pendre leurs semblables.

Cependant ne disons pas trop de mal de l'ennui; il n'existe rien qui n'ait son bon et son mauvais côté. Le désir des émotions, le besoin du plaisir, la crainte de tomber dans la langueur, produisent tout ce qu'on admire sur la terre, tout ce qui l'anime, tout ce qui la décore. Le travail, la conversation, la lecture, la danse, la poésie, la musique, tout ce qui fait le charme de la vie civilisée doit sa naissance à la crainte salutaire de l'ennui. L'homme n'est porté à l'activité, il n'est porté aux travaux les plus utiles et aux découvertes les plus ingénieuses que par deux besoins principaux, celui de se nourrir et celui de s'amuser. Tout ce qu'on fait dans la vie n'a pour but que de satisfaire l'estomac et l'esprit, d'éviter la faim et le poids du temps. Avec deux seuls moyens bien simples on désenchanterait la terre : donnez au genre humain la faculté de se nourrir d'herbes, ôtez-lui le besoin de se divertir; le travail cessera, les métiers tomberont, les arts disparaîtront, et il y aura bien peu de différence entre une société d'hommes et un troupeau de moutons.

Ce que je trouve de bizarre, c'est que tout le monde se plaint de l'ennui, et que tout le monde envie le sort des hommes les plus sujets à cette espèce de malheur. Nous avons vu que l'ennui était la maladie des gens heureux, des hommes riches, puissans, inoccupés : or, il est évident qu'on ne cherche, toute sa vie, que le moyen de parvenir à un tel état, et que le repos est toujours l'espoir et le but du travail.

Ainsi, quand je vois un homme qui se plaint de son *ennui*, je suis tenté de le féliciter ; car je suis presque sûr qu'il jouit de l'héritage qu'il attendait, que ses dettes viennent d'être payées, qu'il s'est marié comme il le souhaitait, qu'on lui a accordé le gouvernement ou la charge qu'il désirait ; que sa maîtresse, vaincue par sa constance, a comblé ses vœux ; enfin, que toutes ses affaires sont arrangées, et qu'il n'a plus rien à désirer.

Il y a des gens qui, par vanité, prétendent s'ennuyer de tout ; cette prétention est plus commune en Angleterre qu'ailleurs. Ils croient montrer leur philosophie, prouver leur supériorité, en dédaignant tout ce qui amuse ou intéresse les autres, et *même la vie* ; d'autres, au contraire, (et cette manie est plus commune), se vantent de ne jamais s'ennuyer ; c'est pour convaincre qu'ils ont des ressources inépuisables dans leur esprit.

Une belle dame me disait un jour : « J'entends beau-
» coup de gens se plaindre de leur *ennui* ; c'est qu'ils
» ne savent pas s'occuper, se suffire à eux-mêmes :
» pour moi, je ne connais pas ce mal qu'on dit si
» commun ; quand je suis seule chez moi, je prends un

» livre, je me mets à la fenêtre, et je regarde les pas-
» sans. »

Il y a bien de gens, qui ne s'en vantent pas, qu'on croit fort occupés dans leur cabinet, et qui y attrappent plus de mouches que de vérités.

Ce qu'un homme sage doit chercher, c'est le moyen assez difficile de jouir des plaisirs sans satiété, du repos sans langueur, et du bonheur sans l'ennui qui le suit trop communément. Il n'y a pas de conseil à donner à cet égard à la partie la plus nombreuse du genre humain ; elle travaille, elle souffre, elle désire, elle n'a jamais la dose de bonheur et de repos nécessaire pour composer l'*ennui*. C'est à la classe élevée que je m'adresse ; c'est à ces hommes prédestinés, à ces fortunés oisifs que je parle : malheureux imaginaires, réfléchissez un peu à la fortune qui vous gâte et que vous accusez ; au destin qui vous favorise et dont vous vous plaignez si injustement ; faisons un peu la revue de vos jouissances, de vos peines.

Vous faites, sans inquiétude, vos quatre repas ; votre table est délicate, votre bourse est toujours pleine, votre ameublement somptueux ; la soie du Midi, les fourrures du Nord vous vêtissent ; le duvet et la plume vous reposent ; un char commode vous transporte ; des serviteurs nombreux obéissent à vos moindres désirs ; le thé de la Chine, les toiles de l'Inde, le café de l'Arabie, le sucre de l'Amérique, vous attendent à votre réveil ; toute l'industrie de l'Europe contribue à votre luxe ; les talens, les sciences, les arts et les graces ne sont occupés que du soin de varier vos plaisirs : que vous manque-t-il donc ? une seule chose, l'art de jouir des biens que la fortune vous prodigue ; car Montaigne vous l'a dit, *vous jouissez de la vie, comme du sommeil, sans la sentir; tandis que vous devriez, puisqu'elle est heureuse, la ressasser et la ruminer pour la bien goûter......*

Je vous rappellerai ensuite que vous laissez trop votre pensée et vos désirs errer dans un vague qui désenchante tout. Il faut un but fixe dans les plaisirs comme dans les affaires, et Montaigne vous dit encore que *l'ame, qui n'a pas de but positif, se perd; car ce n'est étre dans aucun lieu que d'étre par-tout.* Il avait raison : toute la nature est là à attendre vos ordres pour vous occuper, vous intéresser et vous divertir; mais vous ne savez pas avoir de volonté, vous marchez sans projet, vous dépensez le temps au hasard. Vous ressemblez à ces oisifs de Rome, dont Sénèque parlait, en disant : « Leurs jours sont longs et leur vie est
» courte; ils oublient le passé, négligent le présent et
» craignent de penser à l'avenir; ils reconnaissent trop
» tard qu'ils ont été long-temps occupés à ne rien
» faire : quand leurs affaires les quittent, leur loisir les
» tourmente; ils ne savent ni en jouir ni s'en débar-
» rasser. »

Permettez-moi d'ajouter une vérité un peu dure à celle que vient de vous dire ce philosophe : votre *ennui* ne vient en grande partie que de votre égoïsme. Le genre humain offre à votre activité un vaste horizon d'instruction, d'intérêts et de plaisirs. Vous aimez mieux vous renfermer dans le très-petit cercle de votre personne; vous en êtes à la fois le centre et la circonférence; vous ne pensez qu'à vous, vous n'aimez que vous, vous ne citez que vous, et comme un si petit cercle est bientôt parcouru, il n'est pas étonnant qu'il vous ennuie, puisque vous ne pouvez qu'y répéter toujours la même promenade.

L'homme personnel est nécessairement un homme *ennuyé*, et, ce qu'il y a de pire, un homme ennuyeux; il n'y a pas de mot plus insupportable pour les autres que le *moi*, et ce mot est le fond de la langue d'un égoïste. C'est ce que nous rappelait gaiement notre aimable Delille :

> Le *moi*, chez lui, tient plus d'une syllabe;
> Le *moi* superbe est l'astrolabe
> Dont il mesure et les autres et lui ;
> Le *moi* le suit sur la terre et sur l'onde,
> Le *moi* de lui fait le centre du monde;
> Mais il en fait le tourment et l'*ennui*.

Un conseil tout aussi important que les sages vous donnent, c'est de vous arrêter dans les jouissances, pour prévenir la satiété. Craignez d'être trop heureux, si vous ne voulez pas cesser bientôt de l'être; quittez l'exercice avant la fatigue, sortez de table avec un peu d'appétit, et laissez toujours un peu de désir dans la coupe du plaisir. Enfin, avez-vous de la peine à trouver des amis pour vous désennuyer, suivez le conseil de Sénèque : « Cherchez Zénon, Pythagore, Démocrite,
» Aristote, Horace ; ajoutez-y La Bruyère, Montaigne,
» Fénélon, La Fontaine, etc. ; aucun d'eux ne man-
» quera de vous bien recevoir ; on peut les aborder la
» nuit comme le jour ; ils ne laissent partir personne
» les mains vides. Ils ne vous feront aucun chagrin, mais
» ils vous apprendront à les supporter ; aucun ne vous
» fera perdre votre temps, chacun d'eux vous don-
» nera le sien ; leurs conseils ne seront ni intéressés,
» ni dangereux ; enfin leurs faveurs et l'amusement
» qu'ils vous donneront ne vous coûteront rien.

LE VRAI PLAISIR,

ou

LA GAIE SCIENCE.

Tous les hommes se servent des mêmes mots, mais ils y attachent des idées différentes. Leurs bouches parlent la même langue ; il n'en est pas ainsi de leurs cœurs, de leurs esprits, ni même de leurs sens ; chacun a son idiome particulier ; ce qui est vérité pour l'un, est erreur pour l'autre : nous ne sommes même pas d'accord sur le sens qu'on doit attacher aux mots *douleur* et *plaisir*, ces deux sources uniques de nos penchans et de nos aversions ; il est passé en proverbe de dire *qu'on ne peut disputer ni des goûts ni des couleurs* ; la conséquence de cet aveu devrait être une grande tolérance, une indulgence générale.

En effet, puisqu'on sent qu'il est impossible de disputer avec utilité sur ce qui est bon ou mauvais, comment espérer plus de fruit de la dispute, quand elle a pour objet de décider ce qui est bien ou mal ?

Puisque notre ignorance nous prescrit un doute sage et modeste, causons pour nous éclairer, mais soyons indulgens et tolérans : l'intolérance aigrit et divise ; elle irrite et blesse ; jamais elle n'a fortifié une vérité, ni affaibli une erreur.

Il existe même bien des opinions qui règnent tant qu'on les attaque, qui tombent dès qu'on n'en parle plus ; elles perdent le prix qu'on y attachait, le plaisir de la résistance.

Tant que j'ai cru qu'il était possible de tirer la vérité du lieu où elle se tient cachée, et de la faire reconnaître et adorer sur la terre ; tant que la jeunesse présomptueuse m'a persuadé que j'avais vu clairement cette mystérieuse divinité, j'ai été dogmatiste, tranchant et intolérant comme tant d'autres ; je ne sentais que du mépris ou de la pitié pour ceux qui n'entendaient pas, comme moi, les mots *justice, gloire, honneur, liberté, devoir, patrie et bonheur.*

Disciple ardent des stoïciens, n'estimant que les biens qui dépendent de l'ame, indifférent pour ceux dont le sort dispose, opiniâtre dans mes principes, sec dans ma doctrine, le système des partisans du plaisir et de la volupté me faisait horreur ; je haïssais presque également la franchise d'Aristippe qui n'adorait que les plaisirs des sens, et la subtilité d'Épicure qui voulait changer les vertus en volupté. Tous ces moralistes relâchés me paraissaient, comme le dit Cicéron, *ravaler l'homme au rang des bêtes.*

Fier d'une opinion qui m'exagérait mes forces et ma supériorité, je n'avais pas d'amis, parce que personne ne me semblait digne de l'être ; je m'éloignais du bonheur réel, en en cherchant un chimérique ; tout m'ennuyait dans le monde, parce que tout m'y semblait frivole ou corrompu ; et ma vanité même me rendait triste, parce que la faiblesse humaine me faisait parfois céder à des pensées incompatibles avec la perfection morale à laquelle je visais.

Quoique je fusse naturellement bon et sensible, je me refusais aux jouissances que donnent les sentimens les plus naturels. J'avais toujours devant les yeux la crainte de m'attacher trop fortement à des biens périssables; je suivais la maxime d'Épictète, qui dit : « Lorsque vous
» possédez un pot de terre, songez qu'il est fragile; si
» vous aimez un fils, un frère, pensez qu'ils sont mor-
» tels; si la mort vous les enlève, au lieu de vous déses-
» pérer, croyez, non que vous les avez perdus, mais que
» vous les avez rendus. »

Je n'osais me plaindre au médecin d'une *douleur*, parce qu'elle n'est pas un *mal*. Je me refusais à la joie d'un succès obtenu à l'armée, au théâtre, à la tribune, au plaisir même d'avoir fait du bien, parce que Zénon, Cicéron, Sénèque, voulaient qu'on aimât le *glorieux* et *l'honnête* pour la *vertu* même, et non pour les éloges et l'honneur qu'on en pouvait tirer; enfin, à force de chercher le *souverain bien*, je m'étais rendu souverainement malheureux; et, à force de vouloir être sage, j'étais devenu véritablement fou.

Mais savez-vous quel a été l'ami qui m'a tiré de ce précipice, le philosophe qui m'a délivré de cet esclavage? J'ose à peine vous l'avouer : eh bien! c'est *le Plaisir*.

Comme je lui dois le vrai bonheur, et que je le crois la vraie *sagesse*, il pourrait vous rendre le même service, et il serait mal à moi de vous priver d'un si grand bien, si je peux vous en faire jouir.

Mais ne vous effrayez pas des mots de *plaisir* et de *volupté*; ne croyez pas que je veuille vous faire sacrifier aux idoles : peut-être reconnaîtrez-vous bientôt que ces maîtres si doux ont aussi leur sévérité; ne jugez pas leurs mystères par leurs noms, et leurs principes par leur parure ; ne détournez pas vos regards de leurs couronnes de fleurs ; je vous promets, en revanche, que vous ne leur verrez pas le manteau cynique ; pardonnez-leur de s'occuper un peu de ce corps misérable si décrié par les philosophes, vous ne les verrez pas négliger l'ame et ses jouissances.

Écoutez leur langage sans prévention ; discutez doucement et gaiement leurs raisons, mais ne disputons pas ; car le *plaisir* fuit dès qu'on se querelle. Si, du choc des opinions, il sort quelque lumière, c'est ce qu'il cherche, pour mieux suivre la route du bonheur ; mais, si l'on en tire du feu, il s'éloigne, car il craint la douleur.

Une grande preuve de la fausseté du système des philosophes rigoristes, des stoïciens, c'est l'impossibilité où ils se trouvent de conformer constamment leur conduite à leurs principes, d'agir comme ils parlent, et de pratiquer ce qu'ils commandent.

Écoutez-les, ils sont impassibles ; voyez-les, la contradiction excite leur colère, la goutte leur arrache des soupirs, la beauté enflamme leurs sens, et la sagesse de Socrate vient échouer contre un sourire d'Aspasie.

Entraîné par une semblable faiblesse, je sortais un jour de la maison d'une aimable et célèbre actrice ; l'amour de la poésie m'y avait conduit, un autre amour m'y surprit ; le talent m'avait attiré, la grâce m'avait séduit, la volupté m'avait retenu ; j'étais honteux de ma défaite, et humilié de mon bonheur : jugez combien ma confusion redoubla, lorsque je me vis abordé par deux de mes amis, devant lesquels j'avais fait souvent étalage des principes de mon austère et orgueilleuse philosophie !

Ils me plaisantèrent agréablement sur le chemin fleuri que suivait ma sagesse, et me prièrent de leur dire si je venais de convertir une si jolie pécheresse, ou s'ils voyaient en moi un nouveau prosélyte de la volupté.

Je suis homme, leur répondis-je assez gauchement, rien d'humain ne m'est étranger : le plaisir est une fleur que le sage cueille sur son chemin ; mais il sait qu'un jour la voit naître et mourir ; il n'oublie pas qu'Épicure lui-même ne compare les *voluptés qu'aux bouffées légères d'un vent doux et gracieux.*

Certainement on ferait mieux d'être exempt de faiblesse ; mais on n'est vraiment dans l'erreur que si l'on érige ses faiblesses en principes ; on n'est aveugle que lorsqu'on prend le plaisir pour le bonheur, et lorsqu'on place le *souverain bien* autre part que dans la *vertu*.

L'un de mes deux amis, Damon, était un fameux épicurien qui riait de tout, ne craignait ni la mort ni l'avenir, et dont toute la vie était consacrée aux jouissances que lui prodiguaient une bonne santé, une joyeuse humeur, une belle figure, un esprit aimable et une grande fortune ; l'autre, que je nommerai Cléon, était un homme mûr, renommé par ses exploits, célèbre par son génie, considéré par ses vertus, sévère pour lui, indulgent pour les autres ; sa modestie pouvait et faisait pardonner sa supériorité ; il avait la conduite d'un philosophe et le langage d'un homme du monde ; parlant bien de tous les systèmes, il n'en professait aucun ; à sa simplicité on l'aurait cru pauvre ; le bien qu'il faisait apprenait seul qu'il était riche ; sa conversation était vive et gaie ; son caractère doux et égal ; respecté par ses inférieurs, aimé par ses égaux, adoré dans son intérieur ; les plaisirs embellissaient sa vie; les vertus habitaient son cœur, et tout ce qui l'approchait se croyait de son âge et de sa famille.

Dans ma position, que la maligne joie de Damon rendait un peu embarrassante, Cléon ne manqua pas de venir à mon secours. Vous croyez trop tôt triompher, dit-il à Damon ; votre terrain n'est pas aussi avantageux que vous le pensez ; notre ami ne sera pas battu si facilement, et c'est souvent en approchant des voluptés qu'on trouve de plus fortes armes contre elles.

Je suis charmé, répondit Damon, qu'au moins une fois vous conveniez que la volupté peut être utile au sage ; il est vrai qu'à présent vous croyez m'accorder peu, puisque vous trouvez que, plus on la connaît, plus on trouve de raisons pour aimer la sagesse : mais, n'importe, je prends acte de votre concession ; laissons le sage s'approcher de la volupté, et vous verrez s'il s'en dégoûtera si facilement, ou s'il ne s'y attachera pas constamment, comme au seul bien réel que l'homme puisse souhaiter pendant sa vie.

Notre ami vient de lui rendre un léger hommage : je le prie de nous dire avec franchise s'il est aussi ferme dans son système rigide, qu'il l'était avant ce petit écart ; et s'il continue à me trouver absurde, quand je déclare que le bonheur suprême n'est autre chose que la volupté.

Non-seulement, lui dis-je alors, mon ivresse passagère n'a pas changé mon opinion, mais je vous assure même qu'elle m'y affermit ; c'est un faux pas qui ne fait que m'avertir de marcher avec plus de précaution et de fermeté dans le chemin de la sagesse ; et je plains votre aveuglement, si, en connaissant ce plaisir, vous

le prenez pour le bonheur. Comment, en effet, regarder une volupté si courte, comme un objet digne de notre ame et comme le but de notre vie? Sénèque avait bien raison de dire « que le terme de cette vo-
» lupté est la jouissance même, et que son commence-
» ment est son premier pas vers sa fin. »

Ce que je dis de cette volupté, je le dis de toutes les voluptés des sens ; quand on les désire, elles tourmentent : quand on en jouit, elles troublent la raison ; elles sont accompagnées d'inquiétudes et suivies de regrets et d'ennui.

Si elles n'étendent pas leur empire jusqu'au cœur, on s'en lasse, on s'en dégoûte, on se blase ; et si l'ame s'abaisse assez pour s'y attacher, elle se dégrade et devient une esclave du corps; non-seulement une esclave vile, mais malheureuse ; car elle tremble continuellement de perdre un bien fragile et léger que mille accidens peuvent briser ou enlever, et dont le temps finit toujours par amener la perte.

Pouvez-vous attacher quelque prix à un bonheur toujours prêt à vous échapper par l'inconstance, par la rivalité, par la pauvreté, et par la maladie et la mort?

L'amour, le vin, la bonne chère, les concerts, les parfums, peuvent-ils vous conserver quelque félicité, lorsque la vieillesse aura glacé vos sens, émoussé votre palais, endurci votre oreille, et que, vous rendant insensible à tous ces vains fantômes, objets de votre culte, vous n'aurez que des désirs sans facultés, et des regrets sans espoir.

Vous vous apercevrez trop tard que, semblable à Ixion, votre volupté n'est qu'un nuage, et, au milieu des images de vos plaisirs, vous éprouverez le triste sort de Tantale.

Ah! croyez-moi, Damon, votre félicité n'est qu'une illusion qui vous éloignera de la vérité. Ce qui ne frappe que les sens n'a rien que de méprisable; notre vie est dans notre ame; et comme il n'y a de plaisir vrai que ce qui la rend heureuse, et de douleur réelle que ce qui la fait souffrir, je ne connais d'autre malheur que le crime ou le vice, et d'autre bien suprême que la vertu.

Tout le reste est mensonge ou prestige, et dépend de l'imagination. Les stoïciens nomment l'opinion *la reine du monde*; ils disent vrai, pour tout ce qui touche les sens; le plaisir n'est rien pour le sage qui le dédaigne; la douleur n'est rien pour l'homme courageux qui la méprise; la mort même change de forme pour nous, selon notre volonté. Néron la redoute, Socrate la supporte, Caton la désire.

Si notre ame blesse la vertu, elle souffre sans remède; si elle se conforme à l'ordre, à la loi des dieux, elle jouit d'une félicité que rien de matériel ne peut troubler.

Oh! pour le coup, reprit Damon, vous me permettrez de vous dire que rien n'est plus dépourvu de raison que tous ces superbes raisonnemens de vos stoïciens; ils traitent de chimérique ce qu'on voit de plus réel, de plus corporel, de plus matériel, le plaisir que je sens, la douleur que j'éprouve, et ils ne trouvent de vrai que ce fantôme créé par leur imagination, cette vertu qui, de leur aveu même, est impassible, ne sait ni jouir ni souffrir, et qui fait consister sa perfection à se rendre automate, à dédaigner le plaisir et à mépriser la douleur.

Il faudrait, mon cher, pour que votre opinion fût soutenable, que le ciel eût totalement séparé votre ame de votre corps ; mais elle y est si bien liée, et même assujettie, que vous n'avez pas une perception, pas une idée qui ne vous vienne par vos sens.

Votre esprit n'est occupé qu'à juger les rapports qui existent entre vos sensations, et sa seule action consiste à déterminer celles qui sont agréables ou déplaisantes, bonnes ou mauvaises, pour que votre volonté vous fasse chercher les unes ou éviter les autres.

Votre métaphysique est subtile, mais fausse : vous ne faites pas une action, un geste, un pas, vous ne jetez pas un cri, vous ne poussez pas un soupir, qui ne démentent évidemment vos orgueilleux principes.

Me direz-vous que vous aimez autant la fièvre que la santé, la bise que le zéphir, le vinaigre que le vin ? N'évitez-vous pas le fer qui vous menace, le soleil qui vous brûle, le froid qui vous glace ? Coucherez-vous indifféremment dans une maison ou à la belle étoile, sur la terre ou sur la plume ? Seriez-vous aussi gai dans une prison que dans un palais ? Un pain noir, un vieux fromage, vous satisferont-ils autant qu'un repas apprêté par Robert ? Enfin, vous reprocheriez-vous l'égarement où vient de vous jeter la belle Adèle, si vous lui aviez vu une peau ridée, un teint livide, des dents noires et des yeux éraillés ?

Vous avez beau vous débattre, vous êtes malgré vous esclave du plaisir et adorateur de la volupté.

La vieillesse, dites-vous, éteint les désirs, et le plaisir n'est plus pour elle qu'un objet de tourment et de regret ; ainsi on doit mépriser le plaisir. Il faudrait donc aussi détester la vie, parce qu'elle doit un jour finir par la mort ; et d'ailleurs, le souvenir n'est-il pas un plaisir ?

La bonne nature prive-t-elle la vieillesse, absolument, de toute volupté? N'a-t-elle pas le vin, le jeu, la table, la musique même, bien qu'elle y soit moins sensible? N'a-t-on pas vu Anacréon couronné de myrte, de lierre et de roses, au bout d'un siècle? Le maréchal de Richelieu avait-il quitté le rôle d'Alcibiade à quatre-vingts ans? Au même âge, le prince de Ligne ne rappelait-il pas les douces folies du chevalier de Grammont? L'abbé M...., encore plus vieux, ne tient-il pas bien sa place à table comme à l'Académie, et ne l'entendez-vous pas chanter les plaisirs, les arts et l'amitié!

Non, la nature n'est point marâtre; elle nous soigne tant que nous vivons, et, jusqu'au dernier soupir, elle nous donne un mélange de plaisir et de douleur, dans lequel le plaisir domine assez pour nous attacher à l'existence, et pour nous en faire souhaiter la durée.

Mais la vertu elle-même que vous prônez, vous ne l'aimez qu'à proportion de la volupté qu'elle vous promet.

La bravoure garantit vos jours; la tempérance prolonge votre santé et vos jouissances; la probité vous met à l'abri des prisons et des supplices; la générosité vous paie par des services et par la reconnaissance; la gloire vous promet des honneurs, des appuis, des richesses, des moyens de vous procurer tous les plaisirs et de vous défendre de toutes les douleurs.

Ainsi nous ne vous défendons pas d'aimer la vertu; nous ne serions plus des sages, si nous en étions les ennemis. Notre maître Épicure a dit lui-même « qu'on ne » pouvait pas vivre joyeusement, si l'on ne vivait hon- » nêtement. »

Mais nous voulons que vous ne la considériez que

comme le moyen d'arriver à une volupté sensuelle, plus complète et plus durable ; je veux que vous conveniez que le souverain bien est cette volupté sensuelle que la vertu doit favoriser, et non combattre.

Le vrai but du sage doit être de multiplier le plus possible ses plaisirs, et d'éviter ou d'alléger, autant qu'il le peut, la douleur. Un ancien l'a dit : « L'ame » se tait quand rien ne parle aux sens. « Ainsi ne nous mettons pas en peine de ce silence rare des sens ; ce n'est qu'un sommeil, une privation d'existence ; quand une douleur s'adresse à eux, échappons-lui si nous le pouvons, et, si cela est impossible, accoutumons-nous à ne pas la craindre, en retenant cette vérité consolante : « Si la douleur est longue, elle est légère ; si elle » est violente, elle est courte. »

Habituons-nous d'avance à penser que la mort met fin à la douleur ; qu'elle n'est qu'un changement d'existence qui ne nous donne que le repos. Ne craignons pas l'avenir ; ou les dieux, comme dit Épicure, ne se mêlent pas de nous, et alors nous ne pouvons redouter leur colère ; ou ils continuent à nous gouverner, et leur bonté ne peut nous préparer, dans une autre vie, des douleurs sans mélange de plaisirs. Leur bonté présente garantit leur bonté éternelle.

Ainsi, débarrassé de toute crainte, vous serez délivré du poison qui trouble le plus fréquemment le bonheur des hommes.

Quant aux plaisirs, goûtons-les, cherchons-les, comme un présent des cieux ; mais jouissons-en sans excès, pour ne les pas changer en douleur ; varions-les sans cesse pour éviter l'ennui ; inventons-en tous les jours de nouveaux.

Moi, j'approuve fort ce roi des Assyriens « qui fai-
» sait proposer par des hérauts, à son de trompe, un
» prix pour celui qui trouverait une nouvelle sorte de
» volupté. » Et, certes, l'invention d'un nouveau plaisir serait bien plus précieuse à mes yeux que l'invention
meurtrière de la poudre : la première mériterait récompense et gloire ; et l'autre une malédiction éternelle.

Rangez-vous donc à mon opinion, quittez votre triste
manteau qui ne couvre que des paradoxes ; couronnez-
vous de roses comme nous ; vous vivrez heureux, délivré de la crainte qu'inspirent au vulgaire la mort, la
douleur et les dieux, et vous jouirez du bien suprême,
la volupté, dont la vraie sagesse est inséparable.

Je voulais répondre ; mais Cléon, prenant la parole, nous dit : Vous êtes trop éloignés pour vous entendre, et vous avez tous deux trop dépassé la vérité
en sens opposé pour vous rencontrer dans ce juste milieu où elle se trouve : l'un ne pense qu'à l'esprit, et
l'autre à la matière ; l'un se crée une vertu si parfaite,
si désintéressée, et placée si haut, qu'il faut le suivre
dans les nuages pour l'atteindre ; l'autre se forge un
bonheur si bas, que l'ame doit tomber pour en jouir.

Damon appuie son bien suprême sur des plaisirs si
fragiles, que le moindre choc peut briser l'édifice de sa
félicité, et notre ami élève le sien en l'air sans lui donner aucun soutien.

Je vais vous combattre tous deux, et essayer de vous
prouver que vous tournez l'un et l'autre le dos au bonheur : l'un, en le faisant étranger à l'ame, et l'autre,
en le rendant impossible.

Je commence par attaquer le plus sévère de mes an-
tagonistes, celui dont les principes paraissent les plus

fermes; et j'aurais quelque répugnance à le combattre, puisqu'il fonde sa doctrine sur le respect des dieux et sur l'amour de la vertu, si je n'étais pas convaincu que son système donne une fausse idée des vertus et des dieux : or, aucune erreur ne peut être utile; elle devient même d'autant plus dangereuse, que l'objet sur lequel elle tombe est plus important.

Que faites-vous, en effet, mon cher philosophe, en plaçant le bonheur suprême dans la vertu, à l'exclusion de tout intérêt personnel, de tout plaisir, de toute volupté, et en voulant qu'on adore les dieux, sans leur rien demander, et sans jouir des biens qu'ils vous ont donnés? Vous composez si métaphysiquement votre bien suprême, et vous le placez si haut, que vous dégoûteriez les hommes de le chercher, et qu'ils s'éloigneraient de la vertu, parce qu'ils perdraient l'espoir d'en approcher.

La rigueur de vos maximes a fait plus de prosélytes à Épicure que son éloquence; il m'offre des plaisirs palpables, vous me présentez un bien-être imaginaire, fondé sur une parfaite impassibilité; et quand je suis déchiré par une douleur aiguë, vous me déclarez que je ne suis pas digne d'être heureux si je ne suis que résigné, et si je ne soutiens pas avec vous *que la douleur n'est pas un mal.*

Votre prétendue sagesse est une triste folie, puisqu'elle renverse les perceptions et les idées les plus évidentes; on peut l'accuser même d'ingratitude, parce qu'elle rend l'homme indifférent pour les présens que lui fit le ciel, et qu'elle ferme ses yeux aux tableaux rians, et ses oreilles aux doux concerts que lui offre la nature.

Elle compromettrait son existence même, s'il pouvait vaincre, comme il le veut, et mépriser cette sensibilité qui conserve notre vie, par la crainte salutaire de la douleur, et qui nous engage, par la voix des plaisirs, à revivre dans nos enfans.

Enfin, ce rude et désastreux système prive l'amour de ses charmes, l'amitié de ses douceurs, la gloire de son enthousiasme; et le mortel aveugle, qui voudrait suivre ses principes dans toute la rigueur de leurs conséquences, serait le plus infortuné des hommes; car il ne jouirait de rien et s'ennuierait de tout, ou se mépriserait lui-même, s'il évitait la douleur et cédait au plaisir.

Vous en êtes vous-même une preuve, mon pauvre ami; vos efforts, pour vous élever dans l'Empyrée, sont inutiles; vous tenez, malgré vous, trop fortement à cette terre que vous dédaignez; vous la foulez aux pieds, mais elle vous porte et vous attire; vous soupirez après un souverain bien qui échappe à votre vue, parce qu'il est tout idéal; vous vous reprochez les plaisirs qui vous entraînent; vous empoisonnez leurs jouissances par des regrets; vous cédez à la souffrance que vous niez; et vous vous trouvez dans un état de gêne et d'ennui continuel, parce que vous vous obstinez à séparer ce que le ciel a joint indissolublement, votre corps et votre ame.

Ainsi, vous vous trouvez trop au-dessus du plaisir pour le goûter, trop au-dessous de vos principes pour les suivre. Qu'avez-vous à me répondre, et croyez-vous encore qu'on puisse trouver le souverain bien dans la vertu, à l'exclusion de toute volupté?

N'ayant rien à dire, je me tus; Cléon avait lu l'exacte vérité dans mon cœur. Il est clair que je triomphe, s'écria Damon; Épicure, Aristippe n'auraient pas mieux parlé.

Attendez, dit Cléon, ne chantez pas victoire; je laisse notre ami rêver, et je viens à vous.

Vous venez déjà de l'entendre, Damon, je ne suis pas l'ennemi du plaisir, et je pense qu'il vient du ciel comme nous; mais je prétends que vous l'avilissez vous-même, en l'enfermant dans les étroites limites de nos sens, et qu'après l'avoir ainsi dégradé, vous tombez dans la plus étrange méprise, en voulant nous le faire prendre pour le souverain bien et le parfait bonheur.

Aimez le plaisir, j'y consens; mais appréciez-le bien, car il faut connaître ce qu'on aime. Vous abjurez d'abord les plaisirs trompeurs ou coupables, et dont l'excès ou l'illégitimité vous préparent des souffrances, des châtimens ou des remords; de votre aveu, toute douleur est à craindre; il faut donc fuir tout plaisir qui peut la donner, et dire avec La Fontaine :

> . . . . . Fi du plaisir
> Que la crainte peut corrompre !

Parlons donc des plaisirs sensuels, qui ne peuvent nuire ni à vous ni à autrui; ce sont les seules fleurs qu'un vrai sage puisse se permettre de cueillir.

Si vous adoptez ce principe, voilà déjà une foule de désirs réprimés et de plaisirs bannis : êtes-vous assez certain de la réalité, de la durée de ceux qui restent, pour en faire quelque chose de plus qu'un amusement, et voudrez-vous fonder votre bonheur sur cette base légère?

Pouvez-vous d'ailleurs en faire un système général, lorsque tous les hommes diffèrent d'opinion sur ce qu'on peut appeler plaisir?

L'ambre choquerait l'odorat d'un Hottentot; la graisse dont il se frotte souleverait votre cœur; les savans accords de l'Italie feraient dormir les Chinois, dont la musique bruyante étourdirait vos oreilles délicates; les mets recherchés qui aiguillonnent votre appétit ne tentent pas le cultivateur frugal.

Combien de gens n'avez-vous pas vus qui ne peuvent supporter ni le vin ni les liqueurs? Le peintre Nicias, *plus occupé de son art que de sa table, demandait à ses esclaves s'il avait dîné.*

Le roi des Scythes, Athéas, ayant entendu le célèbre joueur de flûte Isménias, qu'il avait fait prisonnier, dit qu'il préférait à cette musique le *hennissement de son cheval.*

Un Lacédémonien, assistant au spectacle d'Athènes, étonné du travail que tant d'hommes s'imposaient pour un jeu, disait que *c'était un plaisir acheté mille fois trop cher.*

Non-seulement on n'est pas d'accord sur la réalité, sur l'intensité des plaisirs, mais ceux mêmes qui les goûtent le plus s'en lassent, et veulent sans cesse les varier et en trouver de nouveaux. La beauté verserait-elle tant de larmes, et l'amour connaîtrait-il l'inconstance, si l'on ne se blasait pas promptement sur le plus vif de tous les plaisirs?

Nous sommes donc forcés, par l'imperfection des voluptés, à en chercher, à en imaginer d'autres. Alors ne voyez-vous pas l'épuisement des fortunes, les progrès du luxe, les raffinemens de la mollesse, la corruption du goût et des mœurs?

Forcés de réveiller vos désirs, pour saisir un bonheur qui nous échappe, rien ne nous coûte, aucun sacrifice ne nous arrête; l'amour devient, comme l'appelait Platon, *un entrepreneur de toutes choses.*

Le proverbe grec se vérifie : *La bourse des amoureux n'est plus fermée qu'avec une feuille de porreau.*

Pour entasser des plaisirs il faut conquérir des richesses. Aussi Cratès s'écriait, en prévoyant les suites funestes du luxe : *Garde-toi de nous jeter dans la sédition civile, en ajoutant un plat à la lentille!*

Et on voyait, à Thèbes, *une colonne brisée sur laquelle on avait gravé des malédictions contre le roi Menès, qui avait introduit le luxe et les voluptés en Égypte.*

De bonne foi, peut-on fonder le souverain bien sur des plaisirs qui causent tant d'ennuis lorsqu'ils sont bornés, et tant de maux et de désordres si on les multiplie?

Avouez donc, mon cher Damon, une erreur qui vous plaît, mais que vous ne pouvez soutenir; et convenez qu'Aristippe, dont vous suivez imprudemment les leçons, ne mérite pas le nom de sage quand il place le bonheur sur les ailes de ces volages plaisirs.

Votre premier maître, Épicure, n'ignorait aucune de ces vérités; il savait que le désir satisfait se change en dégoût, et le désir réprimé, en douleur; aussi son vrai système était rigoureux dans la pratique, quoiqu'il parût relâché dans sa théorie.

Il voulait qu'on travaillât sans cesse à diminuer ses désirs et ses besoins, à vivre de peu, à se contenter de tout, à se mettre ainsi à l'abri de l'ennui, du dégoût, du repentir. Il plaçait bien le bonheur dans la *volupté*; mais ce qu'il appelait volupté était l'état d'indifférence où l'homme se trouve, lorsqu'il est, à la fois, *sans plaisir et sans douleur.*

Ainsi il conduisait son sage par une route plus fleurie, et par des préceptes plus rians et plus doux, à la même *impassibilité* que vous reprochez aux *stoïciens*. Elle était même plus complète, puisqu'il prolongeait notre indifférence dans l'avenir en nous ôtant toute crainte des dieux.

Vous serez forcé de convenir que j'ai fidèlement développé sa doctrine : qu'en dites-vous, Damon ? Nous vanterez-vous encore ce bien suprême, cet état d'inertie des sens, de sommeil de l'ame, et nous ferez-vous croire que cette félicité insensible et passive est le vrai bonheur ?

Je suppose même qu'on adoptât cette étrange définition du souverain bien : voici la conséquence que nous serions contraints d'en tirer ; c'est que l'homme, pour être heureux, doit cesser de vivre.

Car, si le bonheur consiste uniquement dans *la privation des souffrances*, notre vie étant un mélange continuel de plaisir et de douleur, le vrai bonheur est incompatible avec l'existence ; et le philosophe indien avait alors raison de dire : « Il vaut mieux être en repos » qu'en mouvement, il vaut mieux être assis que debout, être couché qu'assis, et dormir que veiller ; » enfin la mort, plus douce que le sommeil, est préférable à tout. »

Voyez à quelle funeste conclusion nous mène votre déplorable système !

Je l'avoue, répondit Damon, vous nous avez vaincus tous deux ; mais n'est-ce pas une triste victoire puisqu'elle détruit nos illusions sans les remplacer ? Vous ne trouvez le bonheur ni dans la sublime vertu de Zénon, ni dans la séduisante volupté d'Aristippe, ni dans la tranquille inaction et la paisible privation de douleur d'Épicure: nous devons donc renoncer à être heureux; et le souverain bien, digne objet des vœux de la sagesse et des études de la philosophie, ne se trouve nulle part, et n'est qu'une chimère.

Rassurez-vous, reprit Cléon, mon intention n'est pas de vous faire renoncer au bonheur; je veux, au contraire, vous y conduire; et savez-vous quels sont mes deux guides? Je vais vous surprendre, ce sera le *Plaisir* et la *Vertu* réunis. Leur séparation cause toutes nos peines, leur réunion peut seule faire notre félicité. Vos philosophes les regardent comme incompatibles, et moi, je les crois tellement inséparables, que je ne conçois pas qu'on puisse être heureux par *un plaisir sans vertu*, ni par *une vertu sans plaisir*.

Je vous parle de bonheur et non de *souverain bien*. Cette dernière expression est trop forte pour l'homme; il est imparfait, et ne peut jouir sur la terre d'une félicité parfaite; il ne la trouverait que dans le ciel, en s'unissant à la source divine de toute perfection. On ne peut dans cette vie, composée d'esprit et de matière, embrasser qu'une image de ce bonheur parfait: mais il faut que cette image soit au moins ressemblante. C'est donc en soumettant nos sens à notre ame et le plaisir à la vertu, que nous pouvons imiter cette sublime alliance que nous devons espérer, et approcher de la vraie félicité autant que le comporte l'humaine faiblesse.

La nature a tout disposé pour faciliter cette union désirable; il est inconcevable que nos passions et nos erreurs nous aveuglent assez pour ne pas être frappés d'une vérité si évidente; moi-même je l'ai trop long-temps méconnue. Un vrai sage m'a ouvert les yeux, et je veux, comme lui, vous initier à ce doux mystère qui vous doit conduire à la *vertu* sur les pas du *plaisir*.

Le principe fondamental sur lequel repose notre doctrine est celui-ci : premièrement, il n'est pas un vrai plaisir pour les sens qui ne fasse sentir à l'ame une douce émotion ; l'ame est également sensible aux douleurs du corps.

Secondement, toute vertu, en donnant à l'ame une jouissance qui lui est propre, donne aussi une émotion agréable et du plaisir à nos sens ; et la souffrance que l'ame reçoit par le vice, par le crime, par les passions funestes, se communique également à nos sens.

Troisièmement, le bonheur consiste dans l'état de plaisir de l'ame et du corps, et dans l'absence de la douleur pour tous deux.

Quatrièmement, la sagesse a pour but de chercher le vrai plaisir, d'éviter ou d'alléger la douleur, et de rendre le bien-être de l'ame et du corps aussi parfait et aussi constant que le permet l'humaine nature.

Cinquièmement, lorsque le plaisir ne s'accorde pas avec la vertu, la douleur est plus forte que la jouissance ; et lorsque la vertu est unie au plaisir, la jouissance l'emporte sur la douleur.

Sixièmement, la vraie philosophie, que j'appelle la *gaie science*, nous donne les règles à suivre pour distinguer la vérité de l'erreur ; les vraies voluptés, des jouissances trompeuses ; les penchans dangereux, des penchans utiles. Elle nous conduit, par la sagesse, au vrai *plaisir* ; c'est-à-dire, au *bien-être de l'ame et du corps*.

Après la discussion qui vient d'avoir lieu entre nous, peu de mots me suffiront pour vous prouver la vérité de ce qui peut vous paraître encore douteux dans cette doctrine. D'abord, je n'ai pas besoin de vous répéter tout ce que les moralistes, et votre Épicure lui-même, vous ont dit de la satiété et de la souffrance que donne au corps le plaisir pris avec excès, ou contraire aux lois et à l'honneur.

Vous conviendrez facilement que la satiété des sens donne à l'ame de l'ennui; que, si le corps est malade d'excès, l'ame s'inquiète et se tourmente; et qu'enfin, si la volupté illicite vous fait éprouver la rigueur des lois et de l'opinion, l'ame est triste, confuse et souffrante.

Ainsi, je crois que nous sommes déjà d'accord sur les premiers principes que j'ai exposés, et dont la conséquence vous conduit à reconnaître la nécessité de ne goûter que des plaisirs permis, et d'en jouir avec modération et tempérance.

Venons à ce qui concerne l'ame; car c'est là que gît la difficulté, et c'est le sujet sur lequel mon opinion diffère le plus des vôtres.

L'ame a des plaisirs qui lui sont propres, et, comme ceux du corps, ils sont bons ou mauvais, utiles ou dangereux, honnêtes ou vicieux.

Si elle trouve des jouissances dans la justice, le courage, la générosité, la clémence, la franchise, la bonté, l'amour légitime et l'amitié, elle en éprouve aussi par l'orgueil, la colère, la vengeance, l'avarice, et par l'amour le plus coupable.

Je ne ferais que copier les écrits des sages de toutes les sectes, si je m'attachais longuement à vous prouver que les jouissances vertueuses de l'ame sont pures, délicieuses, exemptes de toutes craintes, et n'ont d'autre mélange de douleur que celui du léger effort qu'elle doit faire et répéter, pour résister aux penchans funestes; effort qui se paie de lui-même, par l'estime des autres et de soi, et par l'espoir fondé de devenir digne de s'allier un jour à la source divine du bonheur suprême.

Il est encore plus évident pour vous que l'ame, loin d'être heureuse, en cédant aux penchans coupables dont j'ai fait tout à l'heure l'énumération, est punie de ces dangereux plaisirs, par la honte, par le blâme, par l'inimitié, par l'humiliation qu'entraîne la fausseté, et par les tourmens inévitables que donnent le repentir et la crainte des vengeances humaines et célestes.

Ainsi on est forcé de convenir que l'ame, pour l'intérêt de son bonheur présent et à venir, ne doit se livrer qu'aux plaisirs qu'approuve la vertu, et qu'elle doit éviter ceux qui sont incompatibles avec la sagesse.

Mais je vais plus loin, et je crois pouvoir vous démontrer que l'ame, qui s'écarte de la vertu, communique aux sens ses douleurs, et prive le corps de tout vrai plaisir.

Vous savez déjà que l'ame, affranchie des règles de la tempérance, pousse le corps aux excès; et vous êtes convenus que les plaisirs désordonnés faisaient éprouver au corps plus de peines que de voluptés, et lui donnaient de longues douleurs pour de courts plaisirs; mais, en ne considérant même que les erreurs de l'ame qui vous semblent avoir moins de rapports avec les sens, voyez quels funestes effets elles produisent sur eux.

Regardez ce tyran cruel qui, dans son lit, voit des ombres et leurs vengeurs, des complots et des poignards; cet autre que l'ivresse a rendu furieux; cet ambitieux que l'envie maigrit et dévore; cet avare qui jaunit de privation, près d'un trésor qu'il tremble de perdre ; ce débauché qui se glisse dans l'ombre, qui fuit les regards de la vertu, les pleurs de l'innocence, et la sévérité des lois ; ce fourbe et ce lâche qui frémissent au moindre mot, et redoutent à chaque instant la main qui les démasque et la parole qui les insulte. Considérez leur agitation, leur trouble, leur rougeur, leur tremblement, leur pâleur, et vous serez convaincus que la douleur de l'ame coule dans toutes les veines du corps, s'imprime dans tous ses nerfs, se grave sur tous ses muscles.

Il ne me reste plus à présent qu'à vous faire connaître une autre vérité, selon moi, tout aussi évidente ; c'est que le plaisir de l'ame se fait sentir par le corps, et lui donne même des plaisirs nouveaux.

En suivant la même méthode, j'éviterai les longueurs, et je ne m'attacherai pas à vous rappeler que l'ame vertueuse, en forçant le corps à la tempérance, lui paie les privations légères qu'elle lui impose, par des plaisirs réels et constans ; elle le met à l'abri des maladies et de la satiété ; elle aiguillonne ses appétits, elle augmente ses forces, elle calme ses agitations, elle l'exempte de toute crainte.

Vous croirez moins facilement peut-être que les jouissances purement spirituelles de l'ame se communiquent aux sens, et que le courage, la justice, la générosité, la bienveillance, fassent goûter au corps quelques plaisirs, et même des plaisirs plus doux que ceux qu'il se donne lui-même ?

C'est ici que les stoïciens m'attendent ; ils vont me demander si je crois que Régulus trouvait du plaisir dans les supplices de Carthage, et d'Assas sous les baïonnettes des Prussiens.... Je répondrai, sans hésiter, que rien n'est plus vrai.

Eh quoi! lorsqu'au spectacle vous assistez à une action qui n'est qu'un jeu, à des catastrophes qui ne sont que des fictions, ne sentez-vous pas les douces larmes que font couler, la tendre émotion que vous donnent, l'enthousiasme sublime que vous inspirent le courage bravant la mort et la tyrannie, le dévouement se condamnant à tous les sacrifices, la vertu triomphant de la passion, la clémence surmontant la colère, et forçant la haine à l'admiration? Et, lorsqu'on vous raconte un trait de piété filiale, d'héroïsme maternel, de bienfaisance modeste et cachée, n'éprouvez-vous pas un doux saisissement, une volupté délicieuse? Le battement de votre cœur, la couleur de votre teint, l'humidité de vos paupières, n'attestent-ils pas le plaisir que vous éprouvez? et quand, au lieu d'une fiction, c'est une réalité, quand vous n'êtes plus le spectateur, mais l'acteur même et le héros; lorsque la vertu brille de tout son éclat, non plus sur un théâtre, mais dans votre ame, vous croyez que vous n'éprouveriez pas un plaisir plus vif, une émotion plus forte, un bonheur plus grand?

Non, c'est impossible; vous pensez comme moi, je le lis dans vos yeux, et vous êtes convaincus que les jouissances spirituelles de l'ame donnent aux sens même les plaisirs les plus parfaits qu'ils puissent goûter, et qu'elles doivent par conséquent être le premier but de nos vœux, de nos efforts et de nos désirs.

Vous voyez, mes amis, le but où je voulais vous amener; et, si vous êtes d'accord avec moi sur les principes que j'ai exposés, vous adopterez la doctrine du *vrai plaisir*, qui peut seule mener à la sagesse et au bonheur. Ne soyons pas injustes pour les dieux, nous leur devons une éternelle reconnaissance, puisqu'ils ont lié notre naissance au plaisir, notre vie aux jouissances, et notre félicité à la vertu.

Considérons le monde comme le temple du bonheur. Dans une première enceinte nous entendons des concerts mélodieux; nous voyons des fleurs charmantes, des fruits délicieux; nous trouvons des tables délicatement servies; l'air est embaumé de parfums; une foule de jeunes beautés nous invitent à la danse, aux chants, à l'amour; les gazons nous offrent leur duvet, les arbres leurs ombrages, la vigne son nectar; l'imagination ajoute à toutes ces jouissances tout ce qu'inventent les talens, l'industrie et les arts.

Un grand nombre d'hommes s'arrêtent dans ce séjour, et se livrent sans mesure et sans prudence à tous ces plaisirs, qu'ils prennent pour le bien suprême; bientôt ils s'égarent, s'épuisent, se querellent, se combattent, et sortent malheureux et découragés.

D'autres, méfians, sombres, systématiques, orgueilleux ou fanatiques, méprisent tous ces objets séduisans, tous ces rians spectacles; s'en éloignent avec ingratitude, oublient que ce sont des présens de la Divinité; ils quittent le temple, et s'enfoncent dans de tristes déserts.

Un petit nombre d'hommes plus sensés goûtent en riant, mais avec modération, ces voluptés que le ciel envoie pour satisfaire aux besoins de la nature, pour leur contenter l'utile curiosité de leur esprit; ils en jouissent en admirant la prodigue bonté des dieux, l'harmonie et la variété infinie de leurs ouvrages; mais ils sont loin de regarder ces voluptés fragiles, ces amusemens légers, comme l'essence de leur bonheur et le terme de leur voyage; leur ame, cherchant d'autres plaisirs, les conduit dans une autre enceinte.

Là, ils éprouvent des penchans plus forts, de plus profondes émotions; toutes les vertus, toutes les passions viennent à leur rencontre. Une trop grande partie d'entre eux se laisse séduire par la fausse gloire, par l'orgueil, par l'amour de la puissance des richesses; l'envie, la haine et la discorde les entraînent; ils sortent égarés, malheureux, et ne peuvent plus jouir des plaisirs même qu'ils avaient goûtés dans la première enceinte; ils fuient, et vont se perdre dans le néant et dans le malheur.

Les vrais sages, enfin, soutenus par leur courage et guidés par les vrais plaisirs, évitent ces passions funestes; ils acceptent les palmes de la vraie gloire, les dons de la fortune probe, si le hasard la leur présente, et ils se hâtent d'entrer dans le sanctuaire du vrai plaisir: ils y arrivent, et y sont reçus par la justice, la tempérance, la modestie, la bienveillance, l'amour légitime, la constante amitié, la sagesse laborieuse et la douce gaieté.

Tout est simple, noble, naturel, frugal dans ce lieu; on y respire un air pur, on n'y éprouve que de douces émotions; la santé s'y maintient dans sa force, par la sobriété; le contentement intérieur y rend l'humeur égale et gaie; on y est indulgent, parce qu'on s'y rappelle les obstacles et les difficultés du voyage, et les erreurs dans lesquelles on est tombé. Les sages ont placé au fond du sanctuaire le plaisir couronné par la vertu qui lui montre dans le ciel l'image du vrai bonheur.

Ces sages modestes se promènent souvent dans les autres enceintes ; c'est en modérant les désirs qu'ils augmentent le charme des voluptés ; ils jouissent de celles qui leur sont permises, sans y attacher d'autre prix qu'à des amusemens utiles autant qu'agréables, et rentrent promptement dans l'enceinte sacrée, où ils s'occupent sans cesse à perfectionner leur ame pour augmenter leur bonheur. Ils aiment leurs semblables ; ils éclairent ceux qui les suivent, et plaignent ceux qui s'égarent. Voilà les hommes qui, par ma voix, vous invitent à embrasser comme eux la philosophie du plaisir.

Lorsque Cléon eut fini de parler, nous l'embrassâmes tous deux, et je lui dis : Vous nous avez convertis, nous sommes vos disciples ; nous apprendrons avec vous la *gaie science*, la vraie *philosophie*. Vos *plaisirs* nous expliquent le secret de vos *vertus* et de votre *bonheur*.

DE LA PEUR.

CRAINDRE la douleur, désirer le plaisir, voilà toute la vie de l'homme; chercher le bien-être dans le monde, éviter le mal-être, espérer le ciel après sa mort, et redouter l'enfer dont on le menace, voilà l'objet de toutes ses pensées, le but de toutes ses actions : ainsi la moitié de son existence est donnée à la *peur*, et l'autre à l'espérance.

Les fanfarons disent seuls qu'ils ne connaissent pas la *peur*; c'est un mensonge qui les trahit : le vrai brave convient qu'il éprouve la crainte, et la surmonte; l'enfant, l'homme ivre et le somnambule paraissent exempts de peur, parce qu'ils ne connaissent pas le danger. Les anciens ne pensaient pas que *la prouesse et la hardiesse fussent une privation de* PEUR; mais ils estimaient que *c'était plutôt une* PEUR *d'encourir le blâme et la honte*.

La *peur* est une passion naturelle, et ne disparaît qu'à la vue d'une autre passion plus forte. Le courage est un calcul qui vous fait braver un mal, pour vous faire éviter un mal plus redoutable : vous souffrez quelques instans par le péril, pour ne pas souffrir long-temps par le déshonneur, et par la perte de la considération et des emplois que vous désirez. L'éducation, l'exemple, les lois, les mœurs, forcent l'homme à faire ce calcul, qui, par habitude, devient ensuite un sentiment.

Ainsi les gouvernemens et les législateurs peuvent rendre un peuple lâche et courageux. Autrefois, tout Romain était brave; la loi et l'opinion attachaient le bonheur au courage, le malheur et la honte à la pusillanimité. Pourquoi fuir un péril court et incertain, quand la fuite est le chemin qui mène à un long supplice?

A Sparte, le citoyen qui avait fui était inhabile à tout emploi, personne ne s'alliait à lui; on pouvait le battre, et il devait le souffrir; on exigeait qu'il fût vêtu d'étoffes grossières, et rasé à demi. Cette douleur morale était si affreuse, qu'elle faisait braver la mort la plus certaine.

Cette bravoure de raisonnement, qui n'empêche pas d'apprécier le danger, est la véritable et la plus constante; elle ne peut varier dans aucune circonstance, parce que son principe est toujours le même. Il est une autre bravoure, c'est la bravoure de tempérament; elle est quelquefois plus ardente, mais toujours moins clairvoyante et toujours plus incertaine; elle vient de la chaleur du sang, de la dureté des nerfs, du peu de vivacité de l'imagination. Le soldat, animé de cette bravoure physique, n'éprouve que de la haine contre l'ennemi qui l'attaque; il s'enflamme de colère contre le danger, il court au-devant pour s'en affranchir; à vos yeux étonnés, il paraît un héros; mais ce même homme, une autre fois, dans une disposition différente, affaibli par la fatigue ou par la faim, se trouble si le péril se prolonge; désespéré de son salut, il oublie sa gloire, jette ses armes et prend la fuite.

C'est en ne considérant que ce genre de bravoure physique que les braves espagnols disent: *il fut brave un tel jour.*

En France, la bravoure de raisonnement est plus générale, parce que le point d'honneur en fait une nécessité, et presque une religion. Chaque peuple a son objet de crainte particulier. En Espagne, on craint, par-dessus tout, l'enfer; en Italie, la mort; en Angleterre, la servitude et la pauvreté; en France, le ridicule et le déshonneur. Aussi je suis certain que les partis se seraient depuis long-temps réconciliés dans notre pays, s'ils n'avaient fait que se tuer et s'emprisonner; mais ils veulent changer les querelles d'opinions en querelles d'honneur : c'est ce qui les éternise. On se pardonne tant qu'on s'estime; tant qu'on se méprise on se hait.

Il existe encore un autre genre de bravoure, assez rare dans nos contrées, mais très-commun chez les Musulmans; elle doit sa naissance et sa force au fatalisme; à ce système qui fait croire que tous nos jours sont comptés, qu'une chaîne invisible nous conduit à un but que nous ignorons, et que l'heure de notre mort est tellement arrêtée et marquée, qu'aucune témérité et qu'aucune prudence n'en peuvent accélérer ou retarder l'instant.

On conçoit qu'une telle opinion nous rend inaccessible à la crainte; en effet, si le péril qui nous alarme ne doit pas, selon l'ordre du destin, nous être fatal, pourquoi le craindre? et, s'il est écrit qu'il nous sera funeste, à quoi bon le fuir, puisqu'on ne peut l'éviter?

Je sais que ce système peut paraître insensé, et qu'en le poussant un peu loin on arriverait promptement à des conséquences absurdes. L'homme, ainsi conduit par la destinée, n'est plus qu'une machine, son ame qu'une esclave, sa volonté qu'un ressort. Il n'en est pas moins vrai que, de tout temps, cette idée a eu de célèbres partisans; elle se lie aux idées de l'ordre qui régit l'univers et à celle de la prescience de Dieu. Eh! quel homme aurait jamais pu croire aux prophètes, aux oracles, aux augures, aux présages, s'il n'avait pas pensé que l'avenir était réglé d'avance, et que tous les événemens futurs sont écrits dans le livre du destin?

De notre temps, on a vu un homme extraordinaire, porté par cette croyance aux plus audacieuses entreprises, persuadé que rien ne pouvait changer son sort; aucun obstacle n'arrêtait sa marche, aucun danger n'excitait sa crainte, et l'impulsion de son ambition lui semblait l'ordre du génie qui le conduisait dans une carrière de gloire, dont le but et le terme lui étaient inconnus.

Un jour il venait d'échapper à un complot hardi, tramé contre sa vie: on lui représenta qu'il s'était exposé imprudemment et sans nécessité aux coups qu'on pouvait et qu'on voulait lui porter.—*Quand ils auraient tiré*, dit-il, *ils auraient peut-être tué ou blessé un de mes aides de camp.*—*Et pourquoi pas vous-même?* lui répondit-on.—*Parce que je pense qu'il n'en est pas encore temps. Croyez-vous que j'attribue à moi seul, et à mon habileté, les choses extraordinaires que j'ai faites? non, une puissance supérieure me pousse, et me mène à un but que j'ignore: tant que ce but ne sera pas atteint, je suis invulnérable, inébranlable; mais dès que je ne serai plus nécessaire, il suffira d'une mouche pour me renverser.* Ce fait, aussi singulier que vrai, expliqué bien des énigmes: quel péril, quel obstacle, quel conseil, auraient pu arrêter les pas de l'homme pénétré d'une pareille idée? La terre soulevée pouvait-elle lui paraître une barrière contre une ambition qu'il croyait inspirée par le ciel, et gravée par le destin?

Il existe des êtres dont l'organisation est si délicate, et le genre nerveux si irritable, que la peur physique l'emporte sur le raisonnement, et que la crainte morale de la honte ne peut leur faire supporter l'approche du danger et la sensation de la douleur ; ils sont plus à plaindre qu'à blâmer. Cependant je crois qu'une éducation plus forte et qu'une plus vive impression d'honneur leur auraient fait vaincre la nature, d'abord avec peine, et plus tard sans effort.

On avait recommandé à un officier supérieur, pendant la guerre d'Amérique, un jeune homme d'une famille distinguée : il vit le feu pour la première fois dans un combat naval ; l'action eut lieu pendant la nuit, les vaisseaux se touchaient presque. Ce mélange imposant de bruit, de feu, d'obscurité, des cris des combattans et des blessés, troubla d'abord le jeune débutant. Son mentor l'aperçut qui se retirait doucement à l'écart : il alla à lui, sans paraître remarquer son émotion ; il le prit par la main, elle tremblait : il le mena, en causant, près du bord opposé au bâtiment ennemi ; il lui fit admirer ce spectacle imposant de trente-deux canons qui tiraient de si près : il plaisanta sur le petit nombre de coups qui portaient. Le jeune homme se calma, s'enhardit, se mit à rire ; et pendant le combat, comme depuis, il montra toujours la valeur la plus froide et la plus brillante. Ainsi ce premier effort décida probablement de sa réputation et de sa destinée.

A la bataille de Fontenoy, un jeune officier hollandais se trouvait dans la fameuse colonne qui rendit si long-temps la victoire incertaine ; il fut tellement saisi par la vue du carnage, et par le feu meurtrier auquel il était exposé, qu'il ne se sentit pas la force de marcher. Il eut beau se reprocher la honte qui l'attendait, il sentit que son corps dominait son ame; et ne pouvant ni surmonter la crainte, ni survivre à son honneur, il appuya son fusil sur sa poitrine, et se tua : ainsi ce fut la peur de la mort qui le décida à se la donner pour sauver sa réputation.

L'empereur Théophile, livrant bataille aux Bulgares, éprouva tout à coup un tel effroi à l'aspect des barbares, qu'il lui devint impossible de commander et de marcher. Manuel, un de ses généraux, lui rendit le courage, en le menaçant de le tuer, s'il sacrifiait à sa frayeur, son honneur, son trône et sa patrie.

Quelquefois la peur cherche des masques honnêtes pour se déguiser, et les blessés doivent souvent de prompts secours à cette faiblesse; tous les hommes timides s'offrent avec empressement pour les soigner et les transporter hors du champ de bataille et loin du danger.

La veille d'un combat, un officier vint demander au maréchal de Thoiras la permission d'aller voir son père qui était à l'extrémité, de lui rendre les derniers devoirs et de recevoir sa bénédiction. « Allez, lui dit le général » (qui démêla fort bien le motif réel de sa demande): » Père et mère honoreras, afin que tu vives longuement. »

Quelquefois la peur saisit tout à coup une ville, un corps, une armée; elle devient une véritable folie, trouble toutes les imaginations, et entraîne les cœurs les plus braves.

L'armée de César, saisie d'effroi à l'aspect des Germains, ne voulait plus combattre; il eut besoin de tout son génie pour la rassurer; celle de Germanicus se révolta pour fuir le danger.

Nos anciens preux ont eu leur journée des éperons.

Dans la campagne d'Austerlitz, un de nos médecins, se trompant de route, entre dans une ville qu'il croyait à nous, et qui était occupée par quatre cents Autrichiens : il se crut perdu ; mais, s'étant avisé de dire que l'armée française le suivait de près, et qu'il venait pour établir un hôpital, la peur saisit tellement les Autrichiens, qu'ils se retirèrent en toute hâte. Ainsi ce médecin prit tout seul la ville, et mit en fuite la garnison.

Nos braves armées, inspirant par-tout l'effroi, ont elles-mêmes quelquefois cédé à son pouvoir, et leurs retraites se sont changées en déroutes. Le grand Pompée, si long-temps heureux, venait de battre l'armée de César : il livre à Pharsale une seconde bataille, sa cavalerie seule est repoussée ; rien n'était encore décidé ; ses légions intactes pouvaient rétablir le combat et disputer la victoire : la peur s'empare de lui, et il perd, en fuyant, sa gloire et la liberté de sa patrie.

Les Romains redoutaient tellement cette *peur* qu'ils avaient inspirée à tant de peuples, et que les Gaulois seuls leur avaient fait éprouver, qu'on la déifia chez eux, et qu'elle eut un temple dans cette ville consacrée à *Mars*, qu'on citait par-tout elle-même comme le temple de la bravoure et de la guerre.

Les Lacédémoniens avaient bien aussi érigé un temple à la *Peur* ; mais cette fondation avait un autre esprit et un autre but : ils pensaient que *l'homme révère ce qu'il craint* ; ils voulaient inspirer la crainte des lois à l'égal de celle des dieux : ainsi le temple de la *Peur* avait été bâti et placé à Sparte près de la salle des *Éphores*. Ceci nous conduit à parler de la peur morale, bien plus générale et bien plus difficile à vaincre que la peur physique.

Celle-ci est trop directement punie par le déshonneur, pour qu'on ne veuille pas la surmonter ; on peut dire même que, si elle n'aveugle pas, elle donne le désir de se venger et de s'affranchir du péril et de la douleur.

L'être le plus faible paraît et devient brave lorsqu'il est animé par une passion ; la perdrix timide s'élance au-devant du chien pour laisser à ses petits le temps de fuir.

Agésilas, voyant une souris qui mordait, en se retournant, un jeune homme qui l'avait prise, dit à un Lacédémonien dont il connaissait la timidité : « Comment l'homme ne repousserait-il pas le danger par la hardiesse, lorsqu'un si faible animal se venge du mal qu'on veut lui faire ? »

Souvent l'audace suffit pour éloigner l'ennemi : Caton disait qu'un regard formidable, un cri menaçant, l'avaient aussi utilement servi au combat que ses armes.

Tout le monde sait que la bravoure évite plus de périls que la peur, et qu'il y a plus de blessés parmi les fuyards que parmi les braves ; aussi la bravoure est devenue si commune, qu'elle a besoin d'être téméraire pour se faire distinguer et citer.

C'est le courage qui est rare ; on le compte avec raison au nombre des vertus : il a bien d'autres ennemis à combattre que la bravoure ; il recueille moins d'éloges bruyans quand il se montre ; il trouve plus de prétextes et d'exemples quand il cède.

La bravoure ne doit surmonter que le péril d'un instant, que l'angoisse d'une courte douleur. Il faut que le courage résiste à la *peur* du malheur, de l'injustice, de la disgrace, de la pauvreté ; il doit vaincre les passions qui entraînent, les désirs qui tourmentent, et supporter les privations.

Son devoir est de maintenir notre conscience droite, ferme et calme, et de préserver notre ame de la faiblesse qui la dégrade, du vice qui la déprave, de la vengeance qui l'égare.

Son but est de faire triompher la vertu des conseils perfides que nous donne la *peur*, cette *peur* que nous éprouvons de manquer ou de perdre le *plaisir*, la *fortune* et le *pouvoir*, trois idoles que nous prenons sans cesse pour le bonheur.

En cherchant avec soin à connaître la cause de nos faiblesses, le motif de nos mauvaises actions, le principe de nos passions, et, pour ainsi dire, la racine de nos vices, on trouvera presque toujours une peur dominante qui nous décide et nous entraîne.

L'esclave et toutes les bassesses qui sont à sa suite sont l'effet de la *peur* qu'on a de la mort, de l'exil ou de la prison. La tyrannie d'un Néron, d'un Denys, d'un Caligula, ne devait sa cruauté qu'à la *peur* des révoltes et des conjurations. Les sages, tels que Burrhus, disaient en vain :

> Craint par tout l'univers, il vous faudra tout craindre,
> Toujours frémir, toujours trembler dans vos projets,
> Et pour vos ennemis compter tous vos sujets.

Ils n'en continuaient pas moins à se créer de nouveaux dangers par de nouveaux supplices, et à se cacher la nuit, de chambre en chambre, poursuivis par la réaction de la terreur qu'ils inspiraient.

N'est-ce pas la *peur* qu'on a des conquérans, qui leur attire tant de faux hommages, tant de présens perfides, tant de basses adulations ? On les flatte encore à genoux, la veille du jour où l'on se soulève pour les renverser.

Verrait-on l'avarice supporter tant de privations et

de mépris, nouer tant d'intrigues et commettre tant de crimes, si elle n'était pas dominée par la *peur* de la pauvreté ?

Les couvens seraient-ils jadis devenus si riches et si puissans, sans la *peur* des hommes, qui croyaient se racheter de l'enfer par des largesses ?

N'est-ce pas la *peur* de la mort qui fait la fortune des charlatans et des devins ? Aurait-on vu tant d'hommes oublier la justice, et trahir leur conscience dans les assemblées publiques, sans la *peur* qu'inspiraient les tribunes et les vociférations de la populace ?

Le grand Condé lui-même, si intrépide dans les combats, avouait sa *peur* des émeutes populaires, et de ce qu'il appelait *guerre de pots de chambre*.

Pour peu qu'on soit de bonne foi, ne conviendra-t-on pas que c'est la *peur* de l'ennui qui rend *l'oisiveté* mère de tous les vices, et que cette *peur* fait plus de femmes infidèles que l'amour ?

Avouons que la *peur* est la source de presque toutes les actions qu'on se reproche : l'homme connaît le bien et fait le mal ; il dit comme le poëte latin : « Je vois et » j'approuve ce qu'il y a de mieux, mais je me laisse en- » traîner à ce qu'il y a de pire. » Aussi le vrai courage est la première des vertus ; elle donne le pouvoir de les pratiquer toutes.

Un homme véritablement courageux ne peut être ni esclave, ni tyran, ni superstitieux, ni intrigant, ni traître, ni avare, ni débauché ; son ame résiste à tout, et il est également à l'abri de l'ivresse de la prospérité, de l'abattement du malheur, des conseils pusillanimes de la crainte, des piéges de la flatterie, et de la séduction du vice.

Sa seule *peur* serait d'enfreindre la loi divine, de troubler l'ordre public, de manquer aux règles de l'honneur, et d'encourir le blâme du seul juge qu'il redoute, sa conscience.

C'est parce que le vrai courage est rare qu'on est partout obligé de venir au secours de la faiblesse humaine, en lui inspirant deux *peurs* salutaires, créées pour triompher des autres *peurs* qui nous égarent.

Ces *peurs* salutaires sont la *peur* des lois et la *peur* de l'opinion : ce sont les grands ressorts des gouvernemens ; mais il en est peu qui sachent parfaitement s'en servir ; ils sont presque par-tout trop tendus ou trop relâchés. Ces deux grands leviers de la force publique doivent être créés par le génie et dirigés par la justice ; trop souvent on les voit disposés par l'ignorance, usés par la routine et conduits par la passion, ou abandonnés au hasard par la faiblesse.

Le mépris des lois est le présage le plus certain de la décadence d'un empire ; car l'ordre n'existe que par elles : *la vraie liberté n'est autre chose que l'esclavage des lois* ; si les lois dorment, les passions veillent, les vices et les crimes commandent. La classe la plus nombreuse des hommes n'est contenue que par la crainte de la loi ; et malheureusement il en est trop auxquels on peut dire comme Horace :

Mais la peur du gibet fait votre probité.

La classe élevée des hommes est gouvernée par la crainte de l'opinion ; cette peur est, pour elle, souvent plus forte que les lois, et même plus puissante que la religion.

Dieu, la nature et les rois ont défendu le duel, sous

la double peine et de la mort et d'un malheur éternel : mais l'opinion attache la honte au refus du combat, et le duel existe contre la volonté des rois, de la nature et de Dieu.

Heureux le pays où les lois et l'opinion s'accordent comme autrefois à Sparte et à Rome : c'est alors qu'on voit de grandes vertus et de grands hommes ; par-tout ailleurs on trouve des actions d'éclat et des hommes célèbres ; mais on ne rencontre pas cette unité de principes, cette fermeté dans la conduite, cette justice dans la distribution de la honte et du blâme, qui donnent à tout un peuple un caractère héroïque et national.

Comment faire suivre une droite ligne aux hommes, lorsque celle du bien et du mal n'est pas irrévocablement et uniformément fixée? Qui peut décider leur marche, quand l'opinion du guerrier est différente de celle du citoyen, lorsque la loi civile permet ce que la loi religieuse défend? Et quelle funeste confusion ne doit-on pas craindre dans un siècle et un pays où la philosophie, la croyance, la loi, l'honneur, la liberté, se disputant l'autorité, parlent et commandent dans des langues différentes? Quelle bannière suivre lorsqu'elles portent toutes l'image de l'opinion publique dont chaque parti se déclare l'organe ; dont chaque passion se croit l'interprète?

Nous serons grands et heureux, lorsque de toutes ces opinions on ne fera qu'un seul faisceau, un seul flambeau de toutes nos lumières ; car, s'il n'est rien de plus utile que la peur de l'opinion publique, rien n'est plus funeste que la *peur* des opinions divergentes et opposées.

En France, cette vraie patrie de la bravoure, il existe une *peur* dominante qui ne connaît aucun frein, qui résiste à toute loi, qui ferait braver toute défense et tout danger ; c'est la *peur* du *ridicule*.

Ce ridicule est une arme dont la méchanceté se sert toujours habilement, et que la raison a quelquefois, mais trop rarement, employée avec succès.

La vanité a forgé cette arme redoutable ; elle effraie l'homme le plus sage et le plus courageux ; et souvent, pour en éviter les coups, il lui sacrifie ses goûts, ses sentimens, ses habitudes, ses opinions et jusqu'à ses devoirs.

La peur du ridicule a produit chez nous plusieurs effets salutaires : elle a poli nos mœurs et notre langage ; elle a donné de l'élégance à nos manières et à nos parures ; elle nous a rendus moins grossiers dans nos passions, moins emportés dans la dispute ; elle a voilé les vices qu'elle n'a pas détruits : nous lui devons la réputation d'être le peuple le plus sociable.

Molière, en maniant avec adresse la vertu du ridicule, s'est fait craindre comme un législateur : à sa voix on a vu disparaître les petits-maîtres, les pédans, les femmes savantes, les précieuses ridicules; les jaloux ont caché leur faiblesse ; l'avare a entr'ouvert sa bourse et masqué décemment sa lésinerie ; enfin l'hypocrisie n'a plus si insolemment usurpé les honneurs de la piété.

Mais d'un autre côté, par les mêmes armes, on a malheureusement attaqué, avec autant de succès, la religion et la vertu. J'ai vu la peur du ridicule faire plus d'incrédules que la philosophie ; j'ai vu long-temps des époux unis rougir de leur tendresse, et ne pas oser paraître ensemble en public. Le vrai bonheur n'osait s'avouer et se montrer, de *peur* de passer pour trop *provincial* ou trop *bourgeois*.

Que de gens se sont ruinés pour qu'on ne les raillât pas sur leur économie ! que de folies ont faites des jeunes gens naturellement sages, pour qu'on ne les appelât pas pédans !

La folie de la mode ne doit-elle pas sa tyrannie à la *peur* du ridicule !

La jeune comtesse de M.... était, par sa grace, par sa figure, par ses talens, par ses qualités, l'ornement du monde, et faisait le bonheur de sa famille. Une mode, aussi contraire à la décence qu'à la santé, voulait alors que les femmes ne cachassent presque aucun de leurs charmes : l'hiver était rigoureux ; la poitrine de la comtesse fut attaquée ; l'amour, l'amitié, la raison, épuisèrent en vain leurs efforts pour la déterminer à se couvrir, à s'habiller plus chaudement ; elle ne pouvait supporter la peur de n'être plus comme les autres. Sa souffrance augmenta : elle fut obligée de s'enfermer trois mois ; mais dans sa maison même, elle voulait ou ne recevoir personne, ou suivre la mode. Enfin le médecin engagea quelques-unes de ses amies à venir chez elle avec des robes fermées, de longues manches et des jupons épais. Surprise de cette nouveauté, elle en demanda la cause : on lui dit que la nudité était passée de mode, qu'elle ne se montrait plus qu'en province, et qu'on s'en moquait à Paris. La comtesse alors, sans hésiter, changea de toilette et guérit. Ainsi la crainte du ridicule eut plus de puissance que les avis d'une mère, les larmes d'un époux et la *peur* même de la mort.

Tirons de ces observations une conséquence : c'est qu'on pourrait, en se servant adroitement de nos craintes et de notre vanité, nous gouverner par les mœurs, plus facilement que par les lois.

Tournons en ridicule nos vices, nos discordes, nos folies, et, n'ayant pas su nous rendre bons, sages et heureux par la force de la raison, nous le deviendrons peut-être enfin par la *peur* du ridicule.

L'IVRESSE.

On a dit de tout temps beaucoup de mal et beaucoup de bien de l'ivresse; les philosophes la blâment, les poëtes la chantent, le mahométisme la proscrit, et le paganisme la divinise. Les dieux de l'Olympe, si l'on en croit Horace, étaient tranquillement assis au plus haut des cieux, s'enivraient de nectar, et laissaient à la Nature et au Destin le soin d'arranger ce bas monde.

Notre religion me paraît avoir pris un sage milieu entre tous ces excès; elle nous permet le vin, puisque Noé reçut du ciel l'art d'en faire et l'autorisation d'en boire (notez que ceci advint après le déluge, qui avait suffisamment prouvé, ainsi que je le dis autrefois en chanson, que tous les méchans étaient des buveurs d'eau). On nous en défend bien l'abus, on nous interdit cette grossière ivresse qui abrutit l'esprit, offusque la raison, et nous rend capables de toutes les folies et de tous les crimes; mais une douce ivresse qui ne fait que développer nos facultés, égayer notre ame, rajeunir nos sens et répandre sur tous les objets un riant et frais coloris, ne nous est pas sévèrement défendue; et lorsque le gourmand se voit compter au nombre des grands pécheurs, le buveur discret et gourmet peut se flatter que sa faute, s'il en commet, est très-vénielle.

Gloire en soit rendue aux législateurs chrétiens: leur tolérance entretient la richesse de la Bourgogne, de la

Champagne, de la Guyenne, la prospérité, la gaieté française ; elle laisse aux méchans Sarrasins leur fade breuvage qui ne les fait pas meilleurs en les rendant plus tristes, et elle nous permet encore de répéter aujourd'hui ces vers du poëte romain, si bien traduits par le comte Daru.

> Qui ne sait d'une aimable ivresse,
> Qui ne sait les heureux effets ?
> Elle prodigue la sagesse,
> Elle révèle les secrets :
> Des chimères de l'espérance
> Elle sait nous faire jouir.
> C'est dans la coupe du plaisir
> Que l'ignorant boit la science.
> Au lâche elle rend la vaillance,
> Au fourbe la sincérité :
> Et dans le sein de l'indigence
> Fait trouver la félicité.
> Gaîté, franchise, confiance,
> Talens, vous êtes ses bienfaits ;
> Et quel buveur manqua jamais
> Ou de courage ou d'éloquence ?

Il en est de l'ivresse, comme de l'amour, de la gloire, et de toutes les passions ; elles sont nécessaires à l'existence, leur excès seul est funeste. Tous les goûts, tous les sentimens sont les vents de la vie : sans eux on ne vogue pas, on reste en stagnation ; eux seuls peuvent nous conduire à notre but, au bonheur ; mais s'ils deviennent ouragans et tempêtes, ils brisent le navire et le font périr.

Distinguons soigneusement l'ivrognerie de l'ivresse. Plutarque avait raison de dire : *L'ivrognerie me semble un vice grossier et brutal ; l'esprit a plus de part ailleurs.*

Notre bon Henri s'occupait, dans une joyeuse ivresse, des moyens à prendre pour que chaque paysan de France pût souvent mettre la poule au pot.

L'ivrogne Alexandre suivait, une torche à la main, l'impudique Thaïs, pour mettre le feu à Persépolis; il tuait, dans sa furie, son ami Clitus, et terminait son règne et sa vie dans une orgie, en vidant dix fois la coupe d'Hercule, qui tenait plusieurs pintes.

On est honteux d'être homme, en voyant que plusieurs rois de Perse se vantaient d'avoir bu plus de vin que tous leurs sujets, et faisaient graver cet étrange titre d'honneur sur leurs tombeaux. Méprisons cette gloutonnerie qui ravale au rang des brutes; mais soyons indulgens pour une ivresse légère. Fêtons encore Bacchus, père de la joie, de la confiance et des chansons; mais fuyons ce dieu insensé, lorsqu'il veut nous rendre semblables à ces bacchantes furieuses qui déchirent Orphée.

Heureusement il se plaît rarement à nous plonger dans un si funeste égarement, et si on peut lui reprocher d'avoir fini le repas des Lapythes par un combat, il aime bien mieux, habituellement, présider aux joyeux festins où se déploient la bonhomie allemande, la cordialité suisse et la gaieté française, et faire oublier, le dimanche, aux pauvres artisans, les chagrins et les travaux de la semaine.

Soyons modérés en tout, c'est mon avis; rien de trop, c'est la règle du sage; boire sans aller jusqu'à l'ivresse, c'est le mieux; mais le point où j'en voulais venir est celui-ci. L'ivresse est un état d'exaltation qui colore fortement les objets, trouble la raison, échauffe l'esprit, et quelquefois fait chanceler notre ame comme notre corps. Le vin ne donne pas seul cette ivresse; elle est produite par tous les désirs, par tous les sentimens exagérés; et je soutiens que l'ivresse du vin, malgré ses inconvéniens, est encore cent fois moins dangereuse que celle des passions.

D'abord on m'accordera sans peine qu'elle est plus courte, car elle se dissipe en quelques heures, et les autres durent souvent toute la vie.

Il faut bien convenir aussi qu'elle est moins générale, car beaucoup d'hommes ne boivent pas de vin, et le plus grand nombre en boivent sans s'enivrer; au lieu que tous les philosophes vous diront avec Aristote, *qu'il n'est pas une ame exempte d'ivresse.*

Me dira-t-on que j'exagère en assimilant à ce point le moral au physique, et le délire des passions à l'ivresse véritable? je vous prouverai que ma comparaison n'a rien de chargé, et qu'elle est matériellement exacte.

Bon, voici le jeune Cléon qui s'offre à notre vue: voyez comme son regard est troublé, son visage enflammé, sa marche incertaine; il ne connaît plus le chemin qu'il doit suivre, ne voit rien de ce qui est autour de lui, et heurte tout ce qui se trouve sur son passage.

Tantôt il rit, chante; la joie brille sur tous ses traits; il semblerait que tous les plaisirs et tous les biens de la terre sont à lui. Tantôt son front s'obscurcit; son sourcil se fronce, son sein se gonfle; il n'en sort que des soupirs précipités et des sons mal articulés.

Un moment après il frémit, jure, menace, éclate, sa main se porte sur son épée; on dirait qu'il est près d'immoler quelque victime à sa fureur; puis tout à coup il pâlit, il s'arrête, il chancelle; ses traits sont abattus, ses yeux fixent tristement le ciel, il pose sa main sur son cœur qui palpite fortement, et des larmes brûlantes inondent ses joues.

Il voit un vieillard qui sort de la maison voisine; une fenêtre s'entr'ouvre : Cléon s'en approche, se met à rire, à sauter de joie, entre avec étourderie dans ce logis, y reste à peine une minute, et sort, en courant, avec la rapidité de l'éclair.

Vous n'en doutez pas, Cléon est ivre ou fou. Eh bien! vous vous trompez; moi, sans être aussi habile que le docteur *Erasistrate*, qui devina si bien la cause du mal qui consumait Antiochus, je vois clairement, par tous ces symptômes, que l'ivresse de Cléon n'est autre que celle de l'amour, qui lui donne successivement le délire de l'espérance, de la jalousie, du bonheur et de la crainte.

Il est ivre comme Pâris, comme Achille, comme Antoine, comme l'infortuné Werther ; et, privé de sa raison, il est capable, dans son ivresse, d'immoler son ami, d'outrager son hôte, et de sacrifier à sa passion son pays, ses devoirs, sa famille et sa gloire.

Trouvez-vous une grande différence entre les effets de la colère, de la haine, de la vengeance et ceux du vin? Les Centaures qui s'entre-tuent sont-ils plus fous que les factions qui se déchirent ?

Les Bacchantes étaient-elles plus féroces que cette Cléopâtre qui assassine ses fils et son mari ; que cette Laodice qui fait égorger la rivale qui lui disputait le trône ?

Ce grenadier qui, dans sa fureur bachique, se plaît, au milieu des tables renversées, des pots brisés, à voir couler ensemble le vin des flacons qu'il vidait, et le sang des convives qu'il a battus et terrassés, n'est-il pas encore moins fou et moins barbare que cet Annibal qui, si l'on en croit Plutarque, voyant, après la bataille de Trasimène, de grands fossés remplis de sang, s'extasiait sur la beauté de ce spectacle ?

Ces ivrognes bavards et hargneux qui déraisonnent sur la paix et sur la guerre, qui querellent leurs voisins, injurient les passans, cassent les bouteilles parce qu'elles sont vides, et battent les bornes qui les arrêtent; ne reviennent-ils pas plutôt à la raison que ces hommes, enivrés par l'esprit de vengeance et de parti, qui querellent tous ceux qui ne déraisonnent pas comme eux, haïssent, insultent et frappent leurs concitoyens, leurs parens, leurs amis, s'emportent contre les raisons qu'on leur donne et contre les principes qu'on leur oppose ?

Chacun sait que l'amour de l'argent fait faire bien plus de sottises et de folies que l'amour du vin; mais, sans examiner quelle est la plus dangereuse de ces deux passions, le plus funeste de ces deux vices, ce qui, je crois, ne serait pas à l'avantage de l'avarice, on peut au moins se convaincre que l'ivresse de Bacchus est la moins déraisonnable. Plus on boit, plus on veut boire; plus on a d'argent, plus on veut en acquérir : voilà ce que l'ivrogne et le thésauriseur ont de commun; mais le buveur est évidemment le plus sensé : s'il remplit sa cave, il la vide aussi pour en profiter; tandis que l'avare entasse et cache tristement son or sans en jouir.

Je préférerai toujours ce joyeux épicurien qui, le verre à la main, se croit, non le premier, mais le plus heureux des hommes; qui se vante franchement de sa santé que le vin ranime; de son courage que redouble le jus de la treille; des couplets brillans que la bouteille lui inspire ; et qui croit, quand l'ivresse l'attendrit, qu'il aime tout le monde et que tout le monde l'aime ; je le préférerai, dis-je, certainement, à ce petit homme, ivre et gonflé d'amour-propre, qui se croit le plus grand des mortels, parce qu'il a fait quelques petits vers.

Admirez son sourcil arqué, son regard présomptueux, sa lèvre dédaigneuse, son sourire satirique ; il méprise tout lecteur qui ne l'admire pas ; il hait et déchire tout écrivain qui a du succès ; il prend en pitié son siècle, qui ne sait pas l'apprécier ; il s'emporte contre tout critique et s'enivre sans cesse de la fumée de l'encens qu'il se donne lui-même.

Joue-t-on par hasard une pièce de lui ? il parcourt les rues pour se donner le plaisir de lire son nom sur les affiches ; il s'arrête avec complaisance à tous les endroits où elles sont placées ; et lorsqu'il voit quelques passans occupés à les regarder, il dit tout haut : *Comment diable, on donne aujourd'hui telle pièce ! c'est un chef-d'œuvre ; l'auteur est un homme d'esprit, de talent ; n'hésitons pas, c'est là qu'il faut aller.*

Eh bien ! cet original n'a bu que de l'eau d'Hippocrène ; ne le trouvez-vous pas aussi ivre que s'il avait bu tout le vin de Robert ?

Les dames ont horreur du vin ; je les respecte trop pour comparer leur myrte chéri au pampre et au lierre d'Anacréon ; mais elles me permettront de croire que leurs têtes tournent quelquefois comme les nôtres. J'ai vu bien des coquettes s'enivrer de leurs succès, comme les conquérans de leurs victoires ; elles n'ont guère plus de pitié de leurs rivales qu'eux de leurs rivaux ; souvent elles ont comme eux excité les querelles des rois, divisé les peuples, embrasé la terre. A commencer par

Ève, et depuis Hélène et Cléopâtre, elles nous ont fait faire bien des sottises et des folies, et je les crois trop franches pour ne pas avouer qu'en nous enivrant elles partagent notre ivresse.

On demande vulgairement comment un homme a le vin. L'un, dit-on, a le vin tendre; l'autre a le vin méchant; celui-ci a le vin triste; celui-là le vin gai : on pourrait faire les mêmes questions sur l'amour-propre, qui nous donne plusieurs genres différens d'ivresse.

Il existe des amours-propres francs, confians et joyeux; des amours-propres inquiets et farouches; des amours-propres jaloux et chagrins.

De tous les ivrognes, le plus dangereux est celui qui pâlit au lieu de rougir, qui s'attriste au lieu de s'égayer, qui s'irrite de la joie d'autrui, et qui est toujours prêt à insulter et à frapper le premier venu. L'envieux ne ressemble-t-il pas à cet ivrogne? Voyez sa pâleur, sa tristesse, ses regards sombres et enflammés; la beauté des autres l'enlaidit; il maigrit de l'embonpoint d'autrui; la vue d'un visage content le chagrine et l'exaspère. Héraclite disait avec raison *que les envieux sont comme les chiens qui aboient ceux mêmes qu'ils ne connaissent pas.*

La peur et la superstition égarent notre raison comme le vin; mais celui-ci double notre courage et nous aveugle sur le danger, tandis que l'ivresse de la peur, la plus sotte des passions, enfante pour nous des périls imaginaires, et, comme le dit Montaigne, *nous fait souvent mourir de la crainte de la mort;* ainsi que ce Midas qui s'empoisonna par la frayeur d'un songe qui avait troublé son imagination; ou comme Aristodème, qui se tua dans l'épouvante que lui inspirèrent des chiens et des loups qui hurlaient autour de son autel domestique.

Il n'est pas de bonne et saine liqueur dont l'abus ne nuise, et ne nous porte aux plus grands excès. Eh bien! les plus nobles passions nous enivrent également, et nous arment contre les autres ou contre nous-mêmes, lorsque nous ne savons pas les modérer.

Les deux Brutus immolèrent, l'un son fils, l'autre son bienfaiteur et son père, par passion pour la liberté.

Les Sidoniens, dans le même délire, brûlèrent eux, leurs enfans et leur ville, pour ne pas se soumettre au vainqueur.

Coccéius Nerva, habile jurisconsulte, riche, sain, jouissant d'une bonne réputation à Rome, et d'un grand crédit près de l'empereur, mais ivre d'amour pour sa patrie, se tua de désespoir en la voyant malheureuse et opprimée.

L'homme ivre de fanatisme torture et brûle son père au nom d'un Dieu de paix.

Tout dans le monde a son ivresse, même la sage philosophie: Minerve se grise comme Vénus; Hébé verse souvent un peu trop de nectar à tous les dieux.

Cléombrote, ayant lu le Phédon de Platon, ne se noya-t-il pas pour connaître plus tôt l'immortalité?

Mais gardons-nous, sur-tout, de ceux qui nous enivrent d'un vin frelaté: ils attaquent à la fois notre santé et notre raison. Leur perfide liqueur, douce au palais, amère pour le cœur, flatte notre goût et nous empoisonne. Les flatteurs, près des grands, sont encore plus dangereux; la fumée de leur encens est le plus enivrant et le plus mortel des poisons.

Alexandre se repentait du meurtre de Clitus, mais il

ne connut plus de bornes à ses passions et de remède à son ivresse, lorsqu'entouré de flatteurs, qui louaient jusqu'à ses crimes, il entendit le philosophe Anaxarque lui-même lui dire que Dicé et Thémis, *la droiture et la justice*, siégeaient toujours près de Jupiter, voulant lui prouver que tout ce que faisait un roi était juste.

Cambyse, enivré d'un amour coupable, hésitait au moment du crime, et n'osait épouser sa fille Attossa. Les mages, consultés, répondirent qu'ils n'avaient pas vu de loi qui permît ce genre d'inceste, mais qu'une loi générale autorisait les rois à faire tout ce qu'ils voulaient.

Dans ma jeunesse, j'ai vu un monarque européen marié et séparé de sa femme, vivant avec une maîtresse dont il avait un enfant, et formant le projet d'en épouser une autre qui ne voulait consentir qu'à une union légitime : on consulta quelques prêtres, et ils furent tout aussi peu courageux et tout aussi flatteurs que les mages de Cambyse.

L'ivresse de la flatterie, comme celle du vin frelaté, tourne tout-à-fait la tête, porte à oublier toute convenance, toute pudeur, et fait faire autant de folies que de bassesses.

C'est alors qu'on voit Néron jouer de la flûte sur le théâtre; Xerxès jeter des chaînes dans la mer pour la lier; Antiochus, couronné de roses, boire avec des matelots étrangers dans les tavernes, et jeter des pierres aux passans; d'autres princes s'habiller en pénitens ou en femmes, et se donner la discipline dans les rues.

Les flatteurs sont coupables de toutes les erreurs des princes; car c'est en les enivrant qu'ils les empêchent d'entendre et de voir la vérité, et Racine avait bien raison de dire :

> Détestables flatteurs, présent le plus funeste
> Que puisse faire aux rois la colère céleste.

Nous avons passé en revue beaucoup de différens genres d'ivresse, nous avons bien indiqué les maux qui en résultent ; mais pour ne pas faire comme la plupart des médecins qui connaissent, nomment et détaillent toutes nos maladies, sans nous donner les remèdes nécessaires pour en guérir, voyons ce qu'il faut faire pour nous préserver de toute espèce d'enivrement : je ne parle qu'à ceux qui ont la volonté de guérir ; car les hommes ne sont pas comme les enfans, et on ne peut leur *entonner* les médecines qu'ils refusent.

Dans ce nouvel examen, je trouve encore à l'ivresse du vin un grand avantage sur toutes les autres ; le remède qu'elle exige est simple et facile, et se trouve par-tout : il ne s'agit que de mettre de l'eau dans son vin.

L'ivresse des passions est bien autrement difficile à guérir : la modération est l'unique spécifique qu'on doive employer ; mais la justice, la raison et la vérité sont les seuls médecins qui puissent l'administrer. La justice reste, dit-on, dans le ciel ; la vérité au fond de son puits, et la raison toute seule est bien faible contre les passions, qui la redoutent, comme les hydrophobes ont peur de l'eau.

Ne nous décourageons pourtant pas, et n'imitons ni Sénèque, ni les stoïciens qui trouvaient plus facile de *fermer la porte aux passions que de les régler*, ce qui est à peu près aussi sage que de tuer son cheval fougueux, au lieu de le dresser.

Présentons la raison aux hommes sous des formes aimables; égayons l'austérité de ses traits; que son langage, quittant la forme sèche du précepte, se présente sous celle du conseil; offrons-la aux passions, non en adversaire, mais en amie; il faut qu'elle les dirige sans les heurter, qu'elle amuse pour instruire, et qu'elle s'appuie de la sagesse du temps passé. Car tel est l'homme : sa vanité repousse la leçon qu'on lui fait directement, et profite de celle qu'on donne à d'autres.

Conseillez à un homme de rendre justice au mérite et aux belles actions de son rival ou de son ennemi, il s'irritera ou se moquera de vous. Rapportez-lui le mot de Cicéron qui disait à César : *En relevant les images de Pompée, tu affermis les tiennes;* ce même homme sentira la force de cette vérité, et en fera son profit.

Je voulais empêcher un homme puissant de se venger de son ennemi en le dénigrant; j'allais parler, et probablement redoubler sa colère; heureusement je vis sur sa table un volume de *Montaigne;* je l'ouvris, et je lui lus ce passage : *Voulez-vous faire bien du mal à celui qui vous hait? ne l'injuriez pas, ne comptez point ses services et ses défauts, mais montrez-lui vos vertus et prouvez-lui vos talens.*

Je suis persuadé qu'en adoucissant la voix de la sagesse, et en s'occupant un peu de la rendre aimable, on parviendrait à la faire accueillir des plus fous.

Tout mortel cherche le bonheur : il faut l'accompagner dans sa marche, l'aider dans sa recherche, le prévenir contre l'emportement qui l'égare, lui montrer que toute ivresse lui fait perdre son chemin, et que la modération est le seul guide qui puisse le faire arriver à son but.

Par de tels moyens, si on ne guérit pas de toutes les ivresses, on dissipe au moins les plus dangereuses.

Il est peut-être indispensable qu'il nous en reste quelques-unes, dont les aimables illusions nous voilent de trop tristes réalités; et, s'il faut absolument faire un choix, je répéterai avec Horace :

> Heureux qui, dans sa douce ivresse,
> Exempt de tout jaloux transport,
> Entre les bras de sa maîtresse
> Sans y penser attend la mort.

DE LA RAISON,

ET

MAXIMES DE LA RAISON.

On veut du neuf : parlons donc un peu raison, il en est bien temps. Après avoir épuisé, durant tant de siècles, la folie féodale, celle des croisades, celle de la *jaquerie*, la folie du pouvoir absolu, celle de l'anarchie, la folie des conquêtes, et enfin celle des *ultras de tous les partis*, nous devrions bien, quand ce ne serait que par suite de notre amour pour le changement, essayer un peu du régime de la raison.

Nous courons, il est vrai, le risque de nous voir attaqués par des censeurs sévères, mâles et femelles, qui, après nous avoir accusés de vouloir de l'esprit par-tout, reprochent encore plus amèrement aux Français d'avoir voulu un moment diviniser la Raison. Ces censeurs ne sont pas faciles à contenter; ils n'aiment ni l'esprit ni la raison, et tout le monde n'est pas capable d'écrire, pour les satisfaire, des Mémoires de Dangeau, ou des factums contre Fénélon, Voltaire et Rousseau.

N'en déplaise à leur humeur, je n'aurais pas trouvé si étrange l'idée de diviniser la Raison, si elle nous avait été présentée par des hommes moins extravagans et moins barbares ; car il me paraît très-naturel de supposer et de placer dans le ciel ce qu'on trouve si rarement sur la terre.

Comme un autre, j'ai long-temps fait la folie de chercher le bonheur en poursuivant des chimères ; mais ennuyé des faux plaisirs qui avaient trompé ma vanité sans intéresser mon cœur, de la fausse philosophie qui m'avait perdu dans les espaces imaginaires, de la fausse liberté qui m'avait conduit en prison, et de la fausse gloire qui m'avait meurtri et mutilé, j'ai voulu voyager, dans l'espoir de rencontrer cette douce raison dont tant de gens vantent les charmes, et que presque personne ne connaît.

J'espérais la voir en Amérique ; mais la guerre civile, la fièvre jaune au midi, et quelques disputes trop vives dans le nord, entre les fédéralistes et leurs adversaires, ne m'ont pas permis d'y rester.

En Angleterre, je croyais me reposer ; mais les *luddistes*, les *sine-cures*, et quelques femmes vendues à mes yeux, en plein marché, m'ont décidé à partir.

La Belgique me plaisait ; mais tout y était encore bien nouveau, et je me suis décidé à y revenir quand les rivalités de religion et de commerce y seront arrangées.

J'ai parcouru l'Allemagne ; mais j'y ai trouvé tout le monde aussi occupé que moi à chercher l'objet de mon culte, les uns dans des titres anciens, les autres dans des livres nouveaux ; d'ailleurs, une longue diète m'aurait trop fatigué : j'ai poursuivi ma route.

En Italie je n'ai pas pu m'arrêter long-temps ; les chemins n'étaient pas sûrs. Dévalisé une ou deux fois de mon argent, et ne gardant de mes effets que quelques livres, je suis arrivé en Espagne. Ces maudits livres m'ont empêché d'y séjourner : on voulait les brûler, et, pour les dérober au feu, je me suis promptement sauvé avec eux.

M'embarquant alors précipitamment, je suis parti pour Constantinople; mais, ayant voulu parler raison à un pacha qui ne l'entendait pas, il me menaça du cordon, et la crainte de cette décoration gênante me détermina à chercher un asyle en Russie.

J'y fus très-bien accueilli; je vis tout le monde et le souverain lui-même, cherchant de tous côtés la Raison et faisant de grands pas pour s'en approcher; mais le pays est si vaste, le climat si froid, que ma santé faible ne me permit pas d'attendre l'heureux moment où j'aurais vu disparaître toute trace de knout, tout vestige de servitude, et je me décidai à revenir dans ma patrie.

Ce qui vous étonnera peut-être, c'est qu'au moment où, las de mes longues courses, je renonçais au but de mes poursuites, à l'objet de mes désirs, je l'ai rencontrée inopinément. Oui, monsieur, c'est à Paris, dans le centre des plaisirs, de la légèreté, de la folie, que j'ai rencontré, vu, entendu la Raison. Vous n'exigerez pas sûrement que je vous dise chez qui, je ferais trop de mécontens, et les plus fous seraient peut-être les plus surpris de savoir que je prétends avoir fait cette rencontre autre part que chez eux.

Il vous suffira d'apprendre que je n'ai trouvé cette Raison ni austère, ni pédante, ni cagote, ni prude, ni ennuyeuse, comme on la peint trop souvent; elle m'a paru douce, tolérante, aimable, gaie et fort disposée à l'espérance et à l'optimisme.

Avant de causer avec elle, j'étais triste, abattu, découragé, malheureux des désastres de ma patrie, et vivement alarmé de son avenir. Dieu sait combien de gens m'avaient noirci l'esprit par leurs violentes déclamations et par leurs prédictions sinistres; elle a doucement ranimé ma force et relevé mes espérances. Tranquillisez-vous, m'a-t-elle dit; mon règne commence, l'opinion publique le consolidera. Le malheur a été mon précurseur, un peu triste à la vérité, mais nécessaire; je ne pouvais paraître qu'à la suite de l'expérience; ma loi est écrite dans la Charte, et gravée dans tous les esprits par l'intérêt général : vous me verrez bien encore attaquée par quelques infidèles et par quelques exagérés; mais que peuvent les passions privées, lorsque l'opinion publique et moi nous sommes d'accord? ce sont des vagues agitées par les vents, qui se brisent contre le rocher.

Ne vous irritez pas contre les hommes insensés qui me méconnaissent encore : ce sont des malades d'esprit que le temps, la patience, l'opinion générale et la nécessité guériront.

Passons en revue ces ennemis qui vous semblent si dangereux, et vous verrez qu'ils méritent plus ma pitié que mon indignation, et qu'ils devraient plutôt vous porter à rire qu'à vous fâcher.

Voyez d'abord ces hommes vains qui n'ont des yeux que pour voir le passé. L'univers est éclairé : eux seuls ils retiennent de toutes leurs forces le bandeau qui leur cache le présent et l'avenir; dès qu'il tombera, ils seront tout étonnés de s'apercevoir qu'ils ne sont qu'une poignée de monde au milieu d'une nation, et ils remercieront un gouvernement sage de les avoir empêchés de s'épuiser, et de se perdre en vains efforts pour lutter contre un torrent qu'on ne peut remonter.

Vous emporterez-vous contre ces ultra-libéraux qui prétendent que moins on a de gouvernement, mieux on est gouverné, et que l'ordre public serait aussi bien garanti par les prolétaires que par les propriétaires? Craignez-vous, après l'expérience du passé, que la France, qui veut le repos, se livre à leurs conseils délirans?

Ne rira-t-on pas de la folie de gens qui souhaiteraient qu'on bâtît un édifice sans étages? Ceux-ci ne voudraient dans la France que des *montagnes*; ceux-là ne veulent qu'une *vaste plaine et des chaumières*: je ris de ces deux excès, et, comme la nature, je veux par-tout de l'ordre et de la variété.

Tout le peuple qui révère une religion auguste, morale et consolatrice, la quittera-t-il pour suivre les systèmes obscurs de quelques novateurs téméraires qui ne mettent à sa place que le néant? Ou craignez-vous, d'un autre côté, que quelques hommes intolérans et atrabilaires parviennent à faire méconnaître, à faire haïr cette religion fondée sur l'amour et sur la charité, et qui les condamne, elle-même, plus sévèrement que tous leurs ennemis.

Il n'y a pas d'oiseau de nuit dont les ailes aient assez d'envergure pour pouvoir désormais éteindre le flambeau des sciences, ni le mien.

Mais, me direz-vous, les intérêts froissés, la passion des hommes qui voudraient tout retrouver, le ressentiment de ceux qui ont tout perdu, les injures, les dénonciations mutuelles et les soupçons réciproques, la folie de ceux qui attribuent à une classe l'exagération, au lieu de n'en accuser que des individus, tout cela ne vous inspire-t-il aucune crainte?—Ah! vous venez de toucher l'écueil; mais il n'est pas caché, et, dès qu'on le voit, on l'évite.

J'éprouverais un grand effroi si le gouvernement ne protégeait, ne consolait qu'un parti; mais un ministère, marchant avec la nation, et dirigé par la sagesse assise sur le trône, sera solide et inattaquable; il neutralisera par la fusion les intérêts opposés; il guérira les blessures par le baume de l'espérance; il se recrutera dans tout ce qui peut et veut le bien, *royalisera* les mécontens d'un parti, *nationalisera* ceux de l'autre, et rira de ceux qui, professant publiquement une année l'opinion contraire à celle qu'ils avaient affichée l'année précédente, laissant percer leurs dédains pour le peuple en voulant se montrer populaires, ne se font opposans à l'autorité que pour y parvenir.

Au reste, dit-elle, en voilà assez pour une première visite; je vous donnerai une autre fois un petit recueil de maximes qui pourront vous être utiles. En attendant, voici un conseil que je crois sage. Je vous aime parce que vous m'avez cherchée de bonne foi; mais si vous jouissez un jour de ma faveur, ne vous vantez pas trop, vous vous feriez trop d'ennemis; il n'y a pas d'hommes plus jaloux de moi que ceux qui me blessent, qui me repoussent sans cesse, et qui ne peuvent me souffrir.

Maximes de la Raison.

Voici le petit recueil de maximes que la Raison m'avait promis de me prêter; on en fera usage, si on les trouve raisonnables.

La variété infinie des choses de cet univers est aussi admirable que l'ordre constant qui y règne ; on n'y voit même jamais deux feuilles qui se ressemblent parfaitement : aussi une des plus grandes folies humaines est le désir de voir recommencer le passé.

Dans les grandes crises politiques, tout gouvernement voit sa marche hérissée d'obstacles ; il rencontre tantôt une montagne escarpée, tantôt une rivière profonde et rapide qui l'arrêtent ; la passion lui conseille de gravir à pic le rocher, et il tombe ; de remonter le fleuve, et il se noie : la Raison lui dit de tourner la montagne, de traverser la rivière en descendant le courant, et il arrive.

L'intérêt d'un gouvernement est de tout réunir, l'intérêt d'un parti est de tout diviser ; le gouvernement survit à tout parce qu'il se fortifie sans cesse en ralliant tout à lui ; le parti meurt, parce qu'il est de son essence de ne pas vouloir de recrues : le parti vit de vengeance, et le gouvernement de clémence.

Un gouvernement réparateur et conciliateur réunit toute la force nationale et n'a point à craindre d'ennemis au dehors ; les conseils passionnés de l'esprit de parti ne tendent, au contraire, qu'à perpétuer la désunion qui fit, en tout temps et en tout pays, l'espoir et le triomphe de l'étranger.

Dans un pays où l'honneur est une espèce de religion, rien n'est si dangereux que de confondre mal à propos les questions compliquées de la politique avec les questions courtes et claires de la morale ; on aggrave les querelles politiques en en faisant des affaires d'honneur. Le terme de *destitution* ne fait qu'affliger, celui d'*épuration* blesse profondément ; le premier est un mot de gouvernement, le second est un mot de parti ; les plaies de fortune se guérissent, celles de l'amour-propre sont mortelles, et l'esprit de parti ne peut jamais plus nuire au gouvernement qu'en attaquant l'honneur des autres partis.

L'esprit de gouvernement grandit tout, fortifie tout, nationalise et royalise tout ; il élève graduellement son sommet en élargissant continuellement sa base : l'esprit de parti rapetisse tout ; si on le laissait faire, il ne ferait, du chef d'une nation, qu'un chef de parti.

L'esprit de parti est au gouvernement ce que le fanatisme est à la religion ; ils détruisent ce qu'ils paraissent vouloir conserver, et mettent le feu au bâtiment pour l'éclairer.

Chacun paraît soutenir des opinions, lorsqu'il ne songe le plus souvent qu'à défendre des intérêts : les opinions, mises en avant avec le plus de chaleur, ne sont pour la plupart du temps que les manifestes de la guerre des intérêts ; tout gouvernement peut en avoir facilement la preuve : qu'il blesse un moment quelque intérêt du parti qui se dit exclusivement le sien, et il se verra frondé et déchiré par lui, peut-être plus amèrement que par ses ennemis.

L'esprit de parti tend à isoler un gouvernement, en ne le rendant favorable qu'à l'intérêt de quelques-uns ; le gouvernement, au contraire, sait, en consultant la Raison, qu'il n'est entouré de l'amour universel qu'en donnant une égale espérance à tous, et qu'il ne réunit la majorité des vœux qu'en favorisant la majorité des intérêts.

Le plus petit nombre des hommes est dirigé par des principes, l'intérêt gouverne le reste. Sous le nom d'honneur, les grands veulent la primauté ; sous le nom de liberté, les petits veulent l'égalité. On ne peut pas plus exiler du monde ces passions, que bannir les vents du ciel; mais on s'en plaint à tort, un calme parfait empêcherait de naviguer; l'état a besoin de passions, comme le vaisseau des vents; le pilote habile oriente bien sa voile, tient sagement le gouvernail, et les vents, même les plus contraires, font marcher.

L'ABUS DES MOTS.

On regarde trop généralement, je crois, l'abus des mots comme un mal léger qui peut armer la satire parce qu'il prête au ridicule, mais qui n'a rien en soi de bien grave et de bien alarmant. Je ne suis pas de cet avis : les mots doivent peindre la pensée ; et dès qu'on les dénature, on égare l'opinion. Je sais bien que beaucoup de gens parlent sans penser, mais il en existe un bien plus grand nombre qui pensent et agissent d'après la parole d'autrui.

Nous avons vu des mots servir de signe de ralliement : plusieurs ont été tour-à-tour des titres d'honneur ou de proscription. Il en est même dont on a fait un si étrange usage, que de long-temps on ne pourra s'en servir ; et je suis persuadé que plusieurs personnes vertueuses qui passeraient ensemble leur vie dans l'union la plus douce et la plus intime, trouveraient fort mauvais qu'on les appelât *frères* et *amis*.

Le beau titre de *citoyen*, dont Turenne, Bayard, Sully se seraient honorés, était devenu si ridicule et si atroce depuis que certains furieux le portaient, le prodiguaient et le profanaient, que Caton même n'aurait plus voulu s'en parer.

Un ami de la sagesse voit avec étonnement son vrai nom, celui de *philosophe*, confondu par l'ignorance et par la passion avec celui de *sophiste* ; et tandis que l'*amour de la raison* conseille de tout relever, de tout conserver, on l'accuse, sous un autre nom, de vouloir tout renverser.

La *modération*, la plus douce, la plus utile des vertus, celle qui exige le plus de sacrifices, et prouve le plus de force, puisqu'elle combat nos propres passions, et nous expose à la fureur de celles d'autrui, n'a-t-elle pas toujours été calomniée par l'esprit de parti, qui l'accuse avec absurdité de faiblesse ou de perfidie? N'avons-nous pas entendu ces enthousiastes politiques, si ridicules par l'alliance bizarre des mots dont ils se servent, déclamer dans un temps contre les *modérés enragés*, et dans un autre contre la *barbare clémence*. Une de nos feuilles ne vient-elle pas de signaler le *fanatisme de la modération*?

J'ai vu donner le nom de *patriotes* aux hommes qui mettaient la patrie en deuil, de *démocrates*, à ceux qui asservissaient le peuple; j'ai entendu un parti se vanter du titre de *républicain*, et déclarer publiquement qu'il fallait couvrir d'un voile le livre de la loi, la Constitution. Dernièrement on a vivement disputé pour savoir si la nouvelle expression d'*ultra-royaliste* était juste ou impropre. Il est certain que l'*amour* pour son roi et pour son pays ne peut être porté trop loin, mais il n'en est pas de même d'un amour pour la royauté que certaines gens exagèrent plus peut-être par intérêt que par zèle.

Est-ce aimer la royauté que de vouloir dépasser les bornes que la sagesse du Roi, la volonté de la Charte, et l'opinion publique y ont posées? Est-ce la servir que d'ébranler les bases qui l'appuient et la consolident? Défend-on bien le gouvernement en blâmant les principes de sa législation? Quand son but est de réunir, de calmer, entre-t-on dans ses vues en irritant et en divisant? On a dit depuis long-temps que les extrêmes se touchent; c'est la vérité de cette pensée qui l'a rendue triviale. Eh bien! si vous étendez votre dangereux système de prétendu royalisme au-delà des bornes de la Charte, de la sagesse et de la volonté du monarque, vous devenez, non pas seulement *ultra*, mais *anti-royaliste*.

Un journal a dit récemment, avec beaucoup de raison, que nous devions retrancher de notre dictionnaire toute expression qui rappelle les passions et les malheurs de notre révolution; je partage entièrement son avis. Je voudrais, de plus, voir nos écrivains les plus sages s'occuper d'un travail très-utile, celui de rendre à certains mots leur vrai sens, et nous donner de courtes et claires définitions de ceux qui ont été dénaturés, depuis quelques années, par l'esprit de parti.

Par exemple, le terme *royaliste* * représente l'opinion de ceux qui combattent pour le parti monarchique, contre un parti républicain, ou contre tout autre parti opposé à celui de la royauté. Ainsi cette dénomination de *royaliste* suppose l'existence et la lutte de plusieurs partis.

Or, le royalisme est à présent national; il n'existe pas d'autre parti, on ne doit pas en reconnaître d'autre : il est donc à désirer, pour marquer cette union générale, qu'on ne se serve plus en France du mot de royaliste. Les royalistes sont tous les Français, et ceux qui s'attribuent ce titre exclusivement font injure aux autres.

---

* Voyez le mot *royaliste* dans le Dictionnaire de l'Académie française, dernière édition.—« Qui tient, qui suit le *parti* du Roi. Cet homme est fort royaliste. Il ne se dit qu'en parlant des guerres de la ligue.

L'ESPRIT DE PARTI.

L'ESPRIT *de parti* est l'esprit de ceux qui en ont peu. Rien n'est plus difficile à guérir ; c'est un mal qui plaît au malade ; il lui épargne beaucoup d'embarras, car il dispense de réflexion pour examiner, et de vertu pour agir.

L'homme de parti ne sent pas le besoin de méditer pour choisir ; il voit tous les objets de profil et sous une seule face. Quiconque sert ses passions est plein de mérite ; qui lui nuit est rempli de défauts et de vices. Aveugle à la lumière, sourd à la raison, il juge tout par son intérêt ; c'est la base de sa morale et la seule règle qu'il connaisse pour mesurer les hommes et les actions.

Lorsqu'il dit : *un tel pense bien*, il entend que c'est un homme de son *parti* ; *il pense mal*, veut dire dans sa langue qu'il n'est pas de sa faction.

La délation, l'espionnage, la vengeance, sont, à ses yeux, des crimes dans tout autre *parti*, et des vertus pour servir le sien.

L'envahissement de tous les emplois est, selon lui, une nécessité ; car le *parti* qu'il cherche toujours à confondre avec le gouvernement, ne peut être servi que par des hommes fidèles et dévoués, et il ne reconnaît comme tels que ses amis.

Tout ce qui n'est pas *fanatique* lui paraît *hérétique* ; il excommunierait volontiers les trois quarts d'une nation pour l'épurer.

Son véritable intérêt serait bien d'employer d'adroits missionnaires pour se faire des partisans, mais sa frénésie l'en empêche; il ressemble au maniaque qui a peur de tout et qui voit un ennemi dans son ombre.

Son *parti* est une armée qui ne veut pas de recrues; aussi elle s'atténue par ses épurations, comme elle s'épuise par ses excès.

On ne plaît à l'*esprit de parti* que par l'exagération; le moyen d'y primer est de se montrer plus fou que les autres : la modération y produit le même effet que l'eau sur les malades attaqués de la rage, et toute tolérance y passe pour trahison. Aussi les *exclusifs de tous les partis* voient diminuer tous les jours leur troupe par leurs soupçons; ils se réduisent bientôt à une *poignée* et finalement à une *pincée* de factieux, qui se fond aux premiers rayons de la justice. Leur pouvoir passager se brise comme le crayon qu'un enfant amincit toujours en le taillant, et qui se rompt dès qu'on veut s'en servir.

Tous les partis ardens ont éprouvé ce sort, sans que l'expérience de leurs chutes en ait préservé leurs successeurs. Ces insensés ont une maladie d'imagination qui serait risible, si souvent elle n'était pas tragiquement dangereuse pour ceux qui les approchent. Comme ils repoussent et blessent la raison qui veut les calmer, on les fuit, et ils éprouvent tôt ou tard la punition de l'égoïsme, l'isolement.

L'esprit de parti connaît si bien sa propre difformité, qu'il se montre toujours, pour dominer, sous le masque du patriotisme et du royalisme :

Mais son règne est fini dès qu'il est reconnu.

LE BANQUET

DES SEPT POLITIQUES.

On a beaucoup parlé du banquet des sept sages, qui n'ont peut-être jamais dîné ensemble. Au reste, ces fameux sages faisaient souvent autant de sottises que les fous.

Thalès croyait que l'eau, qui avait détruit le monde, était le principe universel et créateur de toutes choses, sans excepter probablement le feu et le vin.

Périandre avait tyranniquement versé le sang des plus riches citoyens de sa patrie, et avait confisqué tous les bijoux des dames de Corinthe, pour en faire une offrande aux dieux, afin d'obtenir, pour ses chevaux, la victoire aux jeux Olympiques.

Simonide, pour éviter les embarras du ménage, disait, dans sa jeunesse, qu'il était trop tôt pour se marier, et, dans sa vieillesse, qu'il était trop tard. Il prouvait admirablement bien à des marchands que le meilleur moyen pour n'être point volé en route, était de n'y rien porter que sa personne.

Pittacus, prêchant la liberté, se fit tyran dans son pays.

Solon, qui avait établi l'égalité dans Athènes, et ordonné de tuer quiconque prétendrait à la tyrannie, entra dans le conseil de Pysistrate.

Chilon, recommandant la modération aux hommes, mourut de joie du triomphe de son fils, qui avait remporté le prix du pugilat.

Qu'attendrons-nous des fous, si les sages se conduisent ainsi ?

Cependant, malgré ces petites inconséquences, il faut convenir que les sept sages écrivaient et disaient de bonnes choses, et qu'entre autres, lorsqu'ils se proposaient tous à table cette grande question : *Quel est le gouvernement le plus parfait ?* la plupart d'entre eux se distinguèrent par d'excellentes réponses.

L'un disait que c'était celui où l'injure faite à un citoyen intéressait tous les autres ;

Un second prétendait que c'était le gouvernement où la vertu était en honneur, et le vice flétri ;

Un troisième, celui où la loi était plus écoutée que les orateurs ;

Un autre, celui où l'on craignait, non le gouvernement, mais pour le gouvernement.

Toutes ces idées étaient belles, justes et morales ; elles n'avaient qu'un léger défaut, leur peu d'utilité ; car tout le monde est assez d'accord sur le but que doit se proposer tout gouvernement : il doit récompenser la vertu, punir le crime, rendre l'état florissant et les citoyens heureux. On ne diffère que sur les moyens d'atteindre ce but.

Tout occupé de ces réflexions, j'entrai dernièrement chez un fameux restaurateur : les parfums que la cuisine répandait dans le logis annonçaient assez qu'on y faisait des repas plus succulens que celui des sept sages, et le bruit des bouchons qui sautaient montrait évidemment qu'on n'y cherchait pas, comme Thalès, dans l'eau pure, le principe de la vie, du mouvement et du plaisir.

Près de mon cabinet, dont la porte était entr'ouverte, je vis une table de sept personnes; leur conversation animée roulait sur la politique; on disputait sur les moyens de consolider le bonheur public.

Le nombre de sept et le sujet de l'entretien excitèrent ma curiosité, et, bravant le danger de manger froid, j'oubliai mon dîner; je collai mon oreille contre une mince cloison, et j'entendis le colloque suivant qui ne tarda pas à me faire connaître que les sept interlocuteurs se trouvaient avoir suivi dans le cours de plusieurs années, sept partis différens, et que, par conséquent, ils voyaient les objets sous sept couleurs différentes.

Le seul moyen, disait un petit homme qui buvait, mangeait, et parlait lentement, le seul moyen de rendre un pays heureux, c'est d'en bannir toute erreur et toute inégalité. On ne fait le mal que parce qu'on se trompe; on ne se querelle que par jalousie : supprimez toute superstition qui égare, toute autorité qui pèse, toute différence de rang ou d'opulence qui blesse; ne suivez que la religion naturelle, établissez une liberté sans limites, une égalité parfaite. Le pays le plus heureux est celui où l'on sent le moins l'action d'un gouvernement.

Voilà, dit un autre convive, décoré de plusieurs rubans, les maximes qui ont tout perdu, tout bouleversé. On ne bâtit pas sans étages; l'égalité est synonyme de l'anarchie; le peuple est fait pour travailler et non pour penser; la main qui écrit ne veut plus tenir la bêche : le pauvre doit labourer, le riche jouir; le noble combattre et gouverner. Il faut, non-seulement des rangs, mais des classes, des castes et des privilèges. Les désordres ont commencé dès qu'un grand seigneur a été en frac comme un violon de l'Opéra. On n'a plus révéré l'autel ni le trône, dès qu'on n'a plus respecté les droits de seigneurie et de vasselage ; pour rétablir l'ordre, il faut recréer les ordres et tout ira bien. L'ancien système était clair, vos constitutions sont des énigmes dont la folie est le vrai mot.

Monsieur, dit un vieillard qui ne mangeait que du poisson, car c'était un vendredi, vous ne touchez pas la vraie plaie qui nous ronge ; elle remonte plus haut et jusqu'au temps où nos rois, mal conseillés, ont refusé de reconnaître la discipline du concile de Trente. Vous n'aurez pas d'ordre dans le monde tant que le ciel ne gouvernera pas la terre. Rendez le clergé riche et puissant ; que les grands, qui font tout trembler, tremblent et s'abaissent devant les ministres du Seigneur ; vous verrez bientôt la philosophie se taire, l'injustice se cacher, et la bénédiction céleste répandre la paix et le bonheur sur toutes les nations.

Morbleu ! vous vous moquez de nous, s'écria un gros officier qui avait un bras en écharpe et une grande cicatrice sur la joue : c'est l'épée à la main, que Constantin a planté par-tout l'étendard de la croix, que Charlemagne l'a enrichie ; les nobles sont sortis d'anciens preux ; les savans ne peuvent travailler et les paysans labourer tranquillement qu'à l'ombre de nos glaives. Gagnez, corbleu ! de bonnes batailles ; prenez de grandes villes, de bons ports ; brûlez des flottes ennemies ; payez, honorez, dotez bien les guerriers, le Roi sera puissant, l'état respecté ; le clergé chantera de beaux *Te Deum* dans de belles églises ; le commerçant fera de gros profits, et les poëtes auront de bonnes pensions. La victoire, voilà le meilleur ministre des finances; le droit *canon* est le seul droit des gens; le sabre taille à merveille les plumes des négociateurs; la force, morbleu! la force tranche tous les nœuds gordiens. Un Roi toujours absolu, une bonne armée toujours en campagne, voilà ce qui fait la gloire et le bonheur d'un pays.

Le capitaine fait son métier, dit en souriant amèrement un homme pâle et sec, il est tranchant comme son épée; mais il doit savoir qu'on ne gagne pas toujours au jeu, et qu'à force de battre on finit par être battu. On n'a que trop joué la patrie à quitte ou double : nos ennemis sont au dedans et non au dehors; notre révolution a été une maladie putride; elle veut des remèdes violens : il faut couper tout ce qui est gangrené. Les lois de Dracon, voilà notre salut; il nous faut des ministres, ardens et purs comme le feu, qui arrêtent, bannissent, ou au moins chassent des emplois toute cette race d'hommes démoralisés qui ont eu des idées séditieuses, philosophiques, révolutionnaires, libérales. Ne plaçons que les hommes brûlans de zèle, et qui n'ont rien fait. S'ils ignorent les lois, ils les apprendront; s'ils ne connaissent pas les affaires, ils s'y formeront. La génération révolutionnaire criera, souffrira; qu'importe? on la comprimera : ce n'est point avec des liens de paille qu'on met en faisceau des barres sortant de la forge, c'est avec un bon lien de fer, et voilà ce qu'il nous faut.

Le réquisitoire du préopinant (dit un autre convive dont les gestes et l'intonation montraient quelque habitude de la tribune) est vrai dans un sens. Il nous faut une force toujours agissante, et qui épure sans cesse; mais entre quelles mains doit être cette force? voilà le point essentiel à décider. Il faut qu'un petit nombre d'hommes zélés *épure* et administre chaque province, et que leurs délégués, l'œil toujours ouvert, comme Argus, *épurent sans cesse* les ministres, réforment leurs ordonnances, les forcent à marcher droit, vite et ferme, et nous délivrent totalement des fanatiques de la modération.

Eh! de grace, messieurs, (s'écria d'un ton grave un homme qui jusque-là s'était renfermé dans un modeste silence), de grace, cessez de jeter ainsi de l'huile sur le feu. Vous voulez être nos médecins, et vous avez tous le transport au cerveau! Nous sommes sept ici, nous ne pouvons nous accorder, et vous voulez que toute la France se range à vos avis opposés! Si on vous laissait vous débattre, vous ne vous entendriez jamais, et vous ne bâtiriez qu'une seconde tour de Babel. Vous êtes bien heureux d'avoir un Roi sage et éclairé! laissez-le concilier tous vos systèmes et guérir toutes vos folies : nous avons besoin de repos et non de convulsions. Vous avez une Charte qui est un vrai traité entre toutes vos passions, respectez-la, et cessez de troubler les ministres sensés qui l'exécutent.

Il faut punir les fautes à venir, oublier les erreurs passées, adoucir les sacrifices, consoler des pertes, rétablir la confiance, offrir à tous espoir et protection. C'est par la violence qu'on fait les révolutions, on ne les termine que par la modération.

A ce mot de modération, les six sages, prenant feu comme un hydrophobe à la vue d'un verre d'eau, firent un tel vacarme, que je ne pus plus distinguer aucune parole. Le convive dont la douceur avait excité cette tempête, sortit du festin ; je le reconnus et l'appelai :

nous avions autrefois servi ensemble; et comme il me trouvait attristé de tout ce que je venais d'entendre : Rassurez-vous, me dit-il, ces hommes passionnés ne sont que la représentation du centième de la France. Les quatre-vingt-dix-neuf centièmes de la nation pensent comme vous et moi, ils veulent la paix, l'oubli, l'union, la fusion. Ils aiment le Roi, respectent la Charte et placent leur espoir dans la modération du gouvernement.

L'ÉCOLE DE L'ADVERSITÉ.

On résiste souvent aux conseils les plus sages; la voix forte des passions et leur énergique accent empêchent d'entendre le langage doux et mesuré de la raison. L'intérêt, l'ambition, la vengeance, se placent continuellement entre nous et la vérité, pour la dérober à nos regards; souvent même nous les prenons pour elle : tout ce qui flatte nos penchans nous paraît vrai; tout ce qui les contrarie nous semble faux. Il y a plus d'hommes de bonne foi qu'on ne pense, et le plus grand nombre marche franchement dans le chemin de l'erreur, du vice ou de l'injustice, persuadé qu'il suit la route du bonheur et de la vérité. Un seul maître plus éloquent, plus persuasif et en même temps plus impérieux que tous les autres, parvient quelquefois à nous éclairer, à dépouiller de leurs prestiges les erreurs qui nous égaraient, à nous faire admirer la justice que nous méconnaissions, la vérité qui échappait à nos recherches, et à nous tirer du précipice où nous étions tombés, pour nous conduire au plus haut degré de bonheur et de gloire.

Ce maître si utile, auquel la plupart des grands peuples, des grands rois, des grands hommes ont dû leurs vertus et leur renommée, ce médecin salutaire qui tire pour nous, des poisons mêmes, les remèdes les plus efficaces, cet ami sévère qui corrige nos défauts, épure nos qualités, développe nos forces, fait briller nos talens et nous fait triompher des caprices de l'aveugle fortune, vous croiriez peut-être qu'on doit lui témoigner quelque reconnaissance et le regarder comme un bienfaiteur; vous vous trompez : il n'est pas d'ennemi qui nous soit plus odieux; son absence excite la joie, son approche inspire la crainte; il est même des ames assez peu généreuses pour détourner leurs regards de ceux qu'il atteint. Il en est d'autres qui, ne pouvant l'éviter, repoussent les remèdes qu'il leur présente. Au lieu de les rendre meilleurs, il les aigrit, et, pour ceux-là, il n'est point de ressource; car ce maître sévère anéantit ceux qu'il ne relève pas.

Cet utile, mais triste protecteur de notre faiblesse, est venu porter sa main dure et froide sur notre patrie; il fait entendre aux Français ses terribles leçons : espérons qu'au lieu de s'irriter de son langage ou de se laisser abattre par sa rigueur, ils sauront puiser dans ses conseils une nouvelle existence, une nouvelle force; et que le *malheur* leur deviendra aussi utile que la prospérité leur a été funeste.

Le malheur est moins difficile à supporter que l'extrême bonheur : l'un vous fortifie et l'autre vous énerve. Le premier vous éclaire et l'autre vous enivre. Il ne faut que se roidir un peu pour résister à l'infortune; au lieu qu'on doit, comme Ulysse, fermer ses yeux et boucher ses oreilles, pour triompher de toutes les séductions d'un sort trop prospère. Les succès vous mènent à l'engourdissement, les revers vous ordonnent de vous servir de toutes vos facultés. Jamais le nom de la Grèce ne serait arrivé jusqu'à nous, si l'Asie, venant fondre sur elle, n'eût forcé ses habitans à faire des prodiges de valeur, de patriotisme et de vertu qui l'ont rendue si célèbre. Rome ne serait peut-être jamais parvenue à dominer le monde, si, attaquée dans son berceau par tous les peuples voisins, elle ne s'était vue contrainte à faire de son peuple un peuple de héros toujours prêts à sacrifier leur sang, leurs fortunes et les liens même de la nature, au salut et à la gloire de la patrie. Sans l'incendie du Capitole, sans l'invasion de Pyrrhus et sans celle d'Annibal, rendrions-nous encore d'éclatans hommages à l'héroïsme presque fabuleux, à la force colossale des Romains? Sans les malheurs de sa jeunesse errante et persécutée, notre Henri IV serait-il devenu le modèle des généraux et des rois? Ce sont de grands malheurs qui ont fait briller toutes les grandes vertus : et, d'un autre côté, n'avons-nous pas vu les rois et les empires qui ont le mieux résisté aux coups de l'adversité, succomber sous les faveurs de la fortune et se perdre par l'excès de leur prospérité? Rome perdit sa liberté dès qu'elle fut la maîtresse du monde ; le trône de Cyrus corrompit, par son éclat, Alexandre comme Xerxès ; et la Grèce, tombant en décadence dès qu'elle n'eut plus l'Orient à craindre, vit ses orateurs vendus à Philippe ; ses guerriers, courtisans des successeurs d'Alexandre, et bientôt enfin ses républiques devenir humbles sujettes de Rome.

Si les faveurs du sort nous corrompent, ses rigueurs seules peuvent nous retremper ; mais il ne suffit pas de supporter le malheur pour être digne de cette résignation, il faut savoir profiter de ses leçons salutaires ; il faut envisager le passé sans regrets, le présent sans faiblesse, l'avenir sans illusions.

Faisons d'abord respecter notre malheur ; car, de

toutes les calamités possibles, la plus insoutenable est le malheur méprisé; et le moyen de se faire respecter, quand on ne peut faire ni grand bien ni grand mal aux autres, est de se respecter soi-même. Aussi je ne connais pas de pires ennemis pour la France que ces hommes sacrifiant sans cesse leur patrie à un parti, et qui prennent à tâche de reprocher continuellement à la nation les erreurs, les fautes et les crimes de ceux qui la gouvernaient. Ces exagérés en paroles, qui ont toujours évité les dangers, veulent qu'on regarde comme des temps de corruption et presque de mort, les époques pendant lesquelles ils n'avaient ni pouvoir ni crédit. A les entendre, la France, privée de leurs lumières, n'aurait été, pendant un quart de siècle, qu'un pays sauvage peuplé de brigands. Ils outragent ainsi tout à-la fois la nation dont ils font partie et l'étranger qui l'admirait. Ils entretiennent, par leurs injures, le feu de la discorde qu'il est si nécessaire d'éteindre. Un grand peuple qui, malgré ses revers, est riche encore de tant d'exploits, de trophées, de monumens, de citoyens distingués par leurs vertus et par leurs talens, ne saurait endurer patiemment les injures prolongées de quelques hommes dont la vanité blessée est la seule grande passion, dont la longue nullité est tristement jalouse de l'activité d'autrui, et qui ne connaissent de justice que l'intérêt de parti, de principes que des préjugés vieillis, et de plaisir que la vengeance.

Il en est d'autres aussi qui, ne pouvant renoncer à leurs rêves, même après le réveil, regrettent avec trop d'amertume l'éclat qui nous a éblouis, la fortune qui nous a ruinés, la grandeur qui nous a fait tomber, la force qui nous a écrasés. Ceux-là accuseraient volontiers le temps présent des fautes du passé, le gouvernement des malheurs dont il hérite, et peut-être la terre même des rigueurs du ciel.

Si nous voulons être grands dans notre malheur, soyons justes, patiens et modérés : on n'admire l'homme qui souffre que lorsqu'il ne se plaint pas. Si nous voulons nous relever forts de cette crise, embrassons-nous au lieu de nous déchirer, et réunissons-nous autour du trône et de la Charte, non de paroles, mais de fait.

Qui veut les institutions sans les hommes, ne veut rien. On ne ramène pas au lieu commun les intérêts qu'on laisse froissés. Les maux ont été grands pour tous ; que les remèdes soient également appliqués à tous. Quand on excommunie politiquement les autres, on est excommunié par eux. On ne détruit les partis qu'en agissant comme s'il n'y en avait plus ; enfin, si nous désirons mettre un terme à nos souffrances, ne perdons jamais de vue cette maxime, que *par-tout où il n'y a pas fusion, il doit y avoir un jour dissolution.*

LES ÉLECTIONS,

ou

L'EMBARRAS DU CHOIX.

Nous savons tous qu'un jour, lorsque la dernière assemblée générale des hommes aura lieu, on verra beaucoup d'*appelés* mais peu d'*élus* : il en est de même aujourd'hui à Paris; chaque classe, chaque parti, chaque quartier, chaque coterie et presque chaque maison fait sa liste de députés; tous les salons, tous les bureaux, tous les boudoirs et tous les comptoirs veulent meubler la chambre de la nation.

Chacun vante ses candidats et dénigre ceux des autres : jamais on ne vit tant de portraits des mêmes personnes, peintes en beau dans un lieu, en charge dans un autre; l'exagération se montre par-tout, la ressemblance nulle part. Il faudra cependant finir par s'accorder, et sur un si grand nombre d'*appelés* par les intérêts opposés, par les passions diverses, par les opinions contraires, nous n'aurons enfin que huit *élus* par l'opinion publique.

Oh! le bon temps que celui d'une élection pour un Parisien musard comme moi, qui, grace aux caprices de la fortune, n'ai rien à faire, et ne suis ni éligible, ni même électeur! Nous jouissons de l'intérêt et du plaisir de tout ce mouvement sans en sentir l'embarras;

on n'enflamme ni n'humilie notre amour-propre; personne ne nous flatte ni ne nous calomnie; nous assistons sans péril aux jeux du cirque. Nous animons, nous calmons, nous applaudissons, nous raillons, nous jugeons à notre gré les lutteurs, les combattans; et, si c'est un grand plaisir pour tout homme de donner des conseils, nous n'en sommes pas privés, car les conseils sont un bien qu'on aime plus à distribuer qu'à recevoir, que tout le monde prodigue, et que donnent, même très-libéralement, ceux qui ne possèdent rien.

Hier j'étais assis, dans le jardin des Tuileries, au milieu d'un groupe d'indépendans comme moi, très-indépendans en effet, puisqu'ils n'ont aucune terre à gérer, aucune demande à faire, aucune charge à exercer, aucun supérieur à visiter, aucun devoir à remplir, et tous grands amateurs du repos, du soleil, de la promenade et des nouvelles.

Chacun d'eux parlait des candidats de son quartier, les passait sévèrement en revue, et faisait une telle énumération des qualités requises pour former un bon député, qu'à peine, je crois, les sept sages de la Grèce auraient pu remplir les conditions exigées par eux pour un semblable choix.

Tandis que nous discutions cette importante matière avec autant de chaleur que si nous étions chargés de la décider, parlant beaucoup, écoutant peu, ne répondant qu'à nos propres idées, et tranchant légèrement les questions les plus ardues, comme cela se pratique dans le monde et même dans beaucoup d'assemblées, je fus frappé du maintien triste d'un de mes anciens camarades de collège qui gardait un profond silence, et ne l'interrompait que par de fréquens soupirs.

Qu'avez-vous, lui dis-je en m'approchant de lui, vous que j'ai toujours vu si calme, si gai, si serein ? par quel hasard paraissez-vous aujourd'hui si morne, si chagrin ? votre bouche est muette, votre physionomie est agitée; quel est le sujet de votre peine et de votre inquiétude?

Mon cher, me répondit-il tout bas, vous connaissez ma vie et mon caractère : heureux dans ma médiocrité, satisfait d'une modeste fortune, exempt d'ambition, exact à bien remplir le seul rôle qui me convienne, celui d'honnête homme, j'ai placé tous mes plaisirs dans mes devoirs; j'ai fait un peu de bien dans mon petit cercle, et jamais de mal. J'étais content de mon sort, et comme l'horizon de mon activité et de mon influence ne s'étendait pas au-delà de ma famille et de quelques amis, je n'avais jamais éprouvé le moindre embarras sur ce que je devais faire ou dire ; mais voici que la loi me met au nombre des électeurs, et je me trouve chargé de contribuer au choix des députés qui vont agiter les plus grands intérêts de ma patrie.

Ce devoir m'alarmait peu dans le premier moment, et je croyais qu'il suffisait, pour acquitter ma dette, de donner ma voix à des citoyens honnêtes, éclairés; qui ne séparent pas la patrie du Roi; à des hommes décidés à soutenir fermement les droits du peuple, ceux du prince, la liberté sans licence, et l'autorité sans arbitraire; en un mot, à des députés fidèles à la lettre et à l'esprit de la Charte.

Mais depuis que, quittant mes foyers champêtres, je suis venu à Paris, tout se complique et s'obscurcit à mes yeux. On écrit tant de pamphlets pour nous éclairer, que je n'y vois plus rien ; on nous donne tant de conseils, que je ne sais plus auquel entendre; on nous recommande tant de phénix, on nous désigne tant d'hommes comme dangereux, que je crains également de nommer des députés nuisibles ou d'en exclure d'utiles.

Je voulais placer en tête de ma liste un militaire très-estimé. — Prenez garde, m'a-t-on dit, ces gens-là ne savent que se battre et obéir; ils sont nés partisans du pouvoir absolu.

Je montrai ensuite le nom d'un avocat éloquent. — Qu'allez-vous faire? les avocats ont l'habitude de plaider le pour et le contre; on ne peut pas compter sur eux.

Eh bien! vous approuverez peut-être celui-ci; c'est un riche et probe commerçant. — Bon, l'intérêt seul le guide.

Et ce procureur qui connaît si bien les lois? — Fi donc, voulez-vous nous livrer à sa cupidité?

Mais vous n'objecterez rien à cet honnête ecclésiastique? — Allons donc; leurs affaires ne sont pas de ce monde, ils ne doivent pas se mêler des choses terrestres.

Cet ancien grand seigneur a su mériter la considération de tous les partis. — Il a trop de préjugés de caste.

Mais cet orateur qui brilla tant de fois dans nos tribunes? — Craignez ses habitudes révolutionnaires.

Eh bien! ce magistrat équitable et ferme? — Non, c'est un homme en place et dépendant.

Fort bien: prenons donc celui-ci; depuis vingt-cinq ans il n'a voulu rien faire. — Et qu'en ferez-vous donc? s'il n'a rien fait, il n'a rien appris.

Me voilà décidé; je ne nommerai que des cultivateurs. — Gardez-vous-en bien; ils ne songent qu'à payer le moins d'impôts possible, et les besoins du trésor sont les plus urgens à satisfaire.

M'y voici ; je vais choisir les hommes les plus savans, les plus distingués par leur esprit et par leurs talens ; l'Institut me fournira ma liste.—Juste ciel ! c'est le pire de tous les partis ! vous n'y trouverez que des philosophes, des idéologues, des hommes à théories creuses et sans pratique.

Désolé de toutes ces objections, et ne sachant plus comment naviguer entre tant d'écueils, je vous avoue qu'au moment où vous m'avez interrompu dans ma rêverie, j'examinais si je ne ferais pas bien d'imiter ces juges de Touraine dont parle Rabelais, qui, las de voir tous leurs arrêts blâmés malgré leurs efforts pour n'en rendre que de justes, décidèrent secrètement entre eux de juger dorénavant les causes aux dés. Le hasard seul dicta les arrêts, et le bon curé observe que rien n'en alla plus mal.

Belle conception ! s'écria dans ce moment un petit vieillard que je reconnus sans peine : c'était un homme que m'avait fait remarquer son langage sévère et laconique : belle conclusion ! Les folies des autres vont donc vous faire renoncer à votre raison, et vous rendre indifférent sur l'accomplissement du plus important de vos devoirs ? Chaque chose a deux faces ; il n'est point de lumière sans ombre, d'avantages sans inconvéniens, de qualités sans défauts, d'hommes sans erreurs et sans faiblesses : si vous voulez pour députés des êtres parfaits, cherchez-les donc dans le ciel et non sur la terre ; mais puisque tout le monde se mêle de vous donner des conseils, écoutez aussi le mien.

De quoi la France a-t-elle besoin ? de repos et d'union.

Choisissez donc des hommes modérés et conciliateurs, qui préfèrent l'intérêt général à tout intérêt privé ; et pour ne vous pas tromper, donnez votre suffrage, non à ceux qui possèdent le plus de science, mais à ceux qui montrent le moins de mémoire, à ceux qui, éclairés par tant de malheurs, tant de discordes, tant de fautes et tant d'erreurs de tous les partis, ont senti le besoin d'un oubli général et mutuel.

Croyez-moi, les hommes les plus capables de guérir les maux de l'état, de le rendre libre et tranquille au dedans, respectable au dehors, et de réunir enfin tous les Français en faisceau autour de la Charte et du trône, ce sont des hommes *qui ont appris à oublier :* cherchez-les, et, après les avoir trouvés, *arrêtez-vous.*

» Il a raison, dit mon ami en nous quittant, je rejette de ma liste les vindicatifs, les factieux, les égoïstes qui *n'oublient rien*, et je n'y placerai que ceux qui veulent et savent *tout oublier.*

L'ESPRIT DU SIÈCLE.

On parle beaucoup de l'esprit du siècle, et ce pauvre siècle a, jusqu'à présent, laissé tous nos grands écrivains divaguer à leur aise sur son compte, sans leur répondre; mais enfin, importuné de toutes les accusations dont il est l'objet, il m'est apparu cette nuit, et il m'a choisi, je ne sais par quel caprice, pour me charger de le défendre.

Je sais avec quel ménagement il faut soutenir une telle cause, et, par respect pour un semblable client, je n'imiterai point la plupart des avocats; je ne me livrerai pas aux écarts de mon zèle, aux élans de mon imagination; je me bornerai aux moyens de défense qu'il m'a dictés, et je serai court, quoique je parle pour un siècle.

Le lecteur voudra bien d'abord observer que le dix-neuvième siècle, mon client, est encore jeune, puisqu'il n'a vu que dix-sept printemps; et cette circonstance devrait, je crois, lui rendre favorable tout juge impartial.

Il est affreux, à la fleur de son âge, de se voir dénoncé à l'opinion publique pour des délits qui supposeraient une corruption bien précoce, et à l'heureuse époque où l'on ne vit encore que pour les plaisirs les plus innocens, d'avoir à craindre la sévérité des jugemens prévôtaux, et d'être enfin publiquement accusé de républicanisme.

Mon client, dont le juge naturel est l'histoire, espère cependant qu'il ne lui sera pas nécessaire d'en appeler à son tribunal; il croit les magistrats trop éclairés et trop équitables pour redouter leur décision. Il ne soupçonne pas ses adversaires de calomnie, mais de légèreté, quoiqu'ils soient tous plus vieux que lui; et il les accuse, quand ils devraient employer leurs talens à répandre des vérités, de créer des fantômes pour les combattre, et d'effrayer le public trop crédule, par *des contes de l'autre monde.*

Écoutez donc sans prévention, et même avec l'indulgence qui lui est due, ce jeune siècle qui vous parle par ma voix.

On doit d'abord, pour juger ce grand procès, vous dit-il, se bien pénétrer d'un principe généralement adopté : la raison veut toujours que les fautes soient personnelles; et la loi, depuis peu, a parlé comme la raison. Ainsi, quoiqu'il me fût honorable, et peut-être plus facile qu'on ne croit, de défendre sur plusieurs points mon père le dix-huitième siècle, objet des inculpations les plus graves et des déclamations les plus violentes, je conviens qu'il s'est trop livré à l'esprit de parti; il a passé sa vie dans les orages : tant de circonstances diverses se sont réunies pour l'entraîner, il a brillé de tant de gloire, il a dit tant de vérités, il a causé tant de malheurs, et les ennemis qui le poursuivent ont adopté un si grand nombre de ses maximes, que je laisse à mes petits-fils le soin de venger sa mémoire, et de lui faire assigner par la postérité le rang qu'il doit occuper dans notre famille immortelle. Je me borne donc à ma propre défense; et, pour me justifier, il suffira de me faire connaître.

Je suis né avec une constitution délicate, ce qui ne m'empêchera cependant pas, comme vous le savez, de vivre cent ans. Mon père, dans ses dernières années, trop prévenu peut-être des illusions de la philosophie et de l'amour de la liberté, avait, comme beaucoup d'hommes, sauté d'un extrême à l'autre ; sur la fin de ses jours il ne rêvait que batailles, conquêtes, gloire et monarchie absolue : en naissant je me suis trouvé forcé de payer ses fautes ; héritier de ses dettes et non de sa fortune, je me suis vu, dans mon enfance, accablé par les orages d'une guerre presque universelle qui m'a horriblement fatigué, et le destin rigoureux me charge, après tant de bouleversemens, de rétablir l'ordre dans le chaos, et de faire succéder une paix durable aux longues tempêtes qui ont ébranlé la terre.

Voilà le début de ma vie : il suffit déjà, je crois, pour confondre mes accusateurs. On sait que, dans notre famille, une loi éternelle veut que chacun de nous ne commence à vivre qu'au moment de la mort de son père, ainsi il est évident qu'on ne peut me reprocher ni la corruption, ni les excès, ni le délire du dix-huitième siècle.

Dès le berceau j'ai expié ses fautes, payé ses dettes, et, loin de m'accuser de républicanisme, on pourrait plutôt dire avec raison que par ambition j'ai trop long-temps soutenu le système trop monarchique, trop peu libéral, et trop conquérant de mon père.

Mais il ne faut pas toujours juger des principes par les faits ; je suivais le cours du torrent, et il m'était difficile de m'arrêter : un jeune siècle ne résiste pas avec succès, dans les premiers momens, aux derniers efforts d'un vieux siècle.

Dès que j'ai pu me retenir sur cette pente rapide, qu'ai-je fait? j'ai rendu la paix au monde, et j'ai voulu lui donner pour base l'autorité royale limitée par les lois, et l'alliance éternelle du trône et de la liberté. Voilà le grand et le premier acte qui me caractérise. Personne ne pouvait nier ce fait : on accuse, non mes actions, mais mon esprit : voyons donc à présent ce qu'on appelle esprit du siècle.

L'esprit du siècle devrait être facile à connaître, puisque c'est l'esprit de tout le monde; mais il est souvent étrangement défiguré par l'esprit de parti, de secte, de classe, de société, de coterie, qui tous le représentent à leur manière; chacun le voit avec ses lunettes, le mesure à sa taille, le juge avec son opinion, et lui prête sa couleur. Il est embelli par l'amour-propre satisfait, déchiré par l'orgueil mécontent, accusé par le malheur, défendu par la prospérité; la jeunesse l'aime et le vante; la vieillesse le dénigre et le hait; mais, sans s'embarrasser de leur censure et sans se laisser enivrer par leurs louanges, le siècle marche toujours, et entraîne dans son cours tout ce qui veut follement lui résister.

On a cru souvent que quelques hommes de génie donnaient l'impulsion, le mouvement et la direction à leur siècle : on se trompe, leur mérite consiste seulement à le bien connaître; ils ne peuvent pas créer les circonstances, mais ils en savent profiter; celui qui suit l'esprit du siècle va vite et loin; celui qui veut marcher dans un sens contraire est bientôt arrêté, brisé, renversé.

L'esprit des siècles ressemble à un fleuve large et rapide; il est difficile de le traverser, impossible de le remonter. Cependant la manie la plus ordinaire des enfans ingrats de chaque siècle est de vanter les siècles précédens aux dépens du leur : les temps où ils vivent est, selon eux, l'âge de fer ; celui de leurs aïeux est l'âge d'or ; et moi, par exemple, si je me laissais conduire par de certaines gens, je remonterais au siècle du jansénisme et du molinisme; de là, à celui de la fronde; après, à celui de la ligue ; ensuite, à celui des croisades et de la féodalité ; enfin, au siècle de la barbarie la plus gothique.

D'autres, tout aussi peu raisonnables, ne seraient contens que si je voulais bien reculer seulement de quelques pas, et recommencer le siècle de loterie politique et de conquêtes, tandis que les plus turbulens et les plus effrayés tremblent de me voir sauter en arrière et replacer tout le globe dans la nuit de l'anarchie démocratique.

Je veux enfin que les hommes qui vivent sous mes lois se détrompent sur l'esprit des siècles, et particulièrement sur le mien. Les siècles marchent dans la nuit des temps guidés par le flambeau de l'expérience ; plus ils s'avancent, plus ils s'éclairent ; ils évitent les écueils qu'ont trouvés leurs devanciers, mais ils en rencontrent d'autres ; ils ne tombent plus dans les mêmes fautes, mais ils en commettent de nouvelles ; ils rient des fantômes qui ont effrayé leurs pères, et ne peuvent être dupes que de quelque prestige nouveau qui se dissipe à son tour : chaque pas les éloigne de l'erreur et les rapproche de la raison.

En vain, l'intérêt, la passion, la folie, veulent s'opposer à ce progrès des lumières ; le siècle écarte le vieux bandeau qu'elles voudraient mettre sur ses yeux, et, de nos jours, il leur serait tout aussi difficile de nous faire respecter un préjugé gothique, ou de nous courber sous un joug féodal, que de nous faire croire aux sorciers, ou de nous entraîner loin de Paris, pour assiéger encore Jérusalem.

Voulez-vous donc enfin connaître mon esprit, le voici : c'est l'esprit de la raison ; à dix-sept ans je n'ose pas dire que je la possède, mais j'affirme que c'est elle seule que je cherche, que je veux et que j'écoute.

Éclairé par l'expérience de mes aïeux, instruit et surtout très-fatigué par les travaux de mon père, je suis guéri de toutes les erreurs de mes ancêtres, mais je garde avec soin les vérités qu'ils m'ont léguées ; je renonce à leurs folles prétentions, mais je suis décidé à conserver les droits qu'ils m'ont acquis ; ils sont gravés dans une *Charte donnée par la sagesse*, ils seront défendus par le courage. Je veux la liberté sans licence, la religion sans fanatisme, la croyance sans superstition, la philosophie sans athéisme, l'égalité politique sans saturnales, la monarchie sans despotisme, l'obéissance sans servitude, la paix sans faiblesse, et le repos sans apathie.

Ce repos est plus qu'un sentiment, c'est un besoin pour moi, et je ne craindrais d'en sortir que si quelques esprits aussi exagérés qu'étroits s'opiniâtraient à vouloir me combattre ou me tromper, et s'ils voulaient substituer l'intérêt privé à l'intérêt général, l'orgueil de classe à l'orgueil national, le désir de vengeance à l'amour de l'union, l'ambition au patriotisme, et l'esprit de parti à l'esprit du siècle.

Connaissez-moi donc, et souvenez-vous bien que celui qui *n'a pas l'esprit de son siècle, de son siècle a tout le malheur*.

LE BON SENS.

On ne voit à présent que de l'esprit par-tout : on en rencontre dans tous les cafés; on en voit sur toutes les enseignes; on s'en nourrit chez tous les confiseurs; on en remplit tous les journaux; on en trouve même aujourd'hui quelquefois à l'Académie...... royale de musique; et l'esprit est si généralement répandu, qu'une bête est à présent, en France, une vraie rareté. Malheureusement les sots et les niais sont plus communs, mais ce sont plutôt des sots en actions qu'en paroles; car, dans notre charmant pays, on fait plus de sottises qu'on n'en dit. Quant aux niais, ils ne vivent pas sans gloire dans un siècle où le mélodrame lutte avec avantage contre la tragédie. D'ailleurs, avec beaucoup d'esprit on peut être niais; il ne faut pour cela qu'un peu trop de confiance, ou de bonhomie, ou de crédulité; rien n'est si sujet à la niaiserie que l'amour-propre; il enfle les petits et grandit les nains; il rend les hommes dupes de l'amour; il fait croire à l'opulence qu'elle inspire l'affection, à la grandeur qu'on ne l'envie pas, à la jeunesse qu'elle sait tout, à la vieillesse que le temps s'arrête et l'épargne; il cache aux auteurs leurs défauts, aux femmes leurs rides, aux maris leurs revers, aux conquérans leurs périls et leur ruine; par-tout enfin on voit la preuve que l'esprit, les talens et même le génie ne préservent pas toujours de la niaiserie.

Moquons-nous donc de ces éternels déclamateurs qui, préférant toujours le passé au présent, assurent tristement que notre esprit est en décadence : persuadés à tort de leur supériorité, ils voient tous les hommes petits comme s'ils les regardaient du haut d'une montagne; ils ne trouvent pas assez d'esprit aux autres parce qu'ils s'en croient trop à eux-mêmes, et se montrent dédaigneux parce qu'ils se persuadent qu'ils sont riches.

Non, jamais l'esprit, les talens et la science ne furent si généralement répandus, ce n'est certes pas là notre côté faible, mais ce qui nous manque le plus, comme à tous les hommes de tous les temps, c'est le mérite que nous croyons le plus commun, c'est la qualité que nous méprisons presque comme la plus vulgaire, en un mot c'est le *bon sens*.

Au reste, consolons-nous : le *bon sens* est un trésor qui a manqué dans tous les siècles aux peuples les plus fameux, aux gouvernemens les plus célèbres, et aux plus grands hommes comme à nous.

Les Égyptiens, ces premiers précepteurs du monde, ont-ils montré beaucoup de *bon sens* en se privant, par leurs vexations, de six cent mille Israélites, en faisant périr des millions d'hommes pour construire ces colossales pyramides, stériles monumens de leur orgueil; en soumettant leurs rois au collège des prêtres; en adorant des bœufs, des chiens et des chats, et en livrant leurs villes aux Perses plutôt que de lancer leurs traits sur ces animaux qui servaient d'avant-garde à leurs ennemis ?

Les Perses, qui conviennent, après une mûre délibération, d'élire pour roi celui des grands dont le cheval hennirait le premier, ont-ils montré plus de *bon sens* que leur grand monarque Xerxès qui fouette la mer et qui écrit une lettre menaçante au mont Athos?

Que de fautes contre le *bon sens* ont commises dans leurs lois et dans leur conduite ces fameuses villes d'Athènes et de Sparte, qu'on nous cite cependant encore comme modèles! L'une fait une loi pour bannir les citoyens qui réunissent trop de talens à trop de vertus; elle condamne Socrate à la ciguë, exile ou tue tous ses héros, et élève des statues aux tyrans étrangers qui l'asservissent.

L'autre ordonne la mort de tout enfant débile ou contrefait, et permet aux vieillards de céder leurs femmes aux jeunes gens; enfin cette ville, si célèbre par ses vertus et par son amour pour la liberté, condamne tout un peuple à l'esclavage, et traite les Ilotes comme les plus vils animaux.

Alexandre-le-Grand se croit le fils d'un Dieu, et brûle Persépolis pour plaire à une courtisane.

Les Hébreux, éclairés, conduits, nourris, disent-ils, par Dieu même, voient sa lumière, entendent sa voix, marchent entourés de ses miracles, et, en sa présence, construisent un veau d'or pour l'adorer.

Carthage, reine de l'Occident, souveraine des mers, maîtresse de tous les trésors du monde, désarme ses citoyens, et confie sa défense à des mercenaires. Elle ne sait trouver d'autre remède à ses malheurs que le supplice de ses généraux, ni d'autre moyen de se rendre le ciel favorable que de lui sacrifier des victimes humaines.

Les Romains, dominateurs de la terre, n'imaginent d'autre préservatif contre la peste, que de faire attacher un clou à la porte d'un temple; ils se croient destinés à une guerre éternelle parce qu'ils trouvent une tête de cheval dans les fondations du capitole ; leurs généraux refusent le combat quand les poulets sacrés n'ont pas mangé ; Marius est certain d'être sept fois consul parce que sept corbeaux ont croassé sur son berceau ; César est troublé par un songe de sa femme.

L'habile Auguste se persuade qu'il arrivera un grand malheur si on chausse son pied gauche avant son pied droit, et se prépare à la mort parce que la foudre, frappant le portail d'un temple, a brisé la première lettre du nom de César.

Les princes, les magistrats, les guerriers de l'empire de Byzance, au lieu de se défendre contre les Turcs qui les assiégent, se battent entre eux pour et contre le culte des images, et pour les factions verte et bleue du cirque.

Les Germains et les Francs, devenus la terreur des Romains, consultent les chênes pour faire des lois, et demandent à leurs femmes s'ils doivent se battre ou négocier. Arioviste se laisse vaincre par César, parce que les dames suèves déclarent qu'il faut attendre la pleine lune pour combattre.

Nos anciens rois de France ont régné plusieurs siècles avant de comprendre que pour garder le sceptre il ne fallait pas le confier à un maire du palais, et que pour conserver un grand royaume on ne devait pas le partager entre plusieurs enfans.

Combien d'autres siècles n'a-t-il pas fallu voir s'écouler avant d'écouter le *bon sens* qui trouvait étrange que *Rome* gouvernât les rois et mît leurs royaumes en interdit, ou disposât de leurs couronnes ; que tout l'Occident s'épuisât d'or et de sang pour conquérir en Orient le tombeau d'un Dieu ?

Le *bon sens*, pendant ce long espace de siècles, a-t-il pu empêcher de brûler des millions d'hommes pour les convertir, de dépeupler l'Amérique pour lui faire adopter des dogmes qu'elle ne comprenait pas, et d'envoyer au supplice des sorciers qui, s'ils l'avaient été, ne se seraient certainement pas laissé griller?

Si l'on eût écouté le bon sens dans notre Europe, aurait-on vu si long-temps les plus petits seigneurs faire la guerre aux rois, juger leurs vassaux suivant leurs caprices, obliger les femmes du peuple à reconnaître des droits contraires à la pudeur, et forcer leurs maris à veiller la nuit pour faire taire les grenouilles de leurs fossés?

Aurait-on vu la Sorbonne et les parlemens défendre à la terre de tourner, au sang de circuler, à l'émétique de guérir, à l'*inoculation* de conserver la vie et la beauté!

Ce n'est que depuis peu que le bon sens a prouvé aux souverains, après des milliers de guerres désastreuses, qu'il ne pouvait y avoir ni équilibre, ni paix, ni stabilité, ni limites certaines, tant que les mariages des princes décideraient du sort des peuples, et l'on a enfin reconnu qu'une princesse, en épousant un prince étranger, devait renoncer à tous droits de succession aux états de son père.

Malgré tous les efforts de nos philosophes apôtres du *bon sens*, malgré la sagesse et la force de leurs écrits contre le fléau des guerres d'invasions et contre les envahisseurs du monde, tels que les Alexandre, les César, les Tamerlan, les Charles-Quint, les Charles XII, n'avons-nous pas nous-mêmes récemment partagé l'ivresse des conquêtes, dont le réveil a été si pénible?

Nos voisins les Anglais, qui se vantent de nous avoir précédés dans la route très-nouvelle du *bon sens*, n'ont-ils pas, en méprisant sa voix, versé autant et peut-être plus de sang que nous : d'abord pour une rose rouge ou blanche, ensuite pour les différentes manières d'adorer Dieu ; et même depuis qu'établissant le règne du bon sens par un admirable traité entre le pouvoir héréditaire du trône, l'influence indispensable des riches, des grands, et de la liberté civile et politique du peuple, n'ont-ils pas encore un peu oublié ses conseils en désirant sur les mers un empire pareil à celui que nous voulions avoir sur la terre ?

Enfin, si la tolérance est par-tout parvenue à triompher de ses ennemis, comme le *bon sens* l'avait inutilement réclamé depuis tant de siècles, ne devons-nous pas trouver assez naturel qu'à présent encore tant de gens s'opposent à sa voix, lorsqu'il veut prouver l'indispensable nécessité de la tolérance politique pour notre bonheur et pour notre repos ?

Pour moi, je n'en suis pas surpris ; je suis de l'avis de ceux qui prêchent, et non de l'avis de ceux qui brûlent. Le *compelle intrare* m'a toujours paru la maxime la plus opposée au *bon sens*. J'aime la lumière qui pénètre pour éclairer ; je déteste le feu qui consume et qui détruit ; et si nos adversaires continuent à être intolérans pour nos opinions, je n'en serai pas moins tolérant pour les leurs ; ce sera sans fiel et sans emportement que je chercherai à leur prouver que ce n'est pas nous, mais le *bon sens*, qu'ils blessent par leurs passions, par leurs préjugés et par leurs inconséquences.

Et, par exemple, n'est-ce pas un gros péché contre le *bon sens* que de vouloir remonter du présent au passé qui ne peut jamais se reproduire? C'est cependant le péché favori de beaucoup de gens d'esprit, et même de quelques hommes de talent ; bien plus, il est un grand nombre de jolies femmes qui voudraient se retrouver au temps de leurs grand'mères, mais sans prendre, je crois, leurs grands paniers et leurs vertugadins.

Le *bon sens* leur dit en vain qu'il n'est pas plus possible aux hommes d'aujourd'hui de rappeler les anciens jours, qu'aux vieillards de revenir à leur printemps. Mais si l'on pouvait même ainsi reculer, quelle époque choisirait le *bon sens* pour s'y arrêter?

Ce ne serait probablement pas celle qui précédait immédiatement la révolution, la pente était trop près du précipice ; la pureté ne voudrait pas des temps licencieux de la régence ; les conquêtes nous ont trop fatigués pour recommencer celles de Louis XIV ; la fidélité fuirait les jours de la fronde et les cruelles années de la ligue ; l'humanité voudrait franchir le siècle des guerres religieuses ; l'honneur passerait promptement par-dessus l'époque fatale qui livra le sceptre ainsi que les trois quarts de la France aux Anglais, et que les querelles des Armagnacs, des Bourguignons et de la Jacquerie inondèrent de sang ; la raison et l'intérêt public nous éloigneraient des croisades ; nous fuirions précipitamment l'affreux temps de l'anarchie féodale ; et plus haut nous ne trouverions que des révolutions et des temps barbares. Ainsi, tout bien considéré, revenons au *bon sens*, et résignons-nous à vivre à l'époque que le ciel nous a désignée.

Le *bon sens* n'aime pas les révolutions, ce sont des crises trop violentes ; mais lorsqu'une révolution est faite depuis un quart de siècle, ce *bon sens* vous dit qu'il n'est pas possible de l'effacer : Dieu même ne peut empêcher que le passé n'ait existé.

Vous croyez que la révolution est l'ouvrage de quelques hommes : écoutez le *bon sens*, il vous dira qu'elle est l'effet de la marche du temps, le produit des nouvelles découvertes, la conséquence des progrès de l'instruction, et que mille causes inévitables y ont contribué.

L'esprit du siècle, dit-on, *est républicain, et les mœurs du siècle portent à l'obéissance*. Le *bon sens* nous apprend, au contraire, que l'esprit du siècle n'est que le fruit des mœurs de ce siècle. Nos mœurs veulent l'égalité politique, une sage liberté, l'obéissance à un trône constitutionnel; elles produisent, non l'esprit républicain, mais l'esprit de la *Charte royale*, et on ne doit pas l'oublier.

Un petit parti regrette l'existence des *ordres*; un autre, peu nombreux, désire la renaissance des *désordres*; la majorité immense, d'accord avec le *bon sens*, veut le maintien de l'*ordre*.

Le *bon sens* rit des efforts déraisonnables et impuissans de quelques personnes pour courber des chênes qui se sont redressés depuis vingt-cinq ans.

On choque le *bon sens*, lorsqu'en adoptant les principes libéraux de la Charte, on cherche à flétrir ceux qui, les premiers, les ont émis, soutenus et propagés.

Si, après s'être opposé trente ans à une charte qui assure les droits du trône, des grands propriétaires et du peuple, un parti voulait s'arroger à lui tout seul les fruits et les jouissances de cette charte, et soutenir qu'il doit être chargé exclusivement de son maintien, le *bon sens* ne pourrait-il pas l'accuser d'inconséquence et d'injustice?

Après de si longs troubles, de si fréquens orages, lorsque les Français se sont vus portés sur tant de routes différentes, par circonstance, par opinion, par crainte, par reconnaissance, par amour du pays ou par nécessité, le *bons sens*, le Roi et la Charte veulent la concorde et l'oubli du passé. Un petit parti exagéré n'est-il pas un peu loin de la route du *bon sens*, lorsqu'il ne voit pas qu'il a besoin autant que les autres de concorde et d'oubli ?

Il est contre le *bon sens* de séparer les opinions des intérêts ; personne n'adopte une opinion s'il ne la croit pas conforme à l'intérêt public ou au sien. Le *bon sens* vous prouve que les bonnes opinions sont celles qui ne veulent que l'intérêt de la majorité ; et les mauvaises, celles qui ne défendent que l'intérêt d'un parti.

La voix du *bon sens*, celle du gouvernement, celle de la Charte, invitent tous les Français à voiler le passé, à se mêler, à se réunir en faisceau. D'autres voix, qui ne sont pas les plus justes et qui semblent au contraire les plus aigres, veulent que, clément pour les choses (ce qui ne signifie rien), on soit rigoureux pour les hommes (ce qui est très-significatif). Elles demandent que, pour jouir des places et des bienfaits de la Charte, on distingue les bons des mauvais, les impies des fidèles. Si leur vœu, contraire à la paix générale, était rempli, et que l'opinion publique, puissance bien établie par la Charte, vînt à dire : Eh bien ! les bons sont ceux qui prêchent la concorde ; les mauvais, ceux qui excitent la discorde ; les purs, ceux qui secondent un gouvernement conciliateur ; les infidèles, ceux qui le frondent avec amertume et qui contrarient ses mesures pacifiques.

Je préfère, moi nation, ceux qui m'élèvent à ceux qui m'abaissent ; ceux qui m'ont servi, à ceux qui m'attaquent ; ceux qui ont beaucoup travaillé pour moi, à ceux qui n'ont rien fait ; ceux qui savent, à ceux qui n'ont rien appris ; ceux qui excusent, à ceux qui dénoncent ; ceux qui rallient, à ceux qui divisent ; ceux qui oublient à ceux qui se vengent ; ceux qui applaudissent la clémence, à ceux qui excitent à la rigueur ; ceux qui se félicitent de voir un roi qui veut régner par l'amour, à ceux qui voudraient qu'il régnât par la crainte.

Croyez-vous que le *bon sens* ne souscrirait pas à ce jugement ?

LES PAPILLONS.

Le peuple, toujours et par-tout un peu papillon de sa nature, s'est vivement occupé, et a beaucoup parlé, pendant deux jours, de cette masse de papillons qui, tout à coup tombant des nues, est venue fondre sur la terre.

Ceux qui avaient faim ont cru d'abord que c'était une manne nouvelle qui descendait du ciel; ceux qui avaient peur ont pensé que c'était une nouvelle plaie, semblable à celles d'Égypte, que Dieu nous envoyait dans sa colère; et bien des gens qui, faisant les esprits forts, raillent la religion, ne croient qu'aux cartes et à la prophétesse de la rue de Tournon, prenaient ce phénomène pour un présage qui annonçait de grands bouleversemens.

Les femmes sensibles se réjouissaient, espérant que la chute de tant de papillons effraierait les inconstans; et les coquettes s'alarmaient, craignant de voir leur empire dépeuplé.

Dans le temps où les bêtes parlaient, et, *comme le dit Rabelais, il n'y a pas trois jours*, rien n'aurait été plus facile que d'expliquer ce mystère; tous ces papillons mourans nous auraient, avant que d'expirer, raconté leur histoire ou leur roman, mais comment suppléer à leur silence ? Un ancien député a si bien étudié le langage des chats, qu'il s'est rendu capable de faire, sur ce peuple fourré, un poëme plus piquant que la plupart de nos poëmes nouveaux ; ce que je dis sans craindre d'en faire un éloge fade et exagéré.

Un ancien savant s'est instruit à fond dans la langue des oiseaux ; il a même traduit en français quelques-unes de leurs chansons, qui ne valent pourtant pas les couplets du *Rossignol* de l'Opéra ; mais ces deux érudits ont négligé la langue des papillons : que voulez-vous ? le génie le plus vaste ne peut pas tout embrasser.

Je suis très-curieux, comme descendant d'Ève, et un peu musard en ma qualité de Parisien ; je m'arrête souvent pour regarder une mouche qui vole, et je ne pouvais pas supporter patiemment de voir tant de millions de papillons à terre sans en savoir la cause.

Dans cette perplexité, n'osant m'adresser à l'académie des sciences qui se moque du magnétisme, de la baguette divinatoire, et qui probablement aurait trouvé le sujet de mes recherches trop léger pour fixer son attention, je me suis souvenu qu'il existait à Paris une femme savante qui possède la plus riche collection de papillons qu'on ait vue en Europe. Ce musée lui rappelle beaucoup de souvenirs, d'affections, de plaisirs, de regrets ; elle prétend que cette galerie de tableaux lui tient lieu d'encyclopédie. Ayant brillé long-temps dans un monde où elle étudiait la morale en chantant, la politique en dansant, et trouvait la vérité en cherchant le plaisir, elle a, dit-on, acquis une profonde connaissance des hommes, et elle assure que l'histoire des chenilles et des papillons, bien expliquée, serait l'histoire la plus vraie de la plus grande partie du genre humain.

Je ne dirai point, et pour cause, son nom de famille ; elle s'appelait, dans sa jeunesse, Rose, et en avait la fraîcheur ; aujourd'hui le nom seul lui en reste, et elle ne voit plus dans sa maison de papillons qu'en tableaux.

En entrant chez elle, je la trouvai les cheveux épars, l'œil fixe, entourée de tas énormes de papillons qu'on venait de lui apporter ; elle tenait une baguette dans sa main, l'agitait et s'en servait pour remuer et retourner ces nombreux insectes dont son plancher était couvert.

Circé, Médée, Armide, Velleda, faisant à la clarté de la lune leurs terribles conjurations, ne m'auraient pas paru plus imposantes : elle n'entendit ni le bruit de mes pas ni le son de ma voix. Archimède, occupé de la solution de son problème, n'était pas plus insensible aux cris des vainqueurs, aux gémissemens des vaincus, aux menaces du soldat, au tumulte du pillage.

Je l'admirai long-temps dans un respectueux silence; enfin, lorsque la lassitude l'eut forcée de prendre quelques instans de repos, elle jeta ses regards sur moi. Pourquoi m'interrompre ? me dit-elle. — Parce que le même objet qui vous occupe m'agite, lui répondis-je, je brûle de savoir la cause de cette apparition subite, de cette destruction terrible d'un si grand nombre d'êtres vivans. De grace, docte Rose, ne me faites pas languir ; éclairez-moi : que signifie ce signe mystérieux de la volonté divine ? de quel péril sommes-nous menacés ? tant de papillons ne peuvent pas périr tout à coup sans donner quelque inquiétude aux hommes, dont ils ne rappellent que trop l'imprudence et la légèreté : parlez, quelle est la cause de leur destruction?

—Quelle cause ! pouvez-vous la méconnaître ? répondit la vieille en soupirant : c'est la lumière ! Je suis trop pressée pour prolonger cet entretien : je ne vous dirai que peu de mots ; retenez-les, et méditez-les bien.

La révolution qui dans une autre planète a détruit tout à coup cette nombreuse population, est un véritable emblème de celle qui se fait ici graduellement tous les jours.

La Vérité, sur les ailes du Temps, marche, s'avance ; et son flambeau, qui chasse les ombres de l'erreur, brûle tous les imprudens qui repoussent la lumière, et qui osent s'en approcher pour l'éteindre.

Plus téméraires que nous, les habitans de la lune ne s'étaient pas bornés à opposer les préjugés à la raison ; nouveaux Titans, ils ont osé se soulever, s'armer, et entreprendre de détrôner la Vérité ; elle a voulu d'abord les punir par une métamorphose qui devrait confondre leur faiblesse et leur vanité ; mais, aussi incorrigibles qu'insensés, sous cette nouvelle forme, ils sont encore venus l'assiéger ; son flambeau a consumé leurs ailes, et les a précipités sur la terre.

Quoiqu'ils soient défigurés par le feu, ma science, fruit d'une longue étude, me donne encore la possibilité de distinguer leurs formes et leurs classes : je pourrais vous les faire connaître tous si j'en avais le temps.

Ceux que vous voyez à ma droite étaient des papillons élégans, diaprés, brillans, autrefois classe prééminente ; ils ne pouvaient supporter que la justice prît des balances égales, et que la loi les soumît au joug de son juste niveau.

Ceux qui sont à ma gauche, gros papillons bruns et sombres, tourmentés, dans un état humble, du désir de s'enrichir et de dominer, voulaient rompre l'alliance nécessaire de la philosophie et de la piété; leur fanatisme, contraire à la religion, s'efforçait de la séparer de la tolérance.

Ceux-là, vains et légers, se croyant faits pour habiter le ciel, parce qu'ils passaient leur vie dans les nuages, remplaçaient l'ignorance par l'erreur, substituaient le sophisme à la philosophie, ne cherchaient la sagesse que dans le doute, attaquaient tous les principes, et niaient toutes les vérités.

Ceux-ci, dont un reste de couleur vive rappelle la violence et les excès, voulaient tout rabaisser par envie, tout confondre par orgueil; sous prétexte de tout réparer, ils voulaient tout détruire; ennemis de tout ordre et de tout repos, l'agitation était leur vie, l'anarchie leur élément; ils ne se plaisaient qu'au milieu des orages.

Cette foule innombrable d'autres papillons, qui conservent encore quelques traces des couleurs légères et variées dont ils étaient parés, courant sans cesse de fleurs en fleurs, non comme les abeilles pour en tirer du miel, mais comme les mouches pour les ternir, ne s'opposaient à la raison que par la mode et pour défendre du mépris leurs puérils triomphes, leurs vices aimables, leur frivole vanité.

Tous, enfin, craignant la force des institutions, la gravité des lois, la sagesse du gouvernement, ne s'approchaient en masse de la lumière que dans le fol espoir de l'obscurcir. Puisse leur triste sort servir d'utile leçon à ceux qui voudraient ici-bas les imiter! Adieu.

Ma chère Rose, m'écriai-je alors en la quittant, vous me dites là un vrai conte de fée; heureusement la vérité sur la terre se montre plus sage que dans la lune; elle éclaire et ne brûle pas. Je crois certainement à ses progrès, à son triomphe; elle finira par dissiper beaucoup d'erreurs, par éloigner bien des papillons; mais elle n'en fera pas disparaître la race : les chenilles, en rampant dans l'ombre, échappent à ses rayons, et l'on verra toujours renaître des papillons, tant qu'il existera des chenilles.

LES MONTAGNES.

Bien que les modes soient suivies par tout le monde, tout le monde ne les aime pas; si elles ont une foule de chauds partisans, elles rencontrent d'ardens détracteurs; chaque changement qu'elles ordonnent ou qu'elles subissent est une petite révolution; et la vieille mode, comme l'ancien régime, conserve d'intrépides partisans qui trouvent fort mauvais qu'on porte de nouveaux costumes, qu'on montre de nouveaux visages, et qu'on fasse de nouvelles lois. Aussi la nouvelle mode ne régnerait pas paisiblement si elle ne savait employer une arme terrible pour soutenir son sceptre, l'arme du ridicule, mieux forgée, plus crainte en France que par-tout ailleurs, et qui met en pièces les sermons des pères, des mères, des oncles, des tantes, des grands parens, et de tous les censeurs surannés.

On ne peut résister à la mode; c'est un torrent qui entraîne tout : il faut le laisser courir et s'épuiser. Opposer la raison à la mode, c'est folie. Malgré tous les avis de la nature ou de la morale, elle nous fait prendre les usages les plus indécens, les plus incommodes, et même les plus contraires à notre santé. Elle expose nos jeunes beautés à demi nues aux rigueurs de l'hiver; elle emprisonne nos jeunes agréables dans des souliers étroits et des habits carrés qui leur ôtent toute grace et tout mouvement; elle coiffe un grave magistrat en Antinoüs, un vieux médecin en Titus, une vieille mère de famille en courtisane grecque; tout comme autrefois elle enfermait nos aïeules dans d'immenses paniers, élevait sur leurs têtes des tours de Babel, et affublait nos petits marquis d'énormes perruques que n'oserait pas aujourd'hui porter un chancelier.

Il serait aussi inutile de demander à la mode de l'à-propos que du bon sens; c'est au moment où la noblesse voulait défendre son rang, ses droits, ses distinctions, qu'elle a mis elle-même en vogue la simplicité des fracs et l'égalité des costumes; c'est dans le temps où l'on déclamait le plus contre l'ambition, et en faveur de la douce philanthropie, que la mode des conquêtes et des ballons est arrivée, et que la manie de voler et de dominer s'est emparée de tous les esprits.

Au moment où la paix générale a fait déposer les armes à toutes les puissances, la mode a voulu que chacun s'affublât de l'habit militaire, et, à mesure que l'olivier étendait ses rameaux pacifiques, vous avez vu nos moustaches croître et se multiplier.

Enfin, après la mode de s'élever, celle de *dégringoler* est survenue; vous ne voyez plus par-tout que chutes et culbutes; elles sont si multipliées, que celles du théâtre ne font plus sensation; c'est à qui tombera le plus vite et le plus souvent possible; et, tandis que nos pauvres auteurs se ruinent souvent en billets pour se remettre sur pied, le public paie pour tomber.

On tombe aujourd'hui, comme dit l'Opéra-Comique, *par compagnie*; et nous battons, chaque soir, des mains, en voyant dégringoler ensemble le financier et la marchande de modes, le grand seigneur et la grisette, la jeune ingénue et le danseur, la prude et le petit-maître;

le mari s'égaie des chutes de sa femme qui rit aux éclats en voyant avec quelle lenteur son vieux mari se relève.

Remarquez que cette fureur de créer des Montagnes par-tout nous est venue au moment où tant de gens ne parlaient que de nivellement et d'égalité; mais ce qui concilie tout, c'est que, loin de chercher ces Montagnes pour dominer, on n'y monte que pour en tomber, et chacun de nous paraît plein de l'esprit du grand Corneille, qui avait peut-être nos Montagnes dans la tête, quand il disait :

> L'ambition déplaît quand elle est assouvie;
> D'une contraire ardeur son ardeur est suivie,
> Et comme notre esprit jusqu'au dernier soupir
> Toujours vers quelque objet pousse quelque désir,
> Il se ramène en soi n'ayant plus où se prendre;
> Et monté sur le faîte, il aspire à descendre.

Telles étaient les sages réflexions que je faisais l'autre jour, assis sur les chaises de la Folie-Beaujon, à la lueur d'une douce illumination, en respirant un air frais et parfumé, au son d'une musique mélodieuse qu'interrompait le bruit des chutes et des éclats de rire, lorsque j'entendis avec surprise la voix d'un de mes vieux amis, grand moraliste, que je n'aurais jamais cru trouver dans un tel lieu, et qui criait avec enthousiasme : *Bravo ! vivent les Montagnes ! elles donnent de bonnes leçons.* Surpris de sa vue, et encore plus de son exclamation, je m'approchai de lui pour lui en demander la cause.

Comment, lui dis-je, mon cher Dumont, vous voilà des nôtres? Non-seulement vous ne frondez plus nos goûts, mais vous partagez notre délire; en vérité, je ne me serais jamais attendu à trouver la sagesse dans les jardins de la Folie.

— Et pourquoi pas, mon cher? me répondit-il, la philosophie ne hait pas les plaisirs, elle en jouit tout comme vous, et peut-être mieux; elle en tire même souvent un profit utile pour la raison.

Par exemple, je n'ai jamais su mieux me prémunir contre les erreurs de ce monde qu'après avoir bien regardé un beau feu d'artifice; et je ne crois pas qu'on puisse imaginer rien de plus frappant que cet éclat brillant et court, l'épaisse fumée et la profonde obscurité qui le suivent, pour faire sentir l'inanité des faux biens, la vanité des fausses grandeurs, et l'illusion des faux plaisirs.

Les Montagnes sont bien autrement imposantes; elles élèvent l'ame et la pensée, et nous portent aux plus sublimes méditations. Je conviens que celles de Beaujon ne sont pas tout-à-fait si graves et si majestueuses que le mont Sinaï, où la loi nous fut donnée; que le mont Horeb, témoin de tant de prodiges; que le mont Olympe, où l'imagination grecque plaça tant de vertus et de passions divinisées; que le mont Parnasse, noble habitation des Muses, et dont il est si rare d'atteindre sans chute le sommet. Je sais que cette modeste colline ne peut pas nous offrir d'aussi grandes leçons de franchise et de liberté que les âpres Montagnes de l'Helvétie; j'avoue même que, sans nous tant éloigner de Paris, celui qui voudrait modérer son orgueil dans la bonne fortune, affermir son courage dans l'adversité, fortifier son cœur contre les passions, enfin s'écarter de la terre et s'approcher du ciel, ferait un voyage plus utile, en visitant le vert élysée de

Montmartre, ou les sombres bosquets du mont Lachaise.

Mais pourquoi vouloir conduire à la vertu par des chemins si tristes, bordés de cyprès, si l'on peut y arriver par un sentier de roses ? On fuit la raison quand elle effraie : rendons-la aimable pour qu'elle attire ; corrigeons les mœurs, comme Thalie, en riant ; et pour combattre la tyrannie de l'orgueil, de l'erreur et du vice, imitons Harmodius et Aristogiton, couvrons nos armes de fleurs.

Vous me voyez enchanté de la Folie-Beaujon, parce que sa Montagne rapide et bruyante, qui n'excite que votre joie, me paraît, à moi, faite tout exprès pour donner la plus utile leçon aux hommes de tout âge, de tout rang et de tout état.

Ah ! je vous vois venir, m'écriai-je à mon tour en l'arrêtant ; vous allez nous débiter cent lieux communs d'une morale usée ; et, à l'aspect de ces phaétons brillans qui roulent et se précipitent avec le bruit et la rapidité de la foudre, vous allez nous rappeler les dangers et les écueils de l'ambition, la brièveté des plaisirs, le mécompte des acteurs, grands ou petits, qui cherchent des applaudissemens, et qui, par le plus léger accident, s'attirent les huées ; l'élévation momentanée de ces personnages, leur prompte et souvent honteuse rentrée dans la foule ; la coquetterie qui brille, l'amour qui s'éteint, la vanité qui monte, la pudeur qui tombe ; mais je vous préviens que nous savons tout cela comme vous, et qu'une Montagne de livres, beaucoup plus ancienne que la Montagne Beaujon, nous a rempli le cerveau de toutes ces moralités.

Elles n'en seraient pas moins bonnes à redire, reprit

Dumont, car on ne retient que ce qu'on répète ; mais cette Montagne me présente un nouveau sujet de réflexions : tandis que vous n'admirez dans ce lieu que les arbres qui l'ombragent, les fleurs qui le parent, la musique qui l'égaie, l'élégant café qui l'anime, la Montagne décorée qui excite la joie, les salons de verdure qui invitent à de doux et tendres entretiens, moi j'y contemple l'image de la vie humaine.

La foule qui, tout en se plaignant de la pénurie d'argent, y accourt chaque soir, enrichit le mécanicien inventif, le limonadier actif, le restaurateur habile; par-tout l'oisiveté paie l'industrie qui la soulage du poids du temps.

Les éclats de rire qui font retentir la Montagne, lorsqu'on voit glisser et descendre rapidement cette vive jeunesse sur une pente où rien ne peut l'arrêter, me rappellent la facilité, la promptitude, l'ardeur, la volupté avec laquelle nous nous précipitons de la vérité dans l'erreur, de la raison dans la folie, de la vertu dans le vice.

Ce bruit sourd et souterrain, semblable à la voix de la conscience, aux murmures des regrets ou des remords tardifs, me fait penser aux vains désirs qu'on éprouve, après le réveil des passions, de revenir au point d'où l'on était parti, et aux efforts pénibles qui sont nécessaires à l'ame, quand elle veut remonter à la hauteur d'où elle est tombée.

Les entrepreneurs n'avaient pas besoin de science pour orner ce jardin, pour fabriquer ces chars, pour arranger ces pentes si glissantes, de manière à rendre vos chutes plus amusantes et plus accélérées; mais c'est pour vous faire remonter au trot jusqu'au belvédère, qu'il leur faut un travail continu, un art prodigieux, d'énormes dépenses, et presque du génie.

Ainsi, lorsqu'en suivant le torrent de leurs passions, les peuples se laissent tomber de l'ordre dans l'anarchie, de l'activité dans la mollesse, de la liberté dans la servitude, du patriotisme dans l'égoïsme, de la pureté de mœurs dans la corruption, les gouvernemens s'épuisent en efforts constans, coûteux, pénibles, et trop souvent impuissans, pour leur faire gravir de nouveau cette hauteur morale, d'où l'on descend avec tant de célérité, et qu'il est si difficile et si rare de remonter.

Enfin, les échos joyeux de cette Montagne me semblent répéter à chaque instant : *En morale et en politique préservons-nous de l'attrait de tout penchant, de tout mouvement violent et rapide; il en coûte trop après pour se relever.* — Bravo ! lui dis-je, mon ami, c'est prêcher à merveille, mais un peu tristement : pour moi, ce spectacle me donne des idées plus riantes. On ne dira pas, certes, de cette Montagne, *qu'elle n'enfante qu'une souris*, puisqu'elle fournit tant d'argent aux entrepreneurs, tant de plaisirs au public, et à vous tant de belles maximes. Mais je la considère sous un point de vue différent, et elle me prouve qu'avec du courage, quelque vite que nous tombions, nous pouvons toujours nous relever. Ainsi je dirai comme vous, mais plus joyeusement : *Vivent les Montagnes !*

DE LA FORCE DE L'HABITUDE,

ET

DE L'AMOUR DE LA NOUVEAUTÉ.

Tous les hommes ont été, sont et seront éternellement dominés par deux puissances très-opposées l'une à l'autre, *la force de l'habitude et l'amour de la nouveauté.* Il est presque également impossible de leur résister et de les concilier, et c'est peut-être de leur opposition que naissent la plupart des contradictions et des bizarreries qu'on remarque dans le cœur humain.

Nous vantons sans cesse le bon vieux temps, et cependant les anciens usages nous semblent barbares ou ridicules; nous ne trouvons rien de plus respectable qu'une vieille amitié, et nous la négligeons presque toujours pour chercher des objets et des plaisirs nouveaux : les anciens auteurs attirent seuls nos éloges, la satire déchire les contemporains, et cependant on quitte Racine pour le mélodrame; Molière parle dans le désert : la foule court aux Variétés.

Nous versons de douces larmes en revoyant la vieille maison où nous avons passé les premiers momens de notre enfance, le triste collège où le fouet et la férule nous punissaient d'avoir un peu trop prolongé des jeux innocens, et pourtant nous n'avons peut-être jamais éprouvé de plaisirs plus vifs que celui de notre sortie de ces deux paradis terrestres : le temps où nous y avons vécu nous semble à présent l'âge d'or de la vie; mais comme alors notre imagination volait au-devant de l'âge de fer, avec quel transport nous désirions tous les fruits défendus dans l'enceinte qui nous renfermait ! Voyez avec quelle joie ce jeune homme quitte son respectable aïeul, son père chéri, sa tendre mère, sa sœur tremblante et désolée, pour courir, avec un uniforme neuf et une brillante épaulette, s'enterrer dans une garnison où le matin il se fatiguera, sur l'esplanade et dans un manège, avec des inconnus qu'il fait méthodiquement pirouetter, attendant avec impatience l'heure d'un mauvais dîner dans une sale auberge, et la consolation de végéter toute la soirée dans un ennuyeux café ! Sa troupe part : il ne rêve que triomphes, se couvre de poussière, de blessures, de gloire et de fumée ; écoutez ses plaintes, remarquez avec quelle ardeur il regrette les plaisirs de Paris, les douceurs de la paix, et les anciens loisirs du toit paternel !

Connaissez-vous beaucoup de moyens en logique, de force en morale, qui puissent faire quitter à ce vieillard la funeste habitude d'obéir à sa gouvernante, ou empêcher cet autre de courir chez sa nouvelle maîtresse.

Non, rien ne peut nous dégager des fers de ces deux tyrans, l'habitude et la nouveauté; il faut presque un miracle pour faire résister l'homme aux attraits d'un plaisir nouveau ou pour le guérir d'un vice accoutumé : c'est ainsi que la nature nous a faits. Si l'on ne nous réveille par des voluptés nouvelles, l'uniformité nous plonge dans l'ennui; et si l'on dérange nos habitudes, notre vie devient une gêne et presque un supplice.

Pourquoi les mœurs sont-elles plus difficiles à changer que les lois ? c'est que les mœurs ne sont que des habitudes. Pourquoi les peuples sont-ils si souvent disposés aux révolutions ? c'est que ce sont les plus remuantes des nouveautés. Après les révolutions, pourquoi les réactions trouvent-elles tant de chauds partisans ? parce qu'elles ne sont qu'un retour aux habitudes.

Mais, puisqu'on ne peut combattre avec un plein succès ces deux puissances inhérentes à notre nature, sources éternelles de notre activité, n'existerait-il pas un moyen de les concilier, et de faire entre elles un partage équitable qui pût à la fois multiplier nos jouissances et garantir notre repos ? Je le crois ; mais il faudrait, pour y réussir, une raison tolérante, des désirs modérés ; et les hommes n'écoutent ordinairement qu'une philosophie austère qui ne laisse aucune liberté, ou des passions ardentes qui ne souffrent aucun frein.

Quoi qu'il en soit, voici le traité que je propose ; s'il est raisonnable, beaucoup de gens s'en moqueront, quelques-uns l'approuveront, et très-peu l'exécuteront.

Je voudrais que nous restassions dociles au pouvoir de l'habitude, pour la religion, pour la morale, pour notre gouvernement, pour nos devoirs, pour nos sentimens, et que nous ne cédassions à l'attrait de la nouveauté que pour nos goûts, pour nos plaisirs, pour nos modes, pour nos spectacles ; et comme c'est à peu près tout le contraire de ce que nous avons fait depuis un demi-siècle, cette détermination joindrait aujourd'hui pour nous aux avantages de la sagesse les charmes de la nouveauté.

En effet, comme il nous fallait du neuf dans les choses graves, nous avons rapidement renversé toutes les anciennes institutions, ordres, hiérarchie de pouvoirs, parlemens, clergé, noblesse, administrations, académies ; le *sceptre* même a fait place au *niveau*, qui s'est montré plus pesant, et encore plus fragile. La république a remplacé la monarchie, l'empire a succédé à la république, la royauté a renversé l'empire ; la philosophie s'est montrée tour-à-tour intolérante et persécutée ; le divorce a triomphé du mariage, qui s'en est depuis vengé ; les propriétés ont changé de mains comme les pouvoirs, nous avons été tour-à-tour pillards et pillés, conquérans et conquis. Enfin, après tant d'années d'orages nouveaux, de théories nouvelles, de folies renouvelées des Grecs, des Romains et des barbares, par une heureuse transaction, nous nous sommes soumis à une charte qui nous laisse jouir de la partie de nos innovations qu'on avait le plus souhaitée, et qui rend quelque pouvoir à de vieilles habitudes et à d'antiques souvenirs ; tenons-nous-y donc, et, pour faire encore quelque chose de nouveau, contractons l'habitude d'être heureux et sages, sous une royauté sans despotisme, avec une liberté sans licence.

Tandis que nous changions si légèrement notre législation, notre culte, notre morale, notre politique, et tout ce qui existe de grave et d'important dans le monde, nous montrions une constance admirable dans les choses légères, et rien ne changeait dans la plupart de nos goûts, de nos travers et de nos plaisirs.

L'oisiveté de nos vieillards, la frivolité de nos jeunes gens, couraient après les mêmes objets ; nos courtisanes faisaient autant de dupes, nos maisons de jeu autant de victimes ; nos promenades attiraient autant de foule ; nos vins trouvaient autant d'amateurs : bals, concerts, jardins publics offrant leurs ombrages aux riches voluptueux ; guinguettes ouvrant leurs tonnelets à la joie franche et grossière ; farces aux boulevards, héros criant à l'Opéra, princesses chantant à la Tragédie, chanteurs parlant à l'Opéra-Comique, sifflets à tous les théâtres pour les vivans ; admiration pour les anciens, parce qu'ils sont morts ; diatribes des gens de lettres qui se déchirent entre eux pour amuser les sots à leurs dépens ; tel est le tableau que Paris n'a pas un moment cessé de présenter à nos regards.

Au milieu de ce grand bouleversement des institutions, des lois et des empires, la Folie, sous le même costume, agitant les mêmes grelots et tirant de son tambourin les mêmes sons, paraissait être la seule divinité de l'Olympe moderne que les nouveaux Titans n'eussent pas détrônée. Mettons une fin à toutes ces saturnales ; faisons, tant que nous voudrons, de nouvelles montagnes, mais plus de nouvelles constitutions ; en un mot, s'il se peut, rendons notre sagesse plus constante et nos folies plus variées.

ARRÊTEZ-VOUS DONC!

J'ADMIRAIS dernièrement un brillant whisky traîné par un coursier superbe et conduit par un jeune élégant ; il parcourait la grande allée des Champs-Élysées avec une rapidité qui lui eût autrefois valu des couronnes aux jeux Olympiques ; tous les passans l'admiraient, et les femmes qui se trouvaient sur son passage semblaient toutes envier le sort d'une nymphe charmante, assise avec grace sur ce léger char de triomphe.

Un petit vieillard, orné d'une chevelure blanche, et appuyé sur un bâton noueux, loin de partager l'admiration générale, criait d'une voix forte : *Arrêtez-vous donc*. Un murmure universel d'improbation répondait à ses paroles, lorsque nous vîmes, à quelques pas de là, le char léger heurté par un obstacle imprévu, versé, brisé, le conducteur, honteux et froissé, relevant sa compagne, dont la chute sur le sable n'avait blessé que la pudeur, et tous deux, tombés de leur gloire, appelant tristement un fiacre voisin pour se dérober aux regards indiscrets d'une foule empressée, curieuse, et plus maligne que compatissante. Eh bien ! dit alors le petit vieillard, je l'avais prévu ; ils n'ont pas voulu me croire : jamais dans le monde on ne saura s'ARRÊTER.

Il faisait une chaleur excessive ; je m'assis sur des chaises qu'un très-utile usage place à présent par-tout avec profusion dans nos promenades publiques : mes

voisins parlaient de l'accident dont nous venions d'être témoins ; la conversation tomba bientôt sur des modes nouvelles, sur les folies du jour. Un jeune homme à moustaches, en large pantalon, dont le lin brillant préservait deux grosses bottes ferrées de la poussière et de la boue, soutenait avec feu les modernes usages ; un homme mûr, habillé à l'antique, frondait avec humeur la nudité des femmes, l'habit écourté des vieillards coiffés à la Titus, la profusion des cachemires qui coûtent si cher à tant de pauvres époux, le costume militaire de tant de jeunes gens dont le fer n'a jamais fait retentir que les dales des galeries du Palais-Royal : l'entretien était d'abord animé, vif et piquant ; bientôt la discussion, s'échauffant, se change en dispute : mon petit vieillard, qui jusque-là écoutait en silence, cria de nouveau : *Arrêtez-vous donc !* On n'en tint compte ; l'altercation continua, et, peu de minutes après, se termina par un rendez-vous au bois de Boulogne, qui coûtera peut-être la vie à l'un des deux interlocuteurs.

Je quittai la promenade en rêvant aux avertissemens répétés et inutiles de mon vieillard, et je pris le chemin du Palais-Royal. Mon habitude est d'aller tous les soirs au spectacle ; l'illusion des passions qu'on voit au théâtre m'émeut et me divertit ; la réalité de celles de la société me fatigue et m'attriste ; et, si la folie humaine règne sur la scène comme ailleurs, elle y est toujours plus spirituelle et moins dangereuse.

En entrant au parterre, j'aperçus de loin ce même petit vieillard, dont l'œil vif, la mine sévère et les paroles laconiques m'avaient frappé ; j'allai m'asseoir près de lui. On donnait une pièce nouvelle qui me parut, comme beaucoup d'autres, digne à la fois d'éloges et

ARRÊTEZ-VOUS DONC!

J'ADMIRAIS dernièrement un brillant whisky traîné par un coursier superbe et conduit par un jeune élégant; il parcourait la grande allée des Champs-Élysées avec une rapidité qui lui eût autrefois valu des couronnes aux jeux Olympiques; tous les passans l'admiraient, et les femmes qui se trouvaient sur son passage semblaient toutes envier le sort d'une nymphe charmante, assise avec grace sur ce léger char de triomphe.

Un petit vieillard, orné d'une chevelure blanche, et appuyé sur un bâton noueux, loin de partager l'admiration générale, criait d'une voix forte : *Arrêtez-vous donc*. Un murmure universel d'improbation répondait à ses paroles, lorsque nous vîmes, à quelques pas de là, le char léger heurté par un obstacle imprévu, versé, brisé, le conducteur, honteux et froissé, relevant sa compagne, dont la chute sur le sable n'avait blessé que la pudeur, et tous deux, tombés de leur gloire, appelant tristement un fiacre voisin pour se dérober aux regards indiscrets d'une foule empressée, curieuse, et plus maligne que compatissante. Eh bien! dit alors le petit vieillard, je l'avais prévu; ils n'ont pas voulu me croire : jamais dans le monde on ne saura s'ARRÊTER.

Il faisait une chaleur excessive; je m'assis sur des chaises qu'un très-utile usage place à présent par-tout avec profusion dans nos promenades publiques : mes

voisins parlaient de l'accident dont nous venions d'être témoins ; la conversation tomba bientôt sur des modes nouvelles, sur les folies du jour. Un jeune homme à moustaches, en large pantalon, dont le lin brillant préservait deux grosses bottes ferrées de la poussière et de la boue, soutenait avec feu les modernes usages ; un homme mûr, habillé à l'antique, frondait avec humeur la nudité des femmes, l'habit écourté des vieillards coiffés à la Titus, la profusion des cachemires qui coûtent si cher à tant de pauvres époux, le costume militaire de tant de jeunes gens dont le fer n'a jamais fait retentir que les dales des galeries du Palais-Royal : l'entretien était d'abord animé, vif et piquant ; bientôt la discussion, s'échauffant, se change en dispute : mon petit vieillard, qui jusque-là écoutait en silence, cria de nouveau : *Arrêtez-vous donc !* On n'en tint compte ; l'altercation continua, et, peu de minutes après, se termina par un rendez-vous au bois de Boulogne, qui coûtera peut-être la vie à l'un des deux interlocuteurs.

Je quittai la promenade en rêvant aux avertissemens répétés et inutiles de mon vieillard, et je pris le chemin du Palais-Royal. Mon habitude est d'aller tous les soirs au spectacle ; l'illusion des passions qu'on voit au théâtre m'émeut et me divertit ; la réalité de celles de la société me fatigue et m'attriste ; et, si la folie humaine règne sur la scène comme ailleurs, elle y est toujours plus spirituelle et moins dangereuse.

En entrant au parterre, j'aperçus de loin ce même petit vieillard, dont l'œil vif, la mine sévère et les paroles laconiques m'avaient frappé ; j'allai m'asseoir près de lui. On donnait une pièce nouvelle qui me parut, comme beaucoup d'autres, digne à la fois d'éloges et

ARRÊTEZ-VOUS DONC!

J'ADMIRAIS dernièrement un brillant whisky traîné par un coursier superbe et conduit par un jeune élégant ; il parcourait la grande allée des Champs-Élysées avec une rapidité qui lui eût autrefois valu des couronnes aux jeux Olympiques ; tous les passans l'admiraient, et les femmes qui se trouvaient sur son passage semblaient toutes envier le sort d'une nymphe charmante, assise avec grace sur ce léger char de triomphe.

Un petit vieillard, orné d'une chevelure blanche, et appuyé sur un bâton noueux, loin de partager l'admiration générale, criait d'une voix forte : *Arrêtez-vous donc*. Un murmure universel d'improbation répondait à ses paroles, lorsque nous vîmes, à quelques pas de là, le char léger heurté par un obstacle imprévu, versé, brisé, le conducteur, honteux et froissé, relevant sa compagne, dont la chute sur le sable n'avait blessé que la pudeur, et tous deux, tombés de leur gloire, appelant tristement un fiacre voisin pour se dérober aux regards indiscrets d'une foule empressée, curieuse, et plus maligne que compatissante. Eh bien! dit alors le petit vieillard, je l'avais prévu ; ils n'ont pas voulu me croire : jamais dans le monde on ne saura s'ARRÊTER.

Il faisait une chaleur excessive ; je m'assis sur des chaises qu'un très-utile usage place à présent par-tout avec profusion dans nos promenades publiques : mes

voisins parlaient de l'accident dont nous venions d'être témoins ; la conversation tomba bientôt sur des modes nouvelles, sur les folies du jour. Un jeune homme à moustaches, en large pantalon, dont le lin brillant préservait deux grosses bottes ferrées de la poussière et de la boue, soutenait avec feu les modernes usages ; un homme mûr, habillé à l'antique, frondait avec humeur la nudité des femmes, l'habit écourté des vieillards coiffés à la Titus, la profusion des cachemires qui coûtent si cher à tant de pauvres époux, le costume militaire de tant de jeunes gens dont le fer n'a jamais fait retentir que les dales des galeries du Palais-Royal : l'entretien était d'abord animé, vif et piquant ; bientôt la discussion, s'échauffant, se change en dispute : mon petit vieillard, qui jusque-là écoutait en silence, cria de nouveau : *Arrêtez-vous donc !* On n'en tint compte ; l'altercation continua, et, peu de minutes après, se termina par un rendez-vous au bois de Boulogne, qui coûtera peut-être la vie à l'un des deux interlocuteurs.

Je quittai la promenade en rêvant aux avertissemens répétés et inutiles de mon vieillard, et je pris le chemin du Palais-Royal. Mon habitude est d'aller tous les soirs au spectacle ; l'illusion des passions qu'on voit au théâtre m'émeut et me divertit ; la réalité de celles de la société me fatigue et m'attriste ; et, si la folie humaine règne sur la scène comme ailleurs, elle y est toujours plus spirituelle et moins dangereuse.

En entrant au parterre, j'aperçus de loin ce même petit vieillard, dont l'œil vif, la mine sévère et les paroles laconiques m'avaient frappé ; j'allai m'asseoir près de lui. On donnait une pièce nouvelle qui me parut, comme beaucoup d'autres, digne à la fois d'éloges et

de critique : j'y remarquai de grands défauts dans le plan, beaucoup de beautés dans les détails ; devenus trop riches, nous sommes dédaigneux ; trop blasés, il est difficile de nous faire illusion et de nous émouvoir ; d'ailleurs, notre amour-propre gâte nos plaisirs : nous sommes trop connaisseurs pour nous amuser, et nous écoutons plus en juges froids qu'en spectateurs sensibles.

Je faisais ces réflexions dans un entr'acte, et mon voisin, sans dire mot, m'approuvait d'un signe de tête. Des observations d'un genre différent ne tardèrent pas à remplacer les miennes : l'auteur avait, comme de coutume, un parti pour lui, une cabale contre ; les uns étaient venus avec l'intention de le porter aux nues, les autres dans le dessein de le faire tomber. Les premiers faisaient valoir toutes les beautés de l'ouvrage ; les derniers lui reprochaient des longueurs, des obscurités, des réminiscences. S'aigrissant par la contradiction, les partisans de la pièce poussèrent leur admiration jusqu'à l'enthousiasme, et les autres quittèrent le ton de la critique pour celui de la satire. Mon silencieux vieillard, couvrant alors leurs voix de la sienne, cria, frappant la terre de son bâton : *Arrêtez-vous donc*. On ne l'écouta pas : la discussion littéraire devint une dispute des halles ; les injures succédèrent aux figures de rhétorique ; les coups aux injures ; nous reçûmes quelque éclaboussures de ce violent débat, et la garde, qui ne permet dans les spectacles de combats que sur le théâtre, mit heureusement fin à ce scandale, et conduisit impartialement en prison les claqueurs et les siffleurs, les battans et les battus.

Le reste de la soirée se passa sans orage, et se termina

trop froidement, peut-être, pour l'amour-propre de l'auteur; il n'eut ni les honneurs d'un plein succès ni la honte d'une chute. Gonflés comme les ballons, beaucoup de ces messieurs restent, comme eux, entre le ciel et la terre. Leurs amis, leur servant de parachute, rendent leur descente douce et paisible.

Après le spectacle, je traversai avec mon vieux voisin ce jardin fameux où l'on voit réunis tant d'objets de curiosité et de dégoût, tant de richesses et tant de vices, tant d'oisifs et tant d'activité. Je vis tout d'un coup avec surprise mon austère compagnon tourner ses pas vers une allée obscure : entrée fatale de ces lieux de perdition qu'on nomme maison de jeu. Je le suivis pour contempler avec lui ce moderne Tartare, que gouverne l'Avarice; à l'entrée, on voit la riante espérance; à la sortie, le sombre désespoir.

Nous observâmes quelque temps les pâles courtisans de la capricieuse Fortune, et les divers mouvemens de joie et de chagrin que ses arrêts fantasques excitaient en eux. Un jeune homme aussi brillant, aussi léger que la déesse, fixa bientôt notre attention : tout lui réussissait; le nombre qu'il choisissait arrivait toujours; s'il changeait de couleur, le sort, paraissant obéir à sa volonté, changeait avec lui; toutes les chances lui étaient favorables; les banquiers étonnés sortaient de leur impassibilité ordinaire, et lui payaient avec dépit les tributs qu'ils étaient accoutumés à percevoir. Une montagne d'or s'était élevée devant ce joueur fortuné; le vieillard s'approche, lui frappe sur l'épaule, et lui dit doucement : *Arrêtez-vous.*

Le jeune étourdi répond par un éclat de rire et double son jeu; la fortune change, les revers succèdent aux revers, la montagne s'écroule, le trésor disparaît, le téméraire s'irrite contre le sort et vide son portefeuille ; il perd tout. Mon vieillard lui crie d'une voix de tonnerre : Malheureux ! *Arrêtez-vous donc.* L'ingrat s'emporte, l'injurie, le menace, emprunte à ses voisins, et consomme sa ruine. Pâle, éperdu, s'arrachant les cheveux, il fait entendre les accens du désespoir, quitte cette infernale assemblée qui remarque à peine son départ, et il sort en criant que les flots de la Seine sont sa seule ressource. Nous le suivons précipitamment ; je l'appelle, rien ne peut l'arrêter. Au bas de l'escalier nous voyons une jeune femme en larmes : elle se jette à ses pieds ; il veut l'écarter ; elle lui montre une bourse, un écrin, lui offre tout, et ne peut le fléchir ; enfin, avec l'accent le plus doux, elle lui crie : *Au nom de l'amour, au nom de vos enfans, arrêtez-vous.* Il pleure alors, la serre dans ses bras, et la suit. Il est sauvé et corrigé, me dit le vieillard. Cet *arrêtez-là* parle à son cœur ; le mien ne s'adressait qu'à sa raison.

Resté seul avec mon vieux sage, et attendri jusqu'aux larmes par ses dernières paroles, je lui dis : Quel homme êtes-vous donc ? J'ai entendu souvent sans émotion des sermons très-éloquens ; les chefs-d'œuvre de nos philosophes ont plutôt excité que satisfait ma curiosité ; ils ont plus obscurci qu'éclairé mon esprit : s'ils m'ont guéri de beaucoup d'erreurs, ils m'ont fait douter de beaucoup de vérités. Vous ne dites jamais que trois mots, et cependant je sens que vous me commandez la confiance, et que vous m'inspirez le respect.

Mon ami, me dit le vieillard, j'ai beaucoup vécu, et par conséquent beaucoup vu et beaucoup erré. J'ai donné tour-à-tour dans tous les systèmes ; une longue méditation, une tardive expérience ont réduit toute ma philosophie à ce seul précepte : *Arrêtez-vous donc !*

Si l'on savait *s'arrêter*, on se trouverait heureux par les sentimens, on ne serait pas tourmenté par les passions. C'est faute de savoir *s'arrêter* qu'on voit le courage se changer en témérité, la sévérité en tyrannie, la bonté en faiblesse, l'économie en avarice, la générosité en profusion, l'amour en jalousie, le désir de l'honneur en ambition, la pitié en fanatisme, la liberté en licence, la royauté en despotisme, la fierté en orgueil, la soumission en bassesse, l'éloge en flatterie, la censure en satire. Les empires tombent comme les hommes, parce qu'ils veulent aller trop loin et trop vite ; personne ne sait ni ne veut *s'arrêter*.

Les rois de Perse ne souffrent pas que la mer et que les bornes de leurs vastes états les *arrêtent*; ils échouent contre les petites bourgades de la Grèce, dont les habitans belliqueux finissent par renverser leur trône.

Combien de monarques de l'Orient, ne voulant pas voir leur volonté *arrêtée* par les lois, ont été esclaves de leurs esclaves, et se sont vus assassinés par eux, sans qu'on s'en inquiétât, hors de l'enceinte de leurs palais!

Alexandre, qu'aucune conquête ne peut rassasier, qu'aucun frein ne peut retenir, succombe à Babylone, et périt à la fleur de son âge, parce que la raison n'a pu l'*arrêter* dans ses débauches.

Les Grecs, ne sachant *s'arrêter*, ni dans leur passion pour la liberté, ni dans leurs vains désirs de domination, se divisent, font intervenir l'étranger dans leurs querelles, et tombent dans la servitude.

En vain Caton crie aux Romains : *Arrêtez-vous donc!*

ils courent après les richesses du monde qui minent leurs forces, corrompent leurs mœurs, détruisent leur liberté, les livrent d'abord à des tyrans, ensuite aux barbares !

Dans nos temps modernes, que de sottises et de crimes, faute de s'avoir *s'arrêter !* que de bûchers allumés, parce que la piété ne pouvait réprimer le fanatisme ! que de massacres, parce que les grands ne voulaient respecter ni le frein royal ni les droits des peuples !

Que de malheurs eût évité Charles XII, s'il eût su se contenir ! il n'eût pas fui à Pultava, s'il se fût *arrêté* à Narva. Que d'exemples plus éclatans encore ne pourrais-je pas citer ! Et lorsqu'un peuple a voulu reconquérir ses droits, que de sang versé en traversant la liberté au lieu de *s'arrêter* dans ses limites !

Il n'est pas une qualité qui ne devienne un défaut, lorsqu'elle est portée trop loin ; tout bien, s'il est exagéré, se change en mal ; la plus belle cause, celle de Dieu même, déshonore ses soutiens lorsque, n'*arrêtant* pas leur zèle, ils veulent brûler les incrédules au lieu de les éclairer.

N'avons-nous pas vu les ligueurs faire courir autant de dangers à la cause royale que ses ennemis ? Et depuis peu, sans la sagesse du gouvernement, n'aurions-nous pas couru le risque de voir de nouveaux ligueurs plus royalistes que le roi, plus catholiques que le pape, loin de *s'arrêter* dans leur ardeur inconsidérée, grossir par leur intolérance le nombre des mécontens, tandis qu'on doit travailler sans cesse à augmenter celui des fidèles ?

Tenez, croyez-moi, il n'y a d'autre vertu profitable, d'autre sagesse utile que la modération. Pour améliorer les hommes, la seule leçon à leur donner consiste à leur dire : *Arrêtez-vous donc.*

Au lieu de payer tant de maîtres pour apprendre aux jeunes gens à sauter, à voltiger, à danser, à courir, on ferait mille fois plus pour leur bonheur en leur apprenant à *s'arrêter.*

Et que ceux qui aiment la gloire ne croient pas que je leur donne des conseils timides : le plus fort des hommes, le plus fameux des héros de la fable, loin de s'élancer témérairement sur un océan inconnu et orageux, se posa lui-même des bornes, et grava sur ses colonnes ces mots : *Nec plus ultrà.*

Fort bien, dit alors un gros homme, en prenant sa quatrième glace, et que nous n'avions pas aperçu, *nec plus ultrà* : cela veut dire, je crois, qu'il ne faut plus d'*ultra* d'aucune espèce, c'est mon avis ; ce sera du nouveau et du bon !

Vous le voyez, me dit mon vieillard, je n'ai pas perdu tout-à-fait mon latin ; au reste, chacun nous entend comme il le peut : moins on délaie sa morale, moins elle est sujette aux fausses interprétations ; aussi je m'en tiendrai toujours à ces trois mots : *Arrêtez-vous donc !*

FIN DU TOME PREMIER.

ils courent après les richesses du monde qui minent leurs forces, corrompent leurs mœurs, détruisent leur liberté, les livrent d'abord à des tyrans, ensuite aux barbares !

Dans nos temps modernes, que de sottises et de crimes, faute de s'avoir *s'arrêter !* que de bûchers allumés, parce que la piété ne pouvait réprimer le fanatisme ! que de massacres, parce que les grands ne voulaient respecter ni le frein royal ni les droits des peuples !

Que de malheurs eût évité Charles XII, s'il eût su se contenir ! il n'eût pas fui à Pultava, s'il se fût *arrêté* à Narva. Que d'exemples plus éclatans encore ne pourrais-je pas citer ! Et lorsqu'un peuple a voulu reconquérir ses droits, que de sang versé en traversant la liberté au lieu de *s'arrêter* dans ses limites !

Il n'est pas une qualité qui ne devienne un défaut, lorsqu'elle est portée trop loin ; tout bien, s'il est exagéré, se change en mal ; la plus belle cause, celle de Dieu même, déshonore ses soutiens lorsque, n'*arrêtant* pas leur zèle, ils veulent brûler les incrédules au lieu de les éclairer.

N'avons-nous pas vu les ligueurs faire courir autant de dangers à la cause royale que ses ennemis ? Et depuis peu, sans la sagesse du gouvernement, n'aurions-nous pas couru le risque de voir de nouveaux ligueurs plus royalistes que le roi, plus catholiques que le pape, loin de *s'arrêter* dans leur ardeur inconsidérée, grossir par leur intolérance le nombre des mécontens, tandis qu'on doit travailler sans cesse à augmenter celui des fidèles ?

Tenez, croyez-moi, il n'y a d'autre vertu profitable, d'autre sagesse utile que la modération. Pour améliorer les hommes, la seule leçon à leur donner consiste à leur dire : *Arrêtez-vous donc.*

Au lieu de payer tant de maîtres pour apprendre aux jeunes gens à sauter, à voltiger, à danser, à courir, on ferait mille fois plus pour leur bonheur en leur apprenant à *s'arrêter.*

Et que ceux qui aiment la gloire ne croient pas que je leur donne des conseils timides : le plus fort des hommes, le plus fameux des héros de la fable, loin de s'élancer témérairement sur un océan inconnu et orageux, se posa lui-même des bornes, et grava sur ses colonnes ces mots : *Nec plus ultrà.*

Fort bien, dit alors un gros homme, en prenant sa quatrième glace, et que nous n'avions pas aperçu, *nec plus ultrà :* cela veut dire, je crois, qu'il ne faut plus d'*ultra* d'aucune espèce, c'est mon avis; ce sera du nouveau et du bon !

Vous le voyez, me dit mon vieillard, je n'ai pas perdu tout-à-fait mon latin ; au reste, chacun nous entend comme il le peut : moins on délaie sa morale, moins elle est sujette aux fausses interprétations ; aussi je m'en tiendrai toujours à ces trois mots : *Arrêtez-vous donc !*

FIN DU TOME PREMIER.

TABLE DES MATIÈRES

CONTENUES DANS CE VOLUME.

Avant-propos................................pag.	j
De la Vanité....................................	1
Des Questions..................................	12
De la Mode et des Coutumes....................	18
De l'Amitié.....................................	30
Des Disputes...................................	39
De la Bonté....................................	46
Des Illusions...................................	60
De l'Amour.....................................	72
De la Fortune..................................	85
De l'Ame et de la Conscience....................	98
Le Temps.......................................	113
De l'Habitude..................................	125
De la Vieillesse.................................	136
De la Folie.....................................	147
Rien de Trop...................................	161
Le Malheur.....................................	174
De l'Ennui.....................................	188
Le vrai Plaisir, ou la Gaie Science...............	200
De la Peur.....................................	227
L'Ivresse.......................................	242
De la Raison, et Maximes de la Raison...........	255
L'Abus des Mots................................	264
L'Esprit de Parti................................	267
Le Banquet des sept Politiques..................	269
L'École de l'Adversité...........................	276
Les Élections, ou l'Embarras du Choix...........	281

TABLE DES MATIÈRES.

L'Esprit du Siècle. 287
Le bon sens. 293
Les Papillons. 303
Les Montagnes. 309
De la Force de l'Habitude, et de l'Amour de la nou-
    veauté. 316
Arrêtez-vous donc! 321

FIN DE LA TABLE DES MATIÈRES.

www.ingramcontent.com/pod-product-compliance
Lightning Source LLC
Chambersburg PA
CBHW072013150426
43194CB00008B/1099